中央大学政策文化総合研究所研究叢書　31

日本と中国―歴史と現代

李　廷　江　編著

中央大学出版部

ま え が き

　本書は，中央大学政策文化総合研究所の共同研究プロジェクト「日中関係
の歴史と展望」の研究成果の一部である．

　中国と日本は 2000 年にわたる交流の歴史があり，地理的にも文化的にも密
接な関係をもつ隣人として付き合ってきた．1871 年 9 月 13 日に調印された
日清修好条規は近代の日中関係の始まりとなり，以来，今日まで 152 年の歳
月が過ぎた．昨年（2022 年）は 1972 年に実現された日中国交正常化から 50 周
年という記念すべき年であり，今年（2023 年）は 1978 年締結の日中平和友
好条約の 45 周年となる．振り替えってみれば，この 152 年間は 2000 年近く
もの長きにわたる日中交流の歴史の中では短い期間といえるが，日中関係の
かかわり方とその変化は，東アジア国際関係の変動において重大な役割を果
たしたばかりではなく，両国の政府，国民及びそれぞれの社会の様々な面に
おいても極めて大きな影響を与えたのである．

　近代以来およそ 150 年の日中関係は大きく三つの時期に分けてみることが
できる．第一期は 1871 年から 1931 年，第二期は 1931 年から 1972 年，そし
て第三期は 1972 年から今日までである．第一期は，日清修好条規の締結か
ら，日清戦争を経て，清末の「新政」改革ならびに辛亥革命による清朝の崩
壊と中華民国の設立など，中国にとって 1000 年の大変局の，ほぼすべてに日
本が深くかかわったことを特徴とする日中交渉の 60 年間である．第二期は，
1931 年の満州事変，そして 1937 年の盧溝橋事件の勃発より始まった日本の
対中国全面戦争から，1945 年の日本の降伏，さらに 1949 年の新中国成立か
ら 1972 年日中国交正常化までの時期であり，戦争の時代と国交のない不正常
な時期を特徴とする 40 年間の日中交渉史である．第三期は，1972 年に日中
国交正常化が実現され，1978 年に日中平和友好条約が締結されて以降である．
1979 年，日本は対中国円借款を開始し，中国の「改革・開放」に全面的に協

力し，その後日中の戦略的互恵関係を構築する合意に至った．ところが，近年は，数年前の米国トランプ政権，そしてバイデン政権がうち立てた対中包囲戦略を中心とする米中対立に影響され，日本政府は対米追従政策を積極的に展開したため，米国同様，あるいは米国以上に幅広い領域において中国と対立する関係に向かおうとしている．目下の日本と中国の関係は，国交正常化後 50 年ほどの中でも最も困難な時期にあるといわれている．こうして，1972 年以降の約 20 年間の日中の「蜜月といわれるほどの平和友好の時代」と現在の「構造的に不信の時代」とを対比すれば，誰もが隔世の感を感じざるを得ない．日中関係は正に波乱に満ちたものであるといっても過言ではなかろう．

　1980 年，入江昭氏（当時はシカゴ大学教授．1989 年にハーバード大学に異動）は，日本人と中国人について次のように語った．「両国民はアジア人としての共通の伝統や帰属意識を口にするが，相手国との戦いで外部の助けを求めることに躊躇しなかった．相手国の文化的，近代的な変容に貢献したが，それぞれの発展形態は非常に異なっている．全体として，この両国民の存在とそのかかわり方は，東アジア史を最も長く特徴づけているもののひとつである」．昨今の日中関係の紆余曲折を直視し，一研究者として近現代の日中関係に関する歴史認識と合わせて吟味すれば，日中関係における共通性と異質性に関する入江先生の指摘は，絶えることなく生み出された両国間の摩擦と衝突の問題の核心に触れる優れた歴史的洞察ということができる．

　約 150 年来の日本と中国との関係の全体像をつかむことも，語ることもなかなか容易なことではない．21 世紀に入ってから，日・中・米の研究者による日中関係史の国際共同研究は大きな成果を収め，この分野の研究水準を一段と高めることができた．大変喜ばしいことである．しかし，日中関係史の研究は，政府間関係など政治，外交だけでなく，民間交流や文化，社会といった多面的な検討が必要であり，新たな，異なる視点からの分析が求められる．その意味で，学内外の様々な分野の研究者によって構成された本プロジェクトは，上記の問題意識に基づき，系統的かつ多面的に日中関係交渉史の歴史

と現在に光を当てて再検討しようとしたものである．2020年以降，新型コロナ感染症の影響を受けて，対面による研究活動は著しく制限されたが，幸い清華大学日本研究センター，中央大学日中発展研究センター及び財団法人日中イノベーションセンターとの協力により，2022年の日中国交正常化50周年を記念し，文末に資料として掲載されたように50回に及ぶ日中関係交渉の歴史と現実に関する回顧と考察を中心とした学術講演会を実施することができた．この研究活動の成果もいずれまとめて刊行する予定である．

それとは別に，本プロジェクトの研究活動の中間報告として，9名の研究者より提出されたオリジナルな研究成果をもとに本書を取りまとめた．本書の9篇の論文は日中両国（台湾の研究者を含む）の研究者が歴史と現代との関連性の視点から日中両国の戦争と革命の実態または思想と文化の知的なかかわりの実像を明らかにすることを通して，150年間の日中交渉史をより多面的に深く理解しようとして書かれたものである．

本書は，9篇を基本的に時系列に基づき配列し，「第Ⅰ部　戦前」，「第Ⅱ部　戦後」，「第Ⅲ部　総合」の3部で構成している．その内容を簡単に紹介する．

第Ⅰ部の5篇は，1894-95年の日清戦争から1945年の日中戦争終結までを扱っている．王筱艶「日清戦争に関する戦争画――『風俗画報』と『点石斎画報』を中心として――」は，日清戦争期において当時最新のメディアとして，日中で人気を集めた画報である日本の『風俗画報』と中国の『点石斎画報』に掲載された戦争画を詳細に検討し，その特徴と違いを明らかにしながら，両国の画家たちが戦争で活躍した軍人の戦いぶりを競って美化し，正当化しようとしていたことを指摘した．『風俗画報』の場合，国威発揚，国際的地位向上という国家的要請を敏感に感知し，この日清戦争を日本の威武を示すべき好機だと見なしていた．『点石斎画報』の日清戦争関係の作品はあたかも清軍が百戦必勝であるかのように描いたが，結果は敗戦し，領土割譲と賠償を迫られるというストーリーとなった．近代日中関係における最初の戦いの一つである日清戦争に対する両国の画家たちの対応とその作品を比較することにより，これまでに知られていなかった戦争とメディア，戦争と芸術家，

情報と真実及び，戦争の当事者である日・中の対欧米意識などの歴史的事実を如実に示したものである．

　尚小明論文は，中国同盟会結成以前の在日中国人留学生コミュニティにおける革命団体の変遷を考察したもので，励志会，国民会，青年会，拒俄義勇隊，軍国民教育会などの留学生団体の設立，変化及び最終的に同盟会に統合された過程とその全容を資料によって明らかにし，中国同盟会設立の源流にかかわる諸問題を内側から詳述したものである．日本は清末の中国人留学生革命派の本拠地であり，留日学生の増加により励志会，国民会，青年会，拒俄義勇隊，軍国民教育会などの諸団体が相次いで設立されたため内部に急進派と穏健派が生まれて，その後孫文の興中会や章太炎の「支那亡国二百四十二年紀念会」などの諸活動への参加を経て，華興会，光復会などの秘密革命集団の結成を直接に促し，最終的に中国同盟会へと統合していった．日清戦争は清朝の敗北で終わったが，中国朝野において戦勝国日本への関心が高まり，日本への留学者が激増した．また，日本で様々な中国の亡命者の組織と反清革命団体が結成され，日本は中国革命の海外根拠地として次第にその重要性と重みを増して中国国内の改革と変化に密接なかかわりを持つようになったのであった．

　日清戦争後，日露戦争，さらに辛亥革命後の日中交渉においても両国間の学術交流は絶えず広い範囲で行われた．しかし，両国関係の様々な変化により交流の様相は次第に変わりはじめ，特に日本文化の受容では従来の日本から中国への一方通行から双方向の交流に変わり，また日本のものならば無条件に受け入れる傾向からより選択的，客観的に日本文化を受容するようになった．万亜萍「大塩亀雄『最新世界植民史』に対する1930年代中国の翻訳出版と受容」は，近代中日文化交流史における日本書籍の漢訳出版とその受容にかかわる諸問題を分析したものである．日清戦争後，中国において日本書籍の漢訳は，日本留学とともに大きなブームとなった．清末から民国初期において多数の日本書籍が漢訳され，中国の政治，法律，教育，経済，社会など諸改革において基本的な参考資料となり，そして日中文化交流の重要な内容

の一つとして長期にわたり中国社会の日本理解，及び日本を媒介とした西洋文化理解の大きな要因となった．しかし，1930年代には時代の変化により，中国社会での日本書籍漢訳の受容には顕著な変化が現れた．大塩亀雄『最新世界植民史』に対する中華民国期の受容の実態はこのようなメンタリティーを反映していた．中国人学者が本書を批判し，さらに「日本人学者を過度に崇拝するな」と呼びかけた背景には，日中関係の変化もあったが，日本書籍漢訳を評価してきた従来の風潮の変化の中に，日中文化交流に対する当時の中国人の思想意識の新たな変化が現れていた，としている．

　満州事変の勃発は，日本の中国全面侵略の幕開けとなったのみならず，ワシントン体制確立後の東アジアの秩序を打破するものであった．侯中軍論文「満州事変後の国際連盟外交と国民政府の対日政策」は，満州事変以降の国際連盟をめぐる国際交渉に重点を置き，国際連盟外交の方向や国民政府の対日政策の転換に与えた影響を考察する．国民政府の満州事変への初期対応において，外部の要素は重要な役割を果たしており，政策の決定とその後の変更は，中国，日本，イギリス，アメリカなどの国々の間で行われた外交活動及び国際連盟にかかわる様々な交渉と密接な関連性がある．これら内外の要因の変化に影響を与えた最も根本的な要素は，日本が中国東北を侵略，占領し，東アジアの覇権を欲したことにある．国際連盟の決定では日本の侵略に対する制裁という目的を達成できなかったため，中国国民政府は日本の侵略阻止の目的達成のために，自身の力に頼らざるを得なくなり，国際連盟外交の変化に応じて全体的な対日戦略を調整することが必要となった，と結論づけている．

　近代日中関係史に決定的な影響を与えたのは，満州事変（1931）と盧溝橋事件（1937）により日本軍が始めた中国侵略戦争であったため，日本軍の対中国軍事作戦が果たして成功し勝利を収めることができたかどうかは，戦争の行方並びに日中関係の方向を左右する重要な要素であった．姚江鴻「日本軍の一号作戦に対する国共両党の検討と対応――毛沢東と蔣介石の戦略眼と性格の特徴にも触れながら――」は，1944年，米軍の在中国航空基地を破壊

し，太平洋戦争の劣勢を挽回すべく，日本の大本営と支那派遣軍が中国戦線で行った「一号作戦」に焦点を当て，毛沢東と蔣介石の戦略の相違と性格の特徴の視点から検討しようとしたものである．「一号作戦」は日本軍が中国戦線で実施した戦略的な作戦であり，1944 年 4 月から 1945 年 2 月まで続いたが，その作戦範囲の広さ，期間の長さ，投入された人員の多さにおいて日本軍の全作戦においてもいまだに例をみないもので，日中戦争末期や戦後の中国政治に対し深い影響を及ぼした．一号作戦は多くの戦略目標を有し，日本軍が全力で計画を立案し，準備した戦略的な攻勢であったため，それへの対応策を如何に準備するかは，応戦側の国共両党の戦略的な思考や戦略的な危機対処能力を図る重要な指標となった．国民党は，日本軍の意図と作戦目的を明確に判断できなかったため，一号作戦の全期間において政治的にも軍事的にも終始受動的な立場を余儀なくされた．これとは対照的に，中国共産党は毛沢東の指導の下，日本軍の戦略的意図と行動を事前に予測することに成功していた．こうして，毛沢東と蔣介石の戦略の違いと性格の特徴は，一号作戦への対応を異なるものとし，さらに戦後の中国政治の構造にも影響を与え，同時に戦後の中国の運命を決定した，と指摘している．

戦後の日中関係は，終戦から 1972 年までの前期と，1972 年から現在までの後期に分けられる．「第Ⅱ部 戦後」最初の喬林生「池田勇人の対中観についての試論」は，1960 年代前半，「国民所得倍増計画」を打ち出し，「経済宰相」といわれた池田勇人の対中観を再検討しようとするものである．1960 年代前半，即ち日中国交正常化以前の日中関係の国際舞台で，中国本土と台湾，ともに訪れたことのなかった池田は，東西を行き来し，日本の対中政策意思決定を直接主導する「外交官」としての役割を積極的に果たした．池田は首相就任後，アメリカに緊密に追従し中国に敵対的であった岸信介前政権の政策を転換し，「対中自主」を宣言して，対中政策について一定の「自主性」を示したが，本質的には政治的，経済的手段で中国本土と台湾の均衡を図り，「一つの中国」を掲げながら事実上の「二つの中国」の実現を目指していた．つまり，「対中自主論」も「日中貿易推進論」もその中心は「二つの中国論」

であった．「対中自主論」は主に「日中貿易推進論」に反映され，「日中貿易
推進論」の限界は中華人民共和国の承認であるが，これはまさに池田の「中
共に対する戦略的承認と戦術的非承認」の具体化であった．池田の「二つの
中国論」は従来の日本政府のそれと根本的な違いはなく，また出口を見出せ
ないものであったと認められる，と同論文は論じている．

　土田哲夫「日本人の中国観試論——大学での観察からの予備的考察——」
は，日中関係の現状分析ではなく歴史研究を専門とする筆者が日本人の中国
観について，歴史的変化を踏まえ，学生の対外意識調査，中国語選択の動向
など大学での観察に基づき，検討を試みたものである．まず世論調査データ
から中国イメージを再検討すると，1978 年以来の変化の趨勢として 1978 年
〜80 年代には日本人の 7 割前後が中国に好意的であり，1990 年代〜2003 年
までは好意的評価と非好意的評価が拮抗する状態が続いたが，直近の 3 年間
をみると，中国への親近感は極めて低く，非好意的評価が高く，好感度は極
めて低くなっている．大学生の第 2 外国語選択からみた若者の中国観をみる
と，学校によって多少の違いがあるものの，学生の多くは，近代科学や文化
を学習するための手段や，学識・教養を高めることができる「教養語」とし
てではなく，ビジネスやコミュニケーションに役立つ「実用語」として中国
語を評価し選択していることを示しているという．米中の覇権競争という国
際政治の構造が変わらない限り，また日本政府が日米同盟と自由主義経済秩
序の維持を対外関係の基本原則とすることを変えない限り，日中関係の改善
と「友好」関係の再現は短期的に難しいかもしれないが，中長期的には日中
間の経済関係の緊密化や国境を越えたコミュニケーションや人的交流の拡大
という趨勢は変わらないだろうと，同論文は期待している．

　日本と中国に関する議論はこれまで多くの人によってなされてきた．これ
は，日本人が中国を理解し，中国人が日本を理解するという点で相互的なも
のである．「第Ⅲ部　総合」の李廷江「学問と現実——清華大学日本研究源
流考——」は，清華大学の日本研究の源流を探り，近代中国の日本研究がど
のような背景で成長し，発展してきたかを明らかにしようと試みたものであ

る.

20世紀は中国の学術にとって伝統から近代に移行する重要な転換期であった. 清華大学の人文社会科学も日本研究も, 近代中国の学術発展における重要な一里塚のような存在といえる. 学問と現実のかかわりは, 学問を追求する人々にとって古今東西を問わず本質的な問題であり, 永遠の課題である. 辛亥革命後, 日中関係の展開の中で, 清華大学の日本研究は厳しい現実と密接にかかわりながら, その変遷に大きく左右されながら発展してきたことを改めて知ることができた. これは現在でも清華大学の日本研究だけでなく, 中国における日本研究の普遍的な特色ともいえるようなものである.

次に, 張啓雄「「人臣無外交論」——「中華世界秩序」の一原理——」は, 伝統的な中華世界秩序における「天下＝中華世界帝国」を規範化した秩序を明らかにするために, 「人臣無外交論」(臣下に外交はないという規範) の構築を試みた. 筆者は, 東アジアの歴史史料を精査することにより, 伝統的な中華世界秩序に「人臣無外交論」が確かに存在したことを検証し, さらに西洋列強の武力進出後の近代東アジア外交史における「人臣無外交論」の変化についても論究した. 今日, 中華世界は西力東漸の歴史的な教訓から学び, 国を復興し, 再び勢威を誇示することができるようになった. それは, 世界の多元的文化と融合し, 長所を伸ばし短所を補うことで, 常に進歩と卓越を目指し, 自助と他助を忘れないことが伝統的中華世界の「治国安邦」(国家安泰の道) であることを改めて証明している, と同論文は論じている.

共同研究プロジェクト「日中関係の歴史と展望」を組織した趣旨は, 歴史を学ぶことによって現在における日中関係の本質を理解しようとすることにあった.「過去は現在の光に照らされて初めて知覚できるようになり, 現在は過去の光に照らされて初めて十分に理解できるようになる」と, イギリスの歴史家E・H・カーは, 60年前に刊行された『歴史とは何か』の中で指摘した. まさに日中関係の現実に直面しつつ, 複雑極まる諸問題に対し如何に歴史的にその根源を探求し, そして歴史の軌跡を再検討することによって, こ

れらの諸問題の打開策の方向と可能性を提示できるかが，本プロジェクトに
参加したメンバーの一致した願いである．歴史に学び，また歴史との対話を
重ねる知的作業を通して，我々の知的観察力と歴史的洞察力を少しでも高め
ることができれば，何よりも大きな喜びである．

資料：本プロジェクトが協力して実施した《中日邦交（国交）正常化50周年記念連続
講座》（全50回）は以下の通りである．

　《中日邦交正常化50周年記念連続講座》第1講—中日関係の歴史的課題：抗日戦争
研究を中心に，高士華（中国社会科学院現代史研究所研究員）.
　《中日邦交正常化50周年記念連続講座》第2講—親歴者（体験者）が語る中日邦交
正常化，劉徳有（元文化部次官）王泰平（元大阪総領事）.
　《中日邦交正常化50周年記念連続講座》フォーラム 第3講—「永遠の隣人」：中日
邦交正常化50周年を記念して—エズラ・ヴォーゲル氏と東アジア，邱勇（清華大学学
長）　福田康夫（元内閣総理大臣・清華大学日本研究センター最高顧問）　程永華（前
駐日中国大使）　御手洗冨士夫（キヤノン株式会社代表取締役会長兼社長CEO，清華
大学日本研究センター日本側理事長）　片野坂真哉（ANAホールディングス株式会社
代表取締役社長，清華大学日本研究センター日本側理事長代行）　此本臣吾（野村総合
研究所代表取締役会長兼社長，清華大学日本研究センター顧問）　荒井正吾（奈良県知
事）　王泰平（元中国大阪領事・清華大学日本研究センター理事）　福川伸次（東洋大
学総長・清華大学日本研究センター顧問）　張蘊嶺（中国社会科学院学部委員，清華大
学日本研究センター学術顧問）　趙全勝（アメリカン大学アジア研究評議会会長，清華
大学日本研究センター学術顧問）　Gordon Andrew（元ハーバード大学日本研究セン
ター所長）　Kent E Calder（ジョンズ・ホプキンス大学高等国際関係大学院学長）
Steven Vogel（カリフォルニア大学バークレー校政治経済学部学部長）.
　《中日邦交正常化50周年記念連続講座》フォーラム 第4講—東アジアの視点から見
た中日邦交正常化50周年，山室信一（京都大学名誉教授）　韓東育（東北師範大学教
授）　劉暁峰（清華大学教授）　王成（清華大学教授）　李廷江（清華大学教授，清華大
学日本研究中心主任）　高原明生（東京大学教授）　劉建平（中国伝媒大学教授）　汪婉
（北京大学国際戦略研究院理事）　土田哲夫（中央大学教授）　劉傑（早稲田大学教授）
大澤武司（福岡大学教授）　翟新（上海交通大学教授）.
　《中日邦交正常化50周年記念連続講座》第5講—周総理と中日邦交正常化，周斌（元
外交部高級通訳）.
　《中日邦交正常化50周年記念連続講座》第6講—5年後の米中対立の展望，米中対
立を管理するために必要なこと，閻学通（清華大学教授）.
　《中日邦交正常化50周年記念連続講座》第7講—大平正芳と中国，福川伸次（東洋

大学総長・清華大学日本研究センター顧問).

《中日邦交正常化50周年記念連続講座》第8講―田中角栄と大平正芳―1972年訪中前後, 周斌 (元外交部高級通訳).

《中日邦交正常化50周年記念連続講座》第9講―1965年中日青年友好大交流について 劉德有 (元文化部次官) ／馬場毅 (愛知大学名誉教授).

《中日邦交正常化50周年記念連続講座》第10講―LT貿易と周恩来総理, 大久保勲 (元日本駐中日備忘録貿易北京事務所職員).

《中日邦交正常化50周年記念連続講座》第11講―"慰安婦"に対する日本への賠償要求とアジア戦争責任・賠償体系の再構築, 劉欣然 (東京大学博士課程院生).

《中日邦交正常化50周年記念連続講座》第12講―日中関係回復50周年, 関係をどう再構築するか, 毛里和子 (早稲田大学名誉教授).

《中日邦交正常化50周年記念連続講座》第13講―歴史記憶と現代の反省, 楊彦君 (侵華日軍第731部隊罪証陳列館研究員).

《中日邦交正常化50周年記念連続講座》第14講―1980年撮影映画『訪日見聞記』の見聞, 劉建中 (元国家広播電影電視総局電影局局長).

《中日邦交正常化50周年記念連続講座》第15講―新中国の対日政策と中日関係の正常化, 章百家 (歴史家).

《中日邦交正常化50周年記念連続講座》第16講―中日邦交正常化五十年とアメリカ：回顧と展望, 賈慶国 (北京大学国際関係学院教授).

《中日邦交正常化50周年記念連続講座》第17講―恩怨情仇：戦後の映画交流が映し出す中日関係史, 王衆一 (外文局アジア太平洋センター総編集).

《中日邦交正常化50周年記念連続講座》第18講―大平政治の思想と体系及び田園都市構想の教訓, 福川伸次 (東洋大学総長・清華大学日本研究センター顧問).

《中日邦交正常化50周年記念連続講座》第19講―大国戦略とアジア三雄, 趙全勝 (アメリカン大学教授).

《中日邦交正常化50周年記念連続講座》第20講―外交実践から見る2010年以来の中日関係, 程永華 (前駐日中国大使).

《中日邦交正常化50周年記念連続講座》第21講―未来の中日経済協力について, 佐藤康博 (元みずほフィナンシャルグループ取締役会長).

《中日邦交正常化50周年記念連続講座》第22講―地域的アイデンティティー：アジア太平洋, 東アジア, インド太平洋, 張蘊嶺 (中国社会科学院学部委員, 清華大学日本研究センター顧問).

《中日邦交正常化50周年記念連続講座》第23講―中国周辺学の視点から見た中日韓地域協力の位置と発展の傾向, 石源華 (復旦大学特任教授).

《中日邦交正常化50周年記念連続講座》第24講―人民中国：創刊から中日邦交正常化を証言するまで, 王衆一 (外文局アジア太平洋センター総編集).

《中日邦交正常化50周年記念連続講座》第25講―中日邦交正常化50周年の戦略的回顧：陽光と雨の50年, 張雲方 (国務院発展研究センター高級研究員).

《中日邦交正常化 50 周年記念連続講座》第 26 講―第二次世界大戦前後の 80 年間における日本の中国認識の変遷と罠，馬場公彦（北京外国語大学副教授）．

《中日邦交正常化 50 周年記念連続講座》第 27 講―長崎国旗事件と中日関係の揺れ動く発展，祁建民（長崎県立大学教授）．

《中日邦交正常化 50 周年記念連続講座》第 28 講―多元の視点から見た中日文化交流，毛丹青（神戸国際大学教授）．

《中日邦交正常化 50 周年記念連続講座》第 29 講―戦後の中日映画交渉の考察：歴史，表象，華語，晏妮（日本映画大学特任教授）．

《中日邦交正常化 50 周年記念連続講座》第 30 講―中日バレエとモダンダンスの交流史概観：浅草オペラから「白毛女」まで，星野幸代（名古屋大学教授）．

《中日邦交正常化 50 周年記念連続講座》第 31 講―「政冷文熱」現象の再省察：日本文史書籍の中国翻訳出版の視点からの考察，王中忱（清華大学教授）．

《中日邦交正常化 50 周年記念連続講座》第 32 講―戦後の中日関係における公明党，胡令遠（復旦大学教授）．

《中日邦交正常化 50 周年記念連続講座》第 33 講―1920 年代日中伝統画壇の連衡―「日華絵画聯合展覧会」の成立をめぐって，趙怡（関西学院大学教授）．

《中日邦交正常化 50 周年記念論壇》第 34 講―新時代の日中関係をいかに構築すべきか―未来志向の日本と中国（清華大学・中央大学）．

《中日邦交正常化 50 周年記念論壇》第 35 講―日中両国の交流と大学の使命（清華大学・創価大学）．

《中日邦交正常化 50 周年記念論壇》第 36 講―我与日本―紀念中国社会科学研究会・紀念中日邦交正常化 50 周年学術研討会（清華大学・中国社会科学研究会）．

《中日邦交正常化 50 周年記念連続講座》第 37 講―戦間期における中日文学者の交流ネットワーク―金子光晴・森三千代夫婦を中心に　趙怡（国際日本文化研究センター教授）．

《中日邦交正常化 50 周年記念連続講座》第 38 講―日中友好を目指した石橋湛山―"小"日本主義から"日中米ソ平和同盟"まで，増田宏（立正大学名誉教授）．

《中日邦交正常化 50 周年記念連続講座特別講演会》第 39 講―時代の曲がり角に立って，田中真紀子（元外務大臣，文部科学大臣）．

《中日邦交正常化 50 周年記念連続講座》第 40 講―中日米の歴史の共有，徐国琦（香港大学教授）．

《中日邦交正常化 50 周年記念連続講座》第 41 講―李香蘭の越境を再読する―神話から研究への道標，川崎賢子（立教大学特任教授）．

《中日邦交正常化 50 周年記念連続講座》第 42 講―日中戦争末期の国共関係と日本，波多野澄雄（筑波大学名誉教授）．

《中日邦交正常化 50 周年記念連続講座》第 43 講―撫順の奇跡を世界歴史記憶遺産に登録しよう！，姫田光義（中央大学名誉教授）．

《中日邦交正常化 50 周年記念連続講座》第 44 講―日本の対中国外交政策，添谷芳秀

（慶應義塾大学名誉教授）.

　《中日邦交正常化 50 周年記念連続講座》第 45 講―我が経験した日中関係，横井裕（前駐華大使）.

　《中日邦交正常化 50 周年記念連続講座》第 46 講―日本人の中国観試論，土田哲夫（中央大学教授）.

　《中日邦交正常化 50 周年記念連続講座》第 47 講―改革開放以来の中日科技交流協力，周程（北京大学人文特聘教授）.

　《中日邦交正常化 50 周年記念連続講座》第 48 講―東アジア文化遺産の復興―近代西洋を超えて，川勝平太（静岡県知事）.

　《中日邦交正常化 50 周年記念連続講座》第 49 講―中共建国前後毛沢東の日本問題に対する認識と策略の変化，楊奎松（華東師範大学教授）.

　《中日邦交正常化 50 周年記念連続講座》第 50 講―ライシャワーの思想的遺産と中日関係，Kent E. Calder（ジョンズ・ホプキンス大学教授）.

李　廷　江

目　　次

第 I 部

戦　　前

第1章

日清戦争に関する戦争画

——『風俗画報』と『点石斎画報』を中心として——

王　筱　艶

は じ め に

　今より情報の伝達が遅かった時代，戦争に関する情報を入手するのは容易ではなかった．時事ニュースに関する出版物の，当時の主流であったのは画報であった．勿論，その時代は日本においても中国においても出版物が数少なく，時事ニュースに関する物は更に希少であった．そこで本稿では，日本の『風俗画報』と清国の『点石斎画報』の2つの画報に注目したい．

　日清戦争期は，当時では最新のメディアであった石版画報の発展期に当たり，日中それぞれ人気を集めた画報があった．日本では「俗信の吹き留まり」[1) と評価される『風俗画報』であり，清国では「画師たちが『世界はこうなっている』と提示した」[2) 『点石斎画報』である．石版画報が歓迎された背景にはヨーロッパ起源の新しい技術である石版印刷の導入があった．印刷術としての石版（リトグラフ）の特性としては4点が挙げられる．①印刷製本の迅速性，②サイズ縮小の簡便性，③文字や画像の迫真性，④コスト及び販売価格の低廉化による出版物の販路の拡大と迅速性，である[3)．石版画報は，

日清戦争期の民衆に多くの情報をもたらした．石版印刷という新しい技術の意義について武田雅哉氏は「木版などに比べて手間がかからないこの新しいテクノロジーによって，精緻な挿絵の入った小説本や，縮刷されてコンパクトになった古典籍などが大量に刊行されたのである．それはちょうど，パソコンが普及し，ちっぽけなフロッピーディスクに膨大な情報を入れることができるようになったことにより，個人が所有しうる〈情報〉が以前より場所をとらなくて済むようになった，昨今の革命的な状況と似ているかもしれない」[4]と述べている．この新技術導入の経緯における違いは，そのまま日中両国の近代化の歩みの違いを表すようでもあった．

　石版印刷を日本に最初にもたらしたのは，瑞穂屋清水卯三郎であった．彼は 1867 年パリ万国博覧会の際に石版印刷術を習得し，石版印刷機を持ち帰った．しかし，彫刻師や摺師という木版印刷職人の技術水準が高く，石版印刷の特性はすぐに理解されなかった．その特有である「砂目効果や生産効率」が注目され，印刷技術として一挙に普及したのは 1870 年代後半であった[5]．『風俗画報』は，明治 22 年（1889 年）に東陽堂の吾妻健三郎により創刊された月刊誌で，大正 5 年（1916 年）まで 27 年にわたって通巻 473 号 517 冊を数えた．『大日本帝国憲法』発布年に創刊された『風俗画報』の編集方針は①江戸時代風俗の考証，②刊行時における東京新風俗の記録，③全国に伝わる地方風俗の紹介，にあった．博覧会，災害，祝典，戦争等の際には頻繁に特集号を出した．その中には，「征露図会」「日清戦争」「台湾戦争」といった増刊号があり，もっぱら石版画が使われたのは日清戦争期であった．ついで，空前の画報雑誌ブームをもたらした日露戦争期には，写真版による戦況速報が多くなり，戦争終結以降，ブームは急速に衰退していった．大正期に入ると『風俗画報』は，「石版画中心だった最盛期の精彩をとみに失い，写真グラフィックへの脱皮に失敗して，読者を次第に失っていった」[6]．創刊時は極端な欧化主義への反省期に当たり，その編集方針は，江戸時代の風俗の考証や，東京ならびに地方風俗の記録というものであった．それに加え「画ヲ以テ一ノ私史ヲ編纂スルノ料ヲ作ル」と創刊号の「稟告」にあるように，表紙や口

絵に色鮮やかな石版多色刷りを多用した.

　一方, 清国に石版印刷を伝えたのは最初のプロテスタント宣教師 R・モリソンであった. 1862 年に伝えられた新技術は, 材料や機械を輸入に頼ったため普及しなかった[7]. 1876 年になるとフランス人宣教師が中国人とともに上海で布教用の印刷物を石版印刷で作るために土山湾印刷所を始めた. 石版印刷を一般書籍の印刷に使ったのは, 点石斎石印書局が最初である. 点石斎石印書局は科挙の参考書である『聖論詳解』,『康熙字典』の出版で成功を収めた申報館が 1876 年に付設した石版印刷所である.『点石斎画報』は 1872 年にイギリス人の F・ミーチャム, A・ミーチャム兄弟と友人達によって創刊され, その後何度か経営者が変わり, 1912 年に中国人の史良によって引き継がれ, 中国近代史の中でも最も長い歴史と影響力を持つ新聞の 1 つとなっている. 経営者のミーチャム兄弟は画報創刊の目的として①画報を中国に存在させること, ②目を楽しませる娯楽, ③ニュース報道の考証, を挙げた[8].

1.　日本の『風俗画報』

　『風俗画報』の臨時増刊号「征清図絵」（前 4 編のタイトルは「日清戦争図絵」, 第 5 編からは「征清図絵」にタイトルを変更した）は明治 27 年（1894 年）9 月から明治 28 年（1895 年）7 月にかけて 10 編刊行された. また, 明治 28 年 8 月から臨時増刊号「台湾征討図」が 5 編刊行された.

　以下の表紙に掲載した告謹の内容を見れば, 臨時増刊号「征清図絵」の発行目的は明らかである.

　　征清の一挙は帝国開闢以来未曾有の大盛事にあらすや天兵到る処清兵
　　忽ち奔竄し旭旗閃く処土民即ち蟻集す其武其文世界列国をして後へに瞠
　　若たらしむ生れて此盛世に遭ふもの誰れか卞舞の情なからんや本堂即ち
　　此の空前の大盛事を天下後世に伝へ以て国恩の万一に報せむことを希図

し曩に風俗画報を臨時増刊して（略）

　「征清図絵」には石版画だけではなく，論説や記事等の内容もある．合計
10編の内容について，第1編に牙山豊島等の海陸戦況の20数枚の絵図があ
り，第2編は平壌黄海攻撃等の内容で22枚の絵図がある．第3編は広島の大
本営における議会開設や，大本営の記事を紹介している．第4編は虎山九連
城の攻撃と旅順の陥落である．第5編は漢城残夢や朝鮮紀聞等についてであ
る．第6編は草河口海城等の各戦役であり，第7編は威海衛の大激戦と講和
使の事情についてである．第8編は牛荘の陥落や李鴻章の渡来についてであ
り，第9編は澎湖島の占領と征南艦隊等についてである．最終回の第10編は
休戦の許可や勝利した陸海軍将校の演説等である．ちなみに，第8編から第
10編で野口勝一による「征清戦争の起因」というタイトルの論説が3回に分
けて掲載された．

山本駿次郎[9]によると「日清戦争図絵」に掲載された石版画の画家は，石塚
空翠，遠藤耕渓，尾形月耕，久保田米僊，島崎柳塢，武内桂舟，富岡永洗，
名和永年，松本洗耳，宮川洗崖，山本松谷，素堂，蘆舟，苔石（五十音順）で
ある．

　「征清図絵」の戦争というテーマが日本にとって大きな出来事であると同時
に，読者の関心を引き，販売部数も伸びたのではないだろうか．中でも読者
の関心を引いたのが，戦争で活躍した軍人達の絵図である．『風俗画報』では
多くの場合，まず絵図数点が掲載され，その後のページにその絵図の説明文
が載っている．

　例を挙げて絵図と説明文を一緒に説明する．

図1-1は重傷を負った水兵が，「定遠はまだ沈みませんか」と上官に尋ね，更
に「どうか仇を討ってください」と言って死んで行くというエピソードであ
る．この絵図が世に出ると国民の間で感動が湧き起こり，軍歌「勇敢なる水
兵」（佐佐木信綱　作詞）も作られた．この絵図は戦争の英雄を讃えるものであ
り，その軍歌は士気高揚剤として歌われた．スケッチやペン画のような描画

図 1-1　「水兵死に臨て副艦長に敵艦の存否を聞く図」

出所：(『風俗画報』臨時増刊号（日清戰爭圖繪第 2 編）（第 80 号）1894
年 10 月，16 頁)

図 1-2　「樋口大尉孤児ヲ抱イテ奮戦スルノ図」

出所：(『風俗画報』臨時増刊号（征清圖繪第 7 編）（第 87 号）1895 年 3
月，8 頁)

技法で，構図はシンプルであり，読者にとって絵の表現している内容が一目
瞭然であることから，即時性とストーリー性という画報のニーズに合致して
いると言えるのではないだろうか．

　図 1-2 は一見不思議な絵図であるが，こちらも「美談」と言える絵図を取

り上げている．行軍中に敵側の捨て子を見つけた樋口大尉が，その子を抱き上げると泣き止み，懐いたためにやむなく子供を抱いたまま敵に向かっていったという話である．この絵図も非常に有名で，色々な雑誌の口絵や錦絵に取り上げられた．しかし，これが実際に戦場で起こった話とは考えにくいのではないだろうか．このような作品の真偽を確かめることはできないが，日本兵の優しさや無欲さが表現されており，文豪の佐佐木信綱により「敵の孤児」という歌が作られた．このような真偽が確認できず，捏造された可能性のある絵図は他にもある．

　図1-3は，凱旋の様子を描いた．「凱旋の兵士途上愛児に逢う図」である．凱旋した兵士に早く子供を会わせたいと親戚が近寄り子供を手渡したところ，子供も父との再会を喜んでほほえみ，兵士や周りにいた人達みんなが涙ぐむ様子が描かれている．上の3枚の絵図は作者がはっきりせず，真偽は定かでないが，ストーリーをうまく表現していて，読者の感情を揺さぶるものとなっている．総じて言えば全体として，「征清図絵」の作品を見た後では，日清戦

図1-3　「凱旋の兵士途上愛児に逢う図」

出所：（『風俗画報』臨時増刊（征清圖繪第10編）（第96号）1895年7月，16頁）

争は勇敢で大胆不敵な日本軍による正義の戦いであると読者に理解されることだろう.

　また,「支那戦争図会」は,『風俗画報』が刊行した日清戦争の特集号「征清図絵」に続く戦争を描いた第 2 弾であり, 義和団事変の時期である明治 33 年 (1900 年) 8 月から 10 月にかけて全 3 編が刊行されている. そこには日本兵の死をも恐れない突貫攻撃や戦死の場面を描いた絵図が多く掲載されているが, 福田氏[10] によれば『風俗画報』のこのような絵図の多くが, 将兵自身の証言や新聞報道などをもとに"想像"によって描かれたものであるということである.

　「征清図絵」と同じく,「支那戦争図会」も"想像"によって, 読者の期待通りの絵柄, 構図となり, 共感を巻き起こし, 視覚的に国民の記憶の中に刷り込まれていく. また「支那戦争図会」の中で, 注目に値するのは, 日本軍の「勇壮なる挙動」や「厳粛なる規律」が列国軍 との共同軍事行動の中で, 如何に諸列強に認められ高く評価されたか, という点に最大の関心が払われていることである. 義和団事変が勃発した時, 日本の指導者に与えられたのは自国民の保護という問題だけではなかった. 列国とともに軍を派遣することにより, 如何に日本の国威を列国に見せつけ, 欧米列強の仲間入りを果たすかという課題が存在した.『風俗画報』が「今回の事変こそ, 本国の威武を示すべき好機会なり」と述べる所以である.

　したがって,『風俗画報』は, 国威発揚, 国際的地位の向上という国家的要請を過敏に感知しつつ, それに対応する視覚的イメージを作り出し, 読者の視線を満足させていったのではないだろうか.

2.　中国の『点石斎画報』

　清国の出版物に目を向けてみよう.『点石斎画報』は 1885 年 5 月から創刊され, 毎月 3 号, 更に毎号 8 枚の絵図という形で刊行していた.『点石斎画

報』は旬ごとの刊行で，12冊で1集となっている．集には甲・乙・丙・丁などの漢字が当てられ，それぞれに1から12の号数がある．甲集の1号から12号は第1集に相当する．ミーチャム兄弟は，ヨーロッパで大流行の画報が清国でも受け入れられると考え，1884年5月8日から旬刊で，『申報』の添付冊子として，『申報』と一緒に販売した．1898年8月の終刊まで14年間続き，合計528号，4,000枚以上の絵図を発行し，その影響力は上海だけでなく全国に及んだ．当時は清国とフランスがベトナムで交戦している時期で，戦争画が国民の間で流行していた．『点石斎画報』の評価について，魯迅は1931年7月20日の講演で，「当時，この画報の影響力は非常に大きく，各省で流行し，「時務」という時事事務を得る手段として，その名は今の「新学」のようなものであった」[11]と指摘した．鄭振鐸も1958年に，それを「この100年間の中国における非常に優れた「画史」」[12]と絶賛している．

　敵国である日本については，当然ながら『点石斎画報』で重要な位置を占めている．画報には，主に日清戦争，日本社会，逸話などを扱った日本関連の絵図が165点含まれており，中でも日清戦争を反映したものが92点と，日本関連の画像全体の半数以上をも占めている．『点石斎画報』の中の日清戦争に関する絵図は朝鮮の「甲申政変」からであり丙集の第55回から第64回まで連続10コマで，事件の発生から結果までが連載された．興味深いのは，ここでは「日本」と呼ばれているが，実際に戦役に入ると日本を「倭寇」と呼んでいたことである．

　図2-1は，清国軍が大砲を撃って敵を殺し，「葉」「聶」と書かれた旗が翻り，日本軍が鎧を捨てて遠くへ逃げていく様子が描かれている．右上の説明文を翻訳すると「日本軍は4,000人以上の兵士を擁していたが，我が軍は2,000人しかいなかった．しかし，皆勇敢に戦い，互いに対抗し合った．日本軍は敗れたが，我が軍は少ない犠牲で勝利することができ，我が軍は強化された」[13]となる．事実はどうなっているのか．日清戦争における最初の陸上戦での清国軍は，報道されているような猛烈なスピードとはほど遠く，むしろ敵を北に避けてしまったのである．清国軍は奮戦したが死傷者が多く，人数と

図 2-1　牙 山 大 勝

出所：(『点石斎画報』第 382 期, 1894 年, 3-4 頁)

図 2-2　「破竹勢成」

出所：(阿英, 王稼句 (2009)『中国連環図画史話』済南：山
東画報出版社, 69 頁)

訓練で勝る日本軍に，6つの砦をすべて奪われ，包囲網を突破されてしまった．

　また，図2-2の「破竹勢成」では，清国軍が堂々とした態度で都市を守り，勇敢に戦っているのに対し，日本軍は隊を捨てて無様に逃げ惑う姿が描かれている．添付の文章は，戦況を非常に楽観的に予測したものであった．「7月

24 日の午後 4 時，天津から電話があり，7 月 17 日に清国軍が平壌の日本軍を破り，南方 50 マイルまで追い詰め，中和の街を取り戻したこと，7 月 18，19，20 日に我が軍が中和に転戦し，1 万人を超え，その数は 3 万 4,000 人であったこと，がわかった．指揮官は 22 日に南下する予定だ．現在，峠には約 2 万 5,000 ～ 2 万 6,000 人の日本兵が 20 マイル以上離れて駐留している．（略）日本人はバカで，カゲロウのような力で木を揺らし，カマキリの腕を馬車代わりに使おうとするのである．これ以上何ができるのか．すぐに問題が解決する」[14].

　勿論，その後の戦況は，その楽観主義が杞憂に終わることを証明した．北路から朝鮮に入った清国の援軍は，「四軍」と呼ばれる衛汝桂の盛軍，馬玉坤の毅軍，左桂の豊軍，左宝貴の奉軍，豊昇阿の奉天練軍など 4 つの主力軍で，1 万 3,500 人の兵力で，日本に先立って平壌入りし，一時は優勢となった．しかし，その後の一連の失態，特に平壌での消極的な防衛により，清国軍は劣勢となった．清朝は，徳と才能に恵まれない葉志超を司令官に任命したため，「逃亡五百里」と呼ばれる退避を行うこととなった．

　日清戦争に関する似たような作品が『点石斎画報』の中に数十点ある．ほとんど事実とは大きく異なっているが，呉由儒を代表とする『点石斎画報』の画師チームは庶民であるため，このような作品が国民の共感を呼び，国民の日本軍のイメージに合うものであった．その理由は，清国が常に鎖国をしていたため，国民が「天国のような国」という夢に浸っており，18 世紀の欧州や日本の発展を知らなかったのである．

　『申報』に掲載されたある論説は「西洋の方法を取り入れて以来，中国は何事にも昔ながらのやり方に従わない，川沿いの沿岸の港には砦が立ち並び，強固に固まっている」[15] と述べており，このような幻想的な自信と心理的なインフレが，清仏戦争の敗戦を拒否しただけでなく，日清戦争で日本を「小国，貧乏人」と皮肉るような慢心を招いたのであった．

　『風俗画報』のように臨時増刊号や特別号はないが，中仏戦争や日清戦争を主題とする絵画作品は少なくない．注目すべきは，『申報』と『点石斎画報』

がともに1894年に勃発した日清戦争について集中的に報道しており，出典や基本的立場はほぼ一致しているが，報道のタイムリーさ（画報は定期刊行物のため大幅に遅れていた）や報道の内容において大きな違いがあることである．それは，『点石斎画報』の方が事実の歪曲・不正確な表現が多いということである．つまり，前述したように『点石斎画報』の作品だけを辿ると，百戦百勝であるはずが，結果としては敗戦し，国土の割譲や賠償を迫られるという矛盾が生じてしまうのである．この点について，研究者による否定的な評価が多いが，筆者は当時の清国人は清国政府の軟弱ぶりについてどうしようもなく，想像上の勝利を楽しむしかないという無力感が現われていたのではないかと考えている．

3.　日本の絵ハガキ

　日清戦争に関連する美術作品を調査・収集したところ，出典や作者が不明な作品も見つかった．日本の民間人が制作した（子供向け）絵ハガキであり，シンプルで明快な筆致とわかりやすいストーリーが特徴である．ここではそのうちの2つを例として分析する．この絵ハガキからは，日清戦争に対する当時の一般的な日本国民の戦争理解や雰囲気がよくわかるのではないだろうか．そしてこの理解は，敵国である清国（北支）に対するものと自国である日本に対するものの2つに大別できる．

　図3-1は敵国である清の側を描いたものであり，絵からは，この戦争は「北支解放戦争」であり，清の人々は日本軍が戦争を終わらせ，さらに文明をもたらしたと感謝し，喜びをもって歓迎したことが表現されている．それは明らかにフィクションであり，日清戦争が侵略戦争ではなく解放戦争であることを日本国民に納得させるためのものだったのである．

　図3-2は帝国陸軍に献金する者，入隊準備をする者，入隊することを誇りに思う兵士の家族など，日清戦争時の日本人の戦争に対する姿勢，すなわち

日本軍を支持する国民の忠誠心を表現した作品である．国民が国や軍に貢献するよう促しているようである．

　この2枚の絵図からは，愛国主義以外に，明確な軍国主義的熱狂・戦争熱が見えるのではないだろうか．日本における軍国主義的熱狂・戦争熱は，まず知識人の世界で広がり始めた．1894年，福沢諭吉が自身の主宰する新聞で

図3-1　「明朗北支」

（出所不明，個人所蔵）

図3-2　「挙国一致」

（出所不明，個人所蔵）

ある『時事新報』に,「日清の戦争は文野の戦争なり」というタイトルの社説を掲載した. 内容は以下の通りである.

> （略）かの政府の挙動は兎も角も,幾千の清兵はいずれも無辜〔罪がないこと〕の人民にして,これを鏖にするは憐れむべきがごとくなれども,世界の文明進歩のためにその妨害物を排除せんとするに,多少の殺風景を演ずるは到底免れざるの数なれば,彼等も不幸にして清国のごとき腐敗政府の下に生れたるその運命の拙なきを,自から諦むるの外なかるべし.（略）もしも支那人が今度の失敗に懲り,文明の勢力の大いに畏るべきを悟りて,自からその非を悔め,四百余州の腐雲敗霧を一掃して,文明日新の余光を仰ぐにも至らば,多少の損失のごときは物の数にもあらずして,むしろ文明の誘導者たる日本国人に向かい,三拝九拝してその恩を謝することなるべし.（略）[16]

つまり,日清戦争は文明国の日本が,野蛮な国である清国を教え導くための「正しい戦争」である. この露骨なレトリックは現代から見れば驚きを禁じ得ないとともに,軍国主義的熱狂・戦争熱が知識人の中にすら存在していたと指摘できるのである.（子供向け）絵ハガキでも,福沢諭吉の言葉でも,日本社会に軍国主義的熱狂・戦争熱が蔓延していたことは間違いない. 当然なことであるが,これは当時の社会的背景が関係している. 戦争前夜,日本は経済恐慌のパニックに陥り,国民の最大の関心事は生活の維持であった. 戦争に勝つと,国内の緊張は緩和され,戦争から思わぬ恩恵を受け,国民生活水準は飛躍的に向上し,国にとって未曾有の繁栄につながったかに見えた. しかし,戦争で得た利益をもとに成長した日本帝国は海外に目を向け,後に大東亜共栄圏というスローガンが生まれることになったのである.

お わ り に

(1)　芸術価値

　石版画の芸術価値について，島屋氏は「明治二十七八年には日清戦役の為石版の戦争画が無数に世に出たが，安く売るために芸術など省みる暇なく，随って後世に伝ふべき価値を有するものは極めて少ない」[17] と酷評する一方で，同書において『日清戦争絵』を高く評価している．

　現代のメディアにおける時事版画は，特定の歴史的・物質的状況の産物として，ジャーナリズムにおいて歴史的に重要であり，文字から絵によるコミュニケーションへの移行における歴史的段階を示していると同時に，絵による報道の創造，発展，成熟に多くの豊かさを提供しているのである．また，版画の発展段階を示す美術史的な意味合いも強く，近代版画の変容に貢献し，それ自体も非常に美的な価値が高いものだと思われる．簡単に言えば，その芸術の価値は，少なくとも版画芸術，写生芸術，原稿価値，実用芸術という側面を含んでいる．しかし，戦争画は特殊性があるため，内容の真実性を無視して芸術価値を測ることが難しく．アート学はその属性をある程度拒否したのではないだろうか．

　また，狄春馨の研究[18] によれば『点石斎画報』のリアルさ，画法の多様性は，中国伝統的な絵画技法と西洋絵画の遠近法やキアロスクーロなどの表現技法を活用したものであるという．また，『点石斎画報』は，その後の民間絵画芸術に影響を与えたという．しかし，これも研究の中心はやはりその絵図の表現内容であり，芸術性には焦点が当たっていなかったと考えられる．戦争画では芸術性があるのかということについて今後の課題にしたいと考える．

(2)　真実性を失う作品

　日清戦争における，絵画作品の真実性という点だけから見れば，日本の『風俗画報』でも，清国の『点石斎画報』も史実とは異なる内容の絵図が多いが，

『風俗画報』は事実を元にして誇張しているに過ぎないが，一方の『点石斎画報』は事実を完全に捏造，歪曲している．しかしながら，『風俗画報』と『点石斎画報』どちらの画報も非常によく売れ，ベストセラーとなって，今日まで絵図が沢山残っている．つまり，両画報とも非常に影響力のある出版物であったと言える．これは大衆の好みに合った，買い手が求めるものだったからであろう．したがって，日清戦争に関する『風俗画報』と『点石斎画報』の石版画は当時の両国の国情に合った絵図であると考えられる．この点について両者は似ているが，違うところもある．『風俗画報』は日本軍大本営の発表を基に制作された作品が多く，政府から明確な指導を受け，政府の虚報を宣伝しようとしたものである．戦争の合理化のための政府の宣伝刊行物として，作品に当時の日本社会の軍国主義的な熱狂が反映されている．一方で，『点石斎画報』は敗戦に納得のいかない清国民の自己満足のようなものではないだろうか．

1)　書誌研究懇話会編，槌田満文解説（1980）『風俗画報：目次総覧』東京：龍渓書舎，32 頁.

2)　中野美代子，武田雅哉編訳（1989）『世紀末中国のかわら版：絵入新聞『点石斎画報』の世界』東京：福武書店，20 頁.

3)　蘇精（2001）「西洋印刷術が中国に伝来した経緯と影響」狭間直樹編『西洋近代文明と中華世界：京都大学人文科学研究所 70 周年記念シンポジウム論集』京都：京都大学学術出版会，312 頁.

4)　中野美代子，武田雅哉編訳前掲書，16 頁.

5)　西野嘉章編（1996）『歴史の文字：記載・活字・活版』東京：東京大学総合研究博物館，284 頁.

6)　書誌研究懇話会編，槌田満文解説前掲書，63 頁.

7)　蘇精前掲論文，313 頁.

8)　中野美代子，武田雅哉編訳前掲書，15 頁.

9)　山本駿次郎（1991）『報道画家山本松谷の生涯』東京：青蛙房，42 頁.

10)　福田忠之（2011）「日中の石版画報に見る義和団事変 ―『風俗画報』と『図画日報』―」（『非文字資料研究』第 26 号）18-19 頁.

11)　魯迅著，張望編（1982）『魯迅論美術』北京：人民美術出版社，83 頁.

12)　鄭振鐸（1998）『鄭振鐸全集』（第 14 巻）石家庄：花山文芸出版社，176 頁.

13)　中国語原文「倭兵有四千餘人我方軍隊雖只有兩千人卻個個奮勇殺敵以一當十交

戦良久日軍敗局已定我軍以少勝多傷亡無幾軍威大振」.

14)　中国語原文「七月二十四日下午四點鐘接天津來電略云十七日華軍至平壤大勝倭
兵南追五十里克復中和府城十八十九二十等日我軍陸續調往中和府者計有萬餘人前
後統計已有三萬四千人諸統領已定於二十二日進軍南征目下倭兵駐紮山口約有二萬
五六千人相距二十餘里（略）倭人之可笑如此而尚欲以蚍蜉之力而撼大樹奮螳螂之
臂以當車轅是真不度德不量力不親親不征辭此而不已更何待一節之後迎刃而解此其
時矣」.

15)　中国語原文「中國自倣行西法以來凡事皆一洗因循之習沿江沿海各口岸炮臺林列
鞏固堅牢」(「戰必勝説」『申報』1894 年 7 月 11 日，1 版).

16)　福沢諭吉「日清の戦争は文野の戦争なり」『時事新報』1894 年 7 月 29 日.

17)　島屋政一（1939）『日本版画変遷史』大阪：大阪出版社，674 頁.

18)　狄春馨（2017）『『点石斎画報』絵画芸術研究』揚州大学修士論文，18-25 頁.

第2章

中国同盟会結成以前の日本への
中国人留学生コミュニティにおける革命団体の変遷

尚 小 明

（横山雄大 訳）

は じ め に

　清代末期における中国人による日本への留学は 1896 年春に始まった．最初はわずか 13 人の官費留学生であった[1]．1899 年の夏になっても，官費と私費を合わせても，その総数はわずか 70 人余りであった[2]．20 世紀に入ってからは，清朝が新政を実行に移すにつれて，ますます多くの学生が日本に留学するようになった．1901 年から 1903 年にかけて，「その人数については，約 4 倍にも達しており，進歩は極めて速かったといえよう」[3]．そして 1905 年には，総数は 1 万人に迫った．日本への留学生の増加に伴って，排満革命思想が伝播し，励志会，青年会，拒俄義勇隊，軍国民教育会といった，革命党の党員が参加や創設に関わった団体が続々と出現した．これらの団体は，その後の華興会や光復会等の創設に直接繋がるものであり，最終的には，中国同盟会の成立へと発展するのである．しかし，学術界は長い間，これらの団体に対し，十分な注意を払ってこなかった．早くも 1940 年代には陸丹林が，「今，中国革命史を語る場合，その多くは興中会から始める．また，普通，多

くは，興中会から，同盟会，国民党，中華革命党，中国国民党へと至る」た
め，その他の団体に対しては，「高々，数語を簡単に述べるに過ぎない」と指
摘している[4]．鄒魯が編纂した『中国国民党史稿』を例にとれば，第一章で
は興中会を，第二章では同盟会を叙述する．その間に出現した上述の団体は，
同盟会の成立の背景を叙述する際に，たった200字余りを費やすのみであ
る[5]．学術界では今日に至るまで，華興會，光復会等の創設と活動について
はすでに十分研究がなされているが，それよりも前に出現した上述の団体に
ついては，辛亥革命史や民国史の一部の著作において一般的な記述がなされ
ている以外には，細部にまで至る研究が不足している．とりわけ，これらの
団体とそのメンバーの変遷は，はっきりと示されていない[6]．したがって，さ
らなる研究が必要である．

1. 励志会の「革命化」の趨勢と最終的な分裂

　励志会は清代末期，日本の留学生コミュニティが設立した初期の組織のひ
とつである．1940年代に馮自由が出版した『革命逸史』の記載によれば，こ
の励志会は1900年に東京の留学生コミュニティによって組織された[7]．その
性格は，設立当初からその後にかけて明らかに変化している．初期メンバー
の1人である曹汝霖は，この励志会の「設立の宗旨は，互いに親交をむすび，
学術研究を行う」ことであったと述べている[8]．章宗祥は，「メンバー個人が
義によって結ばれており，会で互いに褒め合っていたわけではなく，最も純
粋な集団であったといえよう」と述べている[9]．張継もまた，当時，「革命派
と非革命派の区別が未だ存在せず，私は未だ辮髪を結っており，政治に対す
る正しい理解をまったく持っていなかった」と述べている[10]．これらの発言
はみな，結成当時の状況を反映したものである．間もなく，会員の思想には
劇的な変化が生じたため，励志会を熟知していた馮自由は次のように述べて
いる．

会には急進派と穏健派の二派閥が存在し，沈翔雲，戢元丞，程家檉，楊蔭杭，雷奮などが前者に属しており，〔中略〕後者の派閥は，章宗祥，曹汝霖，呉振麟，王璟芳などである．〔中略〕当時革命思想が既に巻き起こっていたが，メンバーのうち光復主義を主張する者はまったく珍しくなく，戢元丞，沈翔雲ら急進派はみな，会の幹事を務めており，そのために〔会は〕まさに革命の宣伝機関であった．庚子〔1900 年〕7 月，漢口の決起で殉死した黎科，傅慈祥，蔡丞煜，鄭葆晟，また危難を逃れた戢元丞，秦力山，呉禄貞といった人々はみな，この会のメンバーである[11]．

　励志会を真の革命団体と見なすことはできないが，日本留学コミュニティ内の革命勢力の初歩的な結集との間に，非常に密接な関係を持っている．そのため，のちに日本留学コミュニティ内の革命団体を議論する際には，間違いなく励志会から始めている．

　励志会の創設の時期について，学術界では一般に馮自由の記述に依拠しているが，おそらくその記述は正確ではない．関連する档案の記述によれば，上述の 1900 年の漢口での決起，つまり自立軍の決起が鎮圧された後，湖広総督の張之洞は，日本に派遣した留学生がこの事件に関与したうえ，励志会を創設したことを知って，大きく衝撃を受けた．そこですぐさま駐日公使の李盛鐸に打電し，「猛烈に悔い改め，勤勉に学んで国に報い，決してデマに惑わされない」ようみなに戒告するよう求めた[12]．李盛鐸はこの電報を受け取ると，まず留学生に対する調査を行った後，張之洞に次のように返電した．「励志会は昨年の秋に始動し，専ら学問の研究と書物の翻訳のために設立された．毎月 1 回の集まりを設け，演説はすべて学問〔について〕であり，国事には及んでいないようである」[13]，と．ここから，励志会の創設は 1900 年ではなく，実際には 1899 年の秋だったことが分かる．張継は，自身が励志会に参加したのは，1899 年夏に日本を訪れた後だと回想している[14]．

　張玉法のデータによれば，励志会のメンバーは次の 42 人であった．王宰善，王璟芳，王寵恵，沈琨，沈翔雲，呉振麟，呉禄貞，呂烈煌，汪栄宝，良

弼，金邦平，夏循垍，高淑琦，唐才質，秦鼎彝，秦毓鎏，張瑛緒，張奎，張
継，陸世芬，馮閲模，関炳栄，陳槼，薛錦標，章宗祥，富士英，曹汝霖，稽
慕陶，葉基貞，葉瀾，傅慈祥，程家檉，戢翼翬，雷奮，楊廷棟，楊蔭杭，董
鴻禕，廖世綸，黎科，蔡丞煜，鄭葆晟，銭承誌である[15]．沈渭浜は，蔡鍔，
范源廉の２人を加え，合計44人とした[16]．しかし，筆者が何度も確認した
ところ，汪栄宝，秦毓鎏，葉瀾，董鴻禕の４人をメンバーと記す信頼に足る
資料を発見することはできなかった．良弼をメンバーとする言説として，陶
成章の『浙案紀略』を参照すると，「励志会の目的は対外的に立ち上がること
に関係しており，満漢の区別はなく，そのため満洲人の学生もまた会に列席
しており，例えば愛新覚羅良弼（字は賚臣）その人もまた，励志会の会員で
あった」と述べられている[17]．しかし，励志会の活動期間中，陶成章はまっ
たく日本にいなかった．また，励志会は「対外的に立ち上がることに関係し
ていた」という説明から，彼がこの会をまったく理解していなかったことが
分かる．この会が反満革命の色彩を帯びていたことに鑑みれば，良弼が会に
参加していたとは到底考えられない．一方で，劉道仁（劉賡雲），呉祖蔭，万
廷献，藍天蔚の４人をメンバーと明確に記載する資料が存在するものの[18]，
張玉法と沈渭浜の２人はこのことに気づいていない．つまり，励志会の実際
のメンバーは，おそらく43人なのである．

　この43人が日本に到着した後の就学状況は，主に以下の三つのパターンに
分類できる．第一に，まず日華学堂等の学校に入学し，日本語の補習を受け
た後，日本の大学へと進学する．第二に，まず成城学校に入学し，陸軍士官
学校へと進学する．第三に，東京高等大同学校やその他の学校に入学する．
その中でも最も活躍したのは，沈翔雲と戢翼翬などであった．張継が言うに
は，２人は当時の「東への〔日本への〕留学生コミュニティの中心的人物で
あった」．とりわけ戢翼翬は，「垢ぬけていて大志を抱いており，学友も多かっ
た」[19]．励志会の設立当初は，まさに孫文や梁啓超が相次いで日本に亡命し
ていた時期であり，「互いにやり取りし，互いに革命の方法を研究してい
た」[20]．梁啓超は東京高等大同学校を創設し，林錫圭，秦力山，范源濂，李

群，蔡鍔，周宏業，陳為璜，唐才質，蔡鐘浩，田邦璇，李炳寰ら，10 人余り
の湖南の時務学堂時代の元生徒を呼び寄せ，入学させた．馮自由，鄭貫一，
馮斯欒，曾広勷，鄭雲漢，張汝智ら，康有為のもう 1 人の弟子である徐勤の
影響下にあった横浜大同学校の一部の学生も，東京高等大同学校に移った．
学校が「採用した教材には，英仏の著名な学者による自由平等，天賦人権な
どの学説が取り入れられていた．学生たちは革命について大いに語り，それ
ぞれがルソー，ヴォルテール，ダントン，ロベスピエール，ワシントンを尊
敬した」という[21]．沈翔雲は戢翼翬と呉禄貞らとともに孫文と関係を構築す
ると，孫文に「すぐさま打ち解け」，「一辺倒になった」．そしてその後，彼は
東京高等大同学校へと移り，梁啓超とやり取りするようになった．また，そ
の生徒である秦力山，林錫圭，李炳寰，蔡鍔，蔡鐘浩，田邦璇，及び東京の
他校に入学しつつも志を持っていた劉道仁，呉祖蔭，傅慈祥，黎科，鄭葆丞，
蔡丞煜，程家檉らを，1 人ずつ孫文に引き合わせ，「ともに天下のことを論じ
た」．孫文はそのことに，「大いに助けられた」という[22]．これらの人物のほ
ぼ全員が励志会のメンバーであった．このように，沈翔雲らは実のところ，
孫文と励志会との間の紐帯であり，励志会内の急進派の勢力拡大に重要な役
割を果たした．そのため，励志会には「革命化」の趨勢が現れたのである．

　励志会のメンバーが「革命化」するにつれ，その活動もますます活発になっ
た．1900 年夏，康，梁と唐才常らが「勤王」的な自立軍起義を引き起こした
のに乗じて，多くのメンバーが帰国してこれに参加した．その結果，傅良弼，
蔡丞煜，黎科，鄭葆丞らが犠牲となり，沈翔雲，戢元丞，秦力山，呉禄貞ら
は何とか難を逃れ，日本へと戻った．まもなく，孫文が率いる興中会が恵州
起義に失敗したという知らせが入った．しかし，「大逆不道」であり，「革命
同志は，雨後の竹の子のように限りなく成長している」とこれまで見なされ
ていた[23]のとは異なり，この時には革命はすでに，ますます多くの共感を
得るようになっていた．同年冬，『開智録』と『訳書滙編』という日本への留
学生コミュニティ初の雑誌が二冊誕生した．前者は広東籍の留学生である鄭
貫一が主催しており，広東籍の馮斯欒と馮自由を筆者として招聘していた．

「貫一の字が自立で，斯栾の字が自強であったため，当時，『三自』と呼ばれ
ていた」．彼らはみな，東京高等大同学校の在籍経験者で，鄭貫一は当時，『清
議報』の編集助手でもあった．同誌は『清議報』を発行・印刷機関として利
用していたが，その宗旨は『清議報』とはまったく異なっていた．つまり，
「平等自由，天賦人権の真理を専ら用いて，革命の教義を海外の保皇会員に教
え込み，ひそかに勝利を勝ち取る」ことを目指していたのである．そのため，
保皇派からの猛反対に遭い，鄭貫一は『清議報』から除名され，同誌もまも
なく廃刊となった[24]．『訳書滙編』は，主に励志会のメンバーが主催してい
た．その社員には戢翼翬，王植善，楊廷棟，雷奮，楊蔭杭，金邦平，富士英，
陸世芬，章宗祥，汪栄宝，曹汝霖，銭承誌，呉振麟，周祖培などがおり，周
祖培と王植善以外はすべて励志会のメンバーであり，さらにその半数は東京
専門学校の卒業生か現役生であった[25]．同誌は，「専ら欧米の法学・政治学
の名著の翻訳を宗旨としており，例えばルソーの『社会契約論』，モンテス
キューの『法の精神』，ジョン・スチュアート・ミルの『自由論』，スペンサー
の『代議政体論』はみな，順次掲載している．訳文の文体は流れるように優
雅で，流行の最先端であり，当時の人々はみな，留学生コミュニティの雑誌
の元祖として推薦していた」という[26]．

　1901 年の新暦 1 月 1 日，励志会は上野精養軒で新年会を開き，これにはメ
ンバー 30 人余りが出席した．また，フィリピン第一共和国外交代表のマリ
アーノ・ポンセ（Mariano Ponce），日本進歩党領袖の犬養毅，横浜興中会会員
の尤列と翟美徒を来賓に招き，記念撮影をしている[27]．尤列は孫文の最初の
革命同志の 1 人で，いわゆる「四大寇」の 1 人であった．恵州起義の時には，
長江会党の運動を担当し，起義が失敗した後には横浜へと亡命し，翟美徒ら
と連携して中和堂を設立し，革命活動に従事し続けた．尤列は横浜で孫文と
同じ建物に下宿しており，励志会の戢翼翬，沈翔雲，秦力山，程家檉らとも
緊密にやり取りしていた[28]．新年会からは，励志会と興中会がより密に接触
を保っており，メンバーの約 4 分の 3 がすでに革命に傾倒しているか，これ
を主張していたことが分かる．

　励志会が徐々に「革命化」していく一方で，内部には「拝官主義に次第に向かう」メンバーもいた．特に1901年以降，清朝は新政の実施を布告し，徐々に一連の改革措置を公布していった．その中には，八股文の廃止と策論への変更，留学生の選抜派遣などがあった．また，卒業後の留学生の採用という建議も含まれており，留学生の一部はこれを出仕への近道だと見ていた．そのため励志会内の分裂はますます深刻となり，「政府が日本に官員を派遣して調査するたびに，章〔宗祥〕らは毎回，通訳や案内役となっていた．そのため，次第に官憲と接近し，穏健派を自認するようになった．急進派は次第にその行動を軽蔑するようになり，官憲の走狗と讒謗し，両派は関係が悪化し，ついには火と水の関係となった」という[29]．真正の革命団体の成立は，すでに避けがたい潮流となっていた．

2.　国民会の頓挫と青年会の創設

　励志会に不純な分子が出現し，一部のメンバーが利権に心を囚われ，次第に清朝の官吏に買収されたことを批判して，沈翔雲，戢翼翬，秦力山，張継らは，1901年5月10日に月刊誌『国民報』を創刊した．そこで公然と民族主義を提唱し，同時に励志会の腐敗を是正すべく，国民会の組織を準備し始めたのである．『国民報』の宗旨は，「中国の宿弊を打破し，国民の精神を振興し，著作や翻訳において必ず，中国全体の急務に関して，瑣事に囚われず，不偏不党に立つことを期する」ことであった[30]．その内容は主に，西洋の革命思想や歴史を紹介し，列強による中国侵略を糾弾し，清朝宮廷の専制的統治を批判し，改良派による革命派への攻撃に反撃することであった[31]．編集室は東京小石川白山御殿町百十番地にあり，四方の壁には漢口で戦死した傅慈祥，黎科，蔡丞煜，鄭葆丞の四烈士の遺影が掲げられていた．当時，『訳書滙編』はすでに停刊していたため，楊廷棟，楊蔭杭，雷奮らはこの月刊誌の主要な寄稿者へと転じていた．王寵恵は英字の論説を担当しており，馮自由

は発行者と編集者を兼任していた[32]．同年6月10日の同誌第2期では，国民会の英字広告を掲載し，次のように記していた．「本誌は中国国民会の喉舌であり，その会則はすでにパンフレット形式で出版されている．当地やその他各地の中国人の間では広く流通しており，すでにかなりの数の有力な中国人が会員として名を連ねている．この会の第1回会合がまもなく開かれるが，場所は未定である」[33]，と．同会の会則によれば，その宗旨は，「奴隷精神を取り除き，国民の精神を振興し，中国4億人に天賦の権利を享受せしめること」であった[34]．また，馮自由の説明によれば，同会の「宗旨は，革命の宣伝と満洲族排撃の二大主義にあり，『国民報』を推進機関とすることで，海外の各港で活動する華僑と本国の志士とを結びつけ，ともに行動を図ることを目指している」という[35]．広告に鑑みれば，会の計画はすでにある程度まで進んでおり，成立大会の開催も準備していた．しかし，同誌は財政難のために，第4期をもって停刊となってしまった．国民会も頓挫してしまったため，第1回会議が開催されたかどうか，また会員状況はどのようなものだったのか，ともに明らかではない．

　1902年正月に入ると，自立会起義の時に張園国会に名を連ねたために指名手配を受けていた章太炎が日本に亡命し，孫文と知り合った．彼は，「人種革命を鼓吹するには，まず世の人の歴史観念を振興しなければならない」と考えた．そのため，旧暦の同年3月19日，明の崇禎帝の殉国242周年記念の名目で，「支那亡国二百四十二年紀念会」を開くよう提案した[36]．そのために，彼は宣言書を起草し，次のように大きく呼びかけた．「雲南人よ，李定国を忘れませんように！　福建人よ，鄭成功を忘れませんように！　広東人よ，張煌言を忘れませんように！　広西人よ，瞿式耜を忘れませんように！　湖南人よ，何騰蛟を忘れませんように！　遼寧人よ，李成梁を忘れませんように！」，と．章太炎はまた，紀念会の発起人として署名した．そのほかに発起人として署名したのは，秦鼎彝（力山），周達（周宏業），唐蟒（桂梁），馬同（君武），馮懋龍（自由），王熊（嘉梁），馮斯栾（自強），李群（彬士），朱楞（菱溪）で，合計10人だった[37]．そのうち，秦鼎彝，周達，馮懋龍，馮斯栾，李

群はみな，東京高等大同学校の在学経験者であった．秦鼎彝は励志会のメンバーで，朱楞とともに自立会起義に参加したために日本へと亡命した．唐蟒は自立会起義のリーダーである唐才常の子息であった．馮懋龍と馮斯栾は鄭貫一とともに，『開智録』を創刊した．馬同は康有為の弟子であり，1901 年に孫文と知り合うと革命へと転向し，「康と梁は過去の人物で，孫先生は将来の人物だ」と繰り返し語っていた[38]．王熊は，東京の「浙学会」の主要メンバーだった[39]．紀念会は当初，旧暦 3 月 20 日に上野精養軒で開催される予定であり，留学生の参加登録は期日までに数百人までに達し，孫文もまた横浜から 10 人余りの華僑を率いて参加した．しかし，駐日公使の蔡鈞が日本外務省まで出向いて開催を禁止するよう求めたために，両国の友誼を保つべく，紀念会は結局，日本の警視庁によってその場で解散させられた．しかし，世論はすでに形成されており，馮自由によれば，「この行動は各省の留学生に対して極めて大きく影響し，その後，留学生コミュニティには愛国団体が続々と成立した．その起源は亡国紀念会にある」という[40]．宋教仁もまた，この紀念会を経て，「留学生コミュニティの革命思想は，すでに一日千里の勢いを得るに至っている」と述べている[41]．

　この紀念会に向けて励志会内の急進派が立ち上がろうとしたのに対して，曹汝霖，章宗祥，呉振麟らの穏健派の態度は，消極的なものだった．同年夏，留学生コミュニティで大きな事件が起こった．すでに来日していた顧乃珍ら 9 人の学生が，成城学校に入学して陸軍に学ぼうとしたが，駐日公使の蔡鈞は革命を防止するために文書の送付を拒否したのである．そのため，呉稚暉との間にトラブルが発生し，蔡鈞は結局，呉を拘留して帰国させるよう日本の警察に要請した．そのことに対して各省の学生は大いに憤ったのである．急進派は「異民族〔満洲族〕の政府の不甲斐なさに嘆息し，神州〔中国〕の沈没に傷心していた」．純然たる革命団体設立への歩みを加速させ，同年冬にはついに，葉瀾，董鴻禕，秦毓鎏らが青年会を設立した[42]．会章の第一条には明確に，「民族主義を宗旨とし，破壊主義を目的とする」ことが掲げられていた．会の名称については入念な検討が重ねられ，最初のうちは，イタリア

独立以前には青年イタリア〔少年意大利〕があったことから，「少年中国会」と命名すべきだとの主張がなされていた．さらなる検討を重ねた結果，「少年中国」という名称は清朝当局の目に留まりやすく，行動に不利に働くとして，あいまいに青年会と名づけられた．しかし実際には，「少年中国」を意味していた[43]．

　目下手にしている資料によれば，青年会の設立当初，メンバーは合わせて26人で，事情があり帰国した馮自由を除いた25人は，集合写真を撮っている．前後2列に分かれ，後列の15人は立ち，前列の10人はしゃがんでいる．1908年旧暦6月23日，主な発起人の1人である秦毓鎏は，所蔵する写真に基づいて，写真の裏側に各人の姓名と字を記しており，左から右，前列から後列の順序で並べると次のようになる．胡景伊（文瀾），金邦平（伯平），□□□，汪栄宝（袞父），蘇子穀（曼殊），薩端（韻坡），王嘉駒（偉人），蔣方震（百里），華鴻（裳吉），稽鏡（滌生），呉緔章，□□□，鈕瑗（翔青），□□□，□□□，謝暁石，潘賛化，秦毓鎏（効魯），陳由己（仲甫），熊慕蓮，周宏業（伯助），張肇桐（葉侯），□□□，董鴻褘（恂士），董絹堂である[44]．そのうち5人の姿を，秦毓鎏はもはや区別することができなかった．しかし，他の関連資料によれば，青年会のほかのメンバーは戢翼翬，葉瀾，張継，熊垓，馮自由，程家檉の6人である．写真撮影に参加していない馮自由を除いた5人が，秦毓鎏が確認できなかった人物だろう．彼らの写真内での具体的な位置については，さらなる検討が必要である[45]．

　青年会について，張玉法の『清季的革命団体』はごく簡単に触れるにとどめている[46]．沈渭浜の『孫中山与辛亥革命』には概要が述べられているが，彼のデータではメンバーは28人であった．また，沈翔雲，雷奮，楊廷棟を含めているが，この3人はその時すでに帰国しており，青年会のメンバーではなかった．その上，彼は陳由己（字は仲甫，のちに陳独秀へと改名する）を数え漏らしている．そのほかにも彼は，熊慕蓮を熊慕蓮と，潘世壁（潘賛化）を泮世壁と誤記している[47]．

　青年会のメンバー26人のうち，約3分の2が早稲田大学とその前身にあた

る東京専門学校で学んでおり，早稲田大学は当時すでに，日本への留学生コ
ミュニティの革命的エリートが集まる場となっていたのである．その中には，
励志会にも所属していた 4 人，つまり戢翼翬，金邦平，張継，程家檉がいた．
しかし，金邦平は青年会の創立直後に，「章宗祥らからの保身を優先すべきと
の忠告に抗しきれず，結局は正式に脱会を表明し」[48)]，それ以来，革命から
遠ざかった．残りの 3 人はみな固い意志を持った革命家だった．励志会のメ
ンバーのうち，たった数人しか青年会へと移行しなかったのは，励志会の創
設から青年会の創設まですでに 3 年以上が経過しており，多くの状況が変化
し，励志会の創設メンバーの去就がそれぞれ異なったからである．自立軍起
義で殉死した 4 人と青年会に加入した 4 人を除いて，そのほかはおおよそ以
下のように分類できる．第一に，帰国して就業したものの，その仕事は革命
とは無関係な者たちである．例えば，范源廉，嵇慕陶，富士英らである．第
二に，帰国して革命運動を続けた者たちである．例えば，秦力山は東京の『国
民報』の停刊後，上海で『大陸報』を創刊した．そして，雷奮，楊廷棟を主
筆に迎えた．ほかにも，楊蔭杭は無錫に戻ると，教職に就きながら励志学会
を創設し，排満革命の宣伝を続けた．沈翔雲も南洋，香港，広東へと向かい，
革命運動に従事した．第三に，さらなる他国への留学へと転じ，革命運動に
も従事した者たちである．例えば，王寵恵はアメリカとドイツへと留学した
が，欧米で活動していた孫文と緊密な関係を維持した[49)]．第四に，藍天蔚の
ように，日本で留学を続け，革命思想を抱きながらも，青年会には参加しな
かった者である．第五に，呉禄貞，劉道仁，呉祖蔭，万廷献らのように，清
朝に仕えるために帰国したが，それでも依然として革命との接触を保ち続け
た者たちである．とりわけに呉禄貞は，1901 年秋に留学生会館が設立された
時，公然と「この会館は中国にとって，アメリカの独立記念館とまったく同
じである」と言い放った[50)]．帰国後に湖北将弁学堂などに勤務したが，武昌
花園山の孫森茂花園を秘密機関として用いて，同志を呼び集め，密かに革命
運動を続けていた[51)]．
　一般的には，青年会の設立後，励志会は瓦解し存在しなくなったと考えら

れている．しかし，『訳書滙編』が掲載した「壬寅十二月改正」の会則を見る
限り，青年会設立後も，単に会則を改正しただけで，励志会は依然として存
在していた．会則の第一条では，「立憲主義の準備のために，実学を研究す
る」と謳っており[52]，主なメンバーは曹汝霖，章宗祥，呉振麟などの元穏健
派であった．曹汝霖の回顧録には，励志会は「その後再度会則を改定し，君
主立憲を主張し，『訳書滙編』という出版物を出した」とある[53]．項士元は
青年会の設立を語った際，「清漪，詢士（すなわち葉瀾，董鴻禕）はともに，排
満精神に富んでいた．日本で青年会の組織を試みたが〔中略〕，当時，嘉興の
呉振麟と烏程の章宗祥らは立憲党を組織し，この勢いに対抗していた．立憲
党を立てて平和を主張しており，その主張は激しいものであった」と述べて
いる[54]．しかし，それ以降，政府に憲法制定を求める運動において，励志会
がどのような行動を起こしたかは不明である．章宗祥と曹汝霖は留学生会館
の幹事を務めたが，自身の出世のため，しばしば留学生を組織して日本を訪
れた高官を歓迎した以外には，特別なことは何もしなかった[55]．

　青年会の宗旨は「民族主義」であり，排満革命の宣伝に少なからず活動し
た．『法蘭西大革命史』や『中国民族志』など数冊の書物を編纂，翻訳したほ
か，1901年秋に留学生会館が建設された後，各省の同郷会が続々と設立され
るにつれて，青年会もまた，君主専制統治を批判し，排満革命を主張するい
くつかの刊行物の創設に参画した．例えば，『江蘇』は青年会の創始者である
秦毓鎏らが主催したものであり，『浙江潮』は青年会のメンバーである王嘉
榘，蔣方震，及び孫翼中，蔣智由，馬君武らが編集，発行したものであった．
『湖北学生界』は，励志会のメンバーである王璟芳，劉成禺，李書城らが編
集，発行していた．これらの刊行物は，「内容はおおよそ過激なものばかり
で，現政権の打倒と新中国の樹立を教義としていた．清朝の肝を冷やしたば
かりか，日本も驚きのあまり正視できなかった．革命のエナジーは，まさに
伸び伸びと発散されていた」という[56]．

　青年会の目的は「破壊主義」であったが，設立当初，この点を受け入れる
ことができた留学生はごく少数であった．「破壊」を達成するためには，より

多くの人々を動員して，革命に参加させる必要があった．日本への留学生が
急増するにつれて，排満主義に傾倒する者が増えていったものの，青年会は
より大きな役割を果たすために，組織を拡大する必要性を切実に感じていた．
当時，ロシアによる中国東北部への侵略が激化したことは，青年会にとって
絶好の機会となった．つまり，青年会はまず拒俄義勇隊を組織し，その後，
軍国民教育会へと発展させたのである．

3. 拒俄義勇隊から軍国民教育会へ

　1903年春，中露関係はさらに悪化した．ロシアは義和団事件を機に東北部
に進駐した軍隊の撤退を拒否しただけでなく，清朝に七つの新たな要求を突
きつけ，東三省を自国の勢力圏としようとした．そのため，1901年春に上海
の愛国志士が張園に集まり，ロシアとの条約に抵抗したのに続き，1903年4
月27日には，18の省の愛国志士が再び張園に集まり，反ロシア運動を開始
した．このニュースは日本にも伝わり，各省の同郷会も様々に会議を開いて
対策を検討していたが，日本での留学を開始したばかりの鈕永建は拒俄義勇
隊を立ち上げることを決定した．学生軍を組織することでロシアによる侵略
に抵抗すべく，留学生会館の幹事である章宗祥と曹汝霖に，会館の名義で全
学生を招集するよう依頼したのである．章宗祥と曹汝霖は，学生の手元に武
器がなければ何も成し遂げられず，また政府の疑念を招くだろうとして，鈕
永建の要請を拒絶した．青年会の創設者の1人である葉瀾はこれを聞きつけ
ると，これは青年会を拡大する得難いチャンスだと考えた．そこで，鈕永建
を支持し，拒俄義勇隊を組織することを口実に，「民族主義を浸透させるべ
く，一大団体を結成する」ことを主張したのである．そのため，鈕永建が秦
毓鎏に対して自身の主張を開陳した際には，秦毓鎏と葉瀾は直ちに発起人に
名を連ねたいと答えた．そして，鈕永建がビラを起草し，大会を開いて対処
方法を討議するよう全学生に呼び掛けたのである[57]．

4月29日，500人以上の留学生が錦輝館に集まり，湯爾（爾和）を臨時議長に選出した．湯爾，鈕永建，王璟芳，葉瀾，周宏業，張肇桐，汪栄宝，程家檉らだけでなく，蒯寿枢，李書城，翁浩，張允斌といったそのほかの留学生たちも，次々と激高しながら演説をぶった．会議では，拒俄義勇隊を組織し，敵に立ち向かうべく義勇隊への入隊にサインする意思のある者を募集することに決めた．そして，北洋大臣の袁世凱に打電しロシアに激しく抵抗するよう要請するとともに，上海の教育会の愛国学社にも打電し，協力を求めることに決定した．同時に，袁世凱に書簡を出して，義勇隊を麾下に加えるよう要請することになった．次の日まで，署名希望者が絶えることはなかった[58]．5月2日，留学生は再度錦輝館で大会を開催し，義勇隊を学生軍へと改称することに決定した．5月3日，署名した学生は会館へと集まった．胡景伊，龔光明，藍天蔚らによって隊が編成され，隊長には藍天蔚が推薦された．5月6日から，会館では訓練が行われている[59]．

　学生軍は軍隊と司令部から成り，その目的は「反ロシア」であり，性格は「国民の憤慨を代表し」，「主戦の責任を引き受ける」というものだった．体制は「政府の指揮下にある」と決められた．組織的には，全体に1人の隊長の下に甲，乙，丙の三つの小隊が設置され，それぞれ1人の小隊長が置かれた．小隊の下には1から4までの分隊が設けられ，それぞれ1人の分隊長が置かれた．分隊は普通，分隊長を含めて12人から成っていた．それ以外に女性隊も存在し，合わせて12人だった．司令部には1人の部長の下に，運動科長，経理科長，会計科長，書記科長，参議科長がそれぞれ1人置かれた．その下には，運動員，経理員，会計員，書記，参議が置かれたが，人数は不定だった．隊長の藍天蔚は励志会では急進派であり，陸軍士官学校の学生であった．その下の3人の小隊長はそれぞれ，龔光明，敖正邦，呉祐貞であり，ともに陸軍士官学校の学生であった．甲小隊の4人の分隊長は，湯爾，鄭憲成，楊明翼，陳秉忠であった．乙小隊の4人の分隊長は，王渭忱（王嘉榘），尹援一，鈕永建，蒯寿枢であった．丙小隊の4人の分隊長は，劉蕃，林獬，貝均，王璟芳であった．このうち，王嘉榘が青年会の会員であった．彼は軍隊に所属

した以外に，司令部でも任務に当たっていた．各分隊の隊員のうち，青年会に所属していたのは秦毓鎏，葉瀾，董鴻禕，蘇曼殊，張肇桐，華鴻，周宏業，謝暁石であった．司令部では，程家檉が励志会と青年会のメンバーだった．学生軍において姓名がはっきりしている者について，軍隊には（女学生も合わせて）130人余り，司令部には30人前後が在籍していた[60]．

　学生軍は軍隊の名目を掲げており，軍事訓練も実施していたため，すぐさま日本政府からの介入を招いた．訓練を開始した当日の5月6日，日本の外務省は留日学生監督の汪大燮を召喚して，この件は「国際的に問題がある」と述べた．汪大燮は，学生軍を廃止するよう留学生に直ちに命じた．5月7日，神田警察署は王嘉榘，鈕永建，張肇桐，林長民の4人に対し，出頭して説明するよう求めた．その時鈕永建と張肇桐は不在であったため，王嘉榘と林長民が出頭した．2人は，学生軍は教育目的で体操の練習をしているだけであり，軍隊ではないと主張した．日本の警察は，「簡単に見ただけでも，実際には軍隊を作ろうとしている」とし，日本の主権を侵害しているとして，速やかに解散するよう要求した．その日の晩，王嘉榘と鈕永健らは会館で会議を開催し，警察に対して次のように返答することを決めた．「義勇隊はすでに，隊則に従って解散しており，ただ教育目的で体操を行い，また随時講座を開いている．これは軍隊の形式とは異なります．以上申し上げます」，と．同時に，留学生内部では，「形式的には解散するが，精神的には解散せず，以降も軍事講習会を続けるかどうかは，みなで話し合って決める」ことになった[61]．5月10日，署名した学生は会館において臨時会議を開き，鈕永建と湯槱を特派員として選出した．2人は帰国して袁世凱と面会し，主戦を要求するとともに，学生軍の出撃許可を求めることになった．同時に，藍天蔚，秦毓鎏，謝暁石，張肇桐を特別委員として章程の改定と起草に当たらせることに決めた[62]．5月11日，署名した留学生は再度，錦輝館で会議を開催し，学生軍を軍国民教育会に改称すると正式に決定した．また，章程と臨時の公約を議定した[63]．メンバーの陳去病の話によれば，この名称の使用には，「中国教育会との呼応を示し，さらにまた一歩進む」という意味が込められてい

たという[64].　以上の状況に鑑みるに,　拒俄義勇隊や学生軍の解散は,　まず日
本外務省が駐日留学生監督を召喚し,　その後警察が直接留学生に解散を求め
たものであった.　馮自由は,　湖北省の学生である王璟芳が「革命を志して義
勇隊を結成した」と説明したが[65],　これは不正確である.

　新しい規約によると,　軍国民教育会は「尚武の精神を養い,　愛国主義を実
行する」ことを宗旨としており,　臨時公約は,　軍国民教育会の「目的は反ロ
シアである」と規定していた.　メンバーはすべて留学生内の同志から構成さ
れ,　名誉協賛員は軍国民教育会を援助する政府高官や実業家から成ること
とされていた.　平時の職員は,　職員長,　教員,　事務員,　執法員で構成されてい
た.　職員長は1人,　教員には定員がなく,　事務員は4人の経理員,　3人の書
記員,　3人の会計員,　定員のない運動員から成っていた.　そして執法員は3
人であった.　それぞれ会員内での公選によって選ばれたが,　運動員だけは推
挙,　公認,　自薦の三つの方法で選出されることになっていた.　また,　臨時職
員も存在し,　特派員,　事情により臨時で増員した教員,　事務員,　執法員など
であった.　会員として入会するためには,　ほかのメンバーによる紹介を受け
たうえで,　会議での承認が必要であった.　メンバーのカリキュラムには,　射
撃科(射撃練習,　フェンシング),　体操科(普通体操,　兵式体操),　講習科(戦術,
軍制,　地形,　築城,　兵器)が含まれていた.　メンバーは宗旨を堅守し,　他人の
ためにこのことをないがしろにしてならないとされていた.　メンバーには,
事業を推し進める責任,　国家の危機に際して軍務に服する責任,　互いに親し
み,　教え合い,　助言し合う責任があった.　同時に,　協会内で保護され,　援助
される権利も有した.　メンバーが困難な状況にある時には,　全力で互いにか
ばい合い,　助けずに座視してはならないとされていた.　また,　メンバーが危
機に瀕した際には,　喜んで引き下がってはならず,　故意に巧みな言葉で妨害
したりして,　人心を惑わせてはならないとされていた[66].　軍国民教育会はま
た,　メンバーに対する賞罰を定めた「自治公約」を制定している.　褒賞のリ
ストには,「業績優秀」,「品行方正」,「学業優秀」,　処罰のリストには,「組織
破壊」,「責任放棄」,「公益毀損」が含まれていた[67].　褒賞の実施のために,

会は徽章を作成していた．徽章の表には「軒轅黄帝像」の5文字が，その下には「軍国民教育会会員徽章」の10文字が刻まれていた．裏には，「帝作五兵，揮斥百族，時惟我祖，我膺是服」という4句16文字の銘文が刻まれていた．これは秦毓鎏が手ずから作成した詩であった．徽章の一等は純金製で，二等は金メッキを施した銀製で，功労のあったメンバーへ贈られた．三等は銀メッキを施した白銅製で，普通に着用された．特別徽章は牡丹の花の形をしており，これも三等へ分けられ，寄付者に贈られた[68]．学生軍と比べると，軍国民教育会は明らかにより完成した制度を備え，よりしっかりと組織されており，「会員は皆秘密主義を固く守った」[69]．

　軍国民教育会設立当時の主な職員は，以下の通りである．職員長の葉瀾，書記の林長民と蔡文森，会計の張肇桐，蹇念益，陳福頤，経理の周宏業，王璟芳，謝暁石，王嘉榘，秦毓鎏，執法の酈寿枢と董鴻禕，運動員の程家檉，朱祖愉，黄潤貴，余徳元，黄軫（黄興），楊毓麐，張崧雲，費善機，丁嘉堩，黄鐸，俞大純，陳天華，廖世勣，許寿裳，特派員の鈕永建，湯焣（爾和）[70]．メンバーには，姓名が明らかな者が合計208人いた．そのうち元青年会のメンバーだったのは総計14人であり，職員の葉瀾，周宏業，王嘉榘，謝暁石，王璟芳，秦毓鎏，董鴻禕，程家檉の8人以外に，普通のメンバーにも張肇桐，胡景伊，華鴻，薩端，蘇曼殊，呉伝紱ら6人がいた．元学生軍のメンバーは，職員の費善機，丁嘉堩，張崧雲，俞大純，陳天華，楊毓麟，余徳元，朱祖愉，林長民，蔡文森，陳福頤，蹇年益の12人以外に，普通のメンバーにも林獬，翁浩，鄭憲成，方声涛，李書城，尹援一，徐秀鈞，黎勇錫，朱少穆，陳去病，龔宝銓，伍嘉杰，劉成禺，林宗素，王孝縝，楊明翼，陳秉忠，劉蕃，貝均らがいた．学生軍メンバーの一部は，「政府の干渉を恐れ，再び政治運動にかかわろうとはしなかった」ため，軍国民教育会に参加しなかった．しかし，盧牟泰，桂少偉，周道剛，貝鏞礼，楊汝梅，趙世瑄，屈徳沢，薩君陸，陳定保，邢之襄など，より多くの留学生が新たに加わった[71]．軍国民教育会は「反ロシアを目的とする」との声明を出して，外国に矛先を向けていたため，満洲族の留学生である長福がメンバーとなるべく署名し，曹汝霖，金邦平なども

寄付をして支持する姿勢を見せさえした．元青年会のメンバーであった汪栄宝などは次第に遠ざかり，軍国民教育会の協賛者として名を連ねただけであった[72]．また一部の青年会メンバーは，そのほかの理由で軍国民教育会に参加しなかったり，援助しなかったりした．例えば，陳由己，張継，馮自由は当時すでに帰国して革命運動を続けていた．陳由己は，安徽省都で反ロシア運動を開始し，大きな影響力を持っていた．一方で，蒋方震は卒業して帰国したが，まったく関係を持たなかった．そのほか，例えば呉伝紱，熊慕蘧，鈕瑗，潘賛化などは，潘賛化が依然として革命に奔走していた以外には，革命において具体的な動きを見せなかった[73]．

「公約」の規定によれば，軍国民教育会の運動員の主な職責は，各地に赴いて資金を調達し，同志と連絡を取ることであった[74]．運動員の運動地域は，具体的には以下の通りであった．程家檉（南洋諸島），張嵩雲，黄潤貴（横浜，神戸，大阪，長崎），朱祖愉（アメリカ大陸），黄軫（湖南，湖北，南京），陳天華（湖南），楊毓麟（江南），費善機（浙江西域），丁嘉墀（浙江），兪大純（南京一帯），黄鋒（長江一帯），余徳元（湖北），蒯寿枢（上海）である．このうち，黄鋒，余徳元，朱祖愉，黄潤貴，蒯寿枢が他薦で，ほかは自薦であった．黄興は当初会計に推薦されていたが，運動員を希望したため，結局龔年益を代わりに会計とした．そのほか廖世勳も運動員であったが，運動区域は不明であり，自薦なのか他薦なのかも不明である．ここから，運動員の活動地域は，湖南湖北，江蘇浙江の長江流域，とりわけ上海が中心であったことが分かる．というのも，上海には蔡元培らが創設した革命団体である中国教育会がすでに存在しており，軍国民教育会は特に蒯寿枢を連絡係にして，中国教育会に軍国民教育会の分会の創設を担当してもらうことになっていたからである．5月14日，帰国して袁世凱にはたらきかけるべく，特派員の鈕永建と湯槱が先に出発した．その後，5月下旬から6月中旬にかけて，陳天華と蒯寿枢を除いた，そのほかの運動員も続々と帰国して活動を始めた[75]．

しかし，軍国民教育会の活動はすぐさま挫折することになる．5月下旬に天津に到着した鈕永建と湯槱の2人は，袁世凱と会見すべく何度も督署を訪

ねたが，すべて拒絶された．そのため，軍国民教育会は2人には東京に戻るように電報を打つしかなかった[76]．袁世凱と管学大臣はその後外務部に打電するとともに，外務部を通じて留学生監督の汪大燮に転電し，「学生諸君へ，義勇隊の組織は大変喜ばしいことではあるが，学業に差しさわりが出ることは免れ得ないため，決して急ぎ過ぎないように」と訓戒した[77]．ほぼ同時に，駐日公使の蔡鈞は湖広総督の端方に打電し，「東京の留学生が義勇隊を結成し，合わせて200余人にもなる．名目上は反ロシアであるが，実際には革命であり，現在すでに内地〔中国国内〕に赴いている．各洲，各県に命じて，厳しく調査して逮捕すべきである」と伝えている[78]．5月27日，端方は直ちに長江や沿岸の各省に機密の打電を打し，しっかりと警戒し，ひそかに捕らえるよう命じている[79]．6月末，蔡鈞は再度，外務部に次のように打電している．「日本に留学している中国人学生は，会議を繰り返し開き，反ロシアを名目としていたが，実際には反乱を試みており，陰謀を巡らせてひそかに仲間を長江や北洋一帯の地域に配置し，会党を各地に派遣して扇動し，同志を糾合し，機会に乗じて事を起こそうとしている．湖北，直隷，両江督撫に速やかに打電し，厳しく調査してほしい」，と．外務部は直ちに各省督撫に次のように打電している．全体で厳しく取り締まりを行い，卒業していない学生には勝手な帰国を許さず，違反者を見つければ，すぐさま命令によって留学を中止させるように[80]，と．

　これと同時に，軍国民教育会は一部の革命家たちからの誤解と批判の対象となっていた．上海の中国教育会附属の愛国学社は，軍国民教育会が人を派遣して政府に働きかけていることに納得できなかった．そこで，鈕永建と湯槱が日本に戻る前に愛国学社を訪問し，今後の展望と方針を演説した際，呉稚暉らは，「民族の境界をあいまいにしており，偽の政府にはたらきかけて，これとともにことを進めようとしている」と会を批判した[81]．軍国民教育会が寄附を募ったこともまた，『蘇報』の嘲笑の対象となった．同紙は「熱而未昏者」の署名で評論を発表し，日本の留学生が広告内で，特派員2人を派遣して「北洋大臣には熱をあげていただく」と書いたことを批判した．また，

呉語のことわざを引用して,「人の良し悪しを区別できなければ,必ず大変苦労することになる」と書いている[82]. 鈕永建と湯槱による袁世凱へのはたらきかけが失敗すると,同誌は次のように批判した. つまり,「二人は現状を知らず,理由もなく官界へとはたらきかけようとして,面会することができず,怒って立ち去った. まさに,『いったい何を見てやってきたのか』,『いったい何を聞いて去ったのか』. 2人に尋ねてみれば,失笑ものだろう」,と. 鈕永建と湯槱の2人が殺害されたというのが噂にすぎないと知った時には,同誌はまた次のように風刺した.「官界へのはたらきかけの効果は,おおよそこのようなものだったのだろうか. 人はみな,袁世凱は虎のようであるというが,今これを見るに,ただのネズミにすぎず,鈕と湯が巣穴を出入りして恙なくいるのももっともである」[83],と.

　軍国民教育会は上述のような問題に突き当たったため,7月4日に会議を開いた. 秦毓鎏,薩端,周宏業,貝鋪礼,葉瀾,張肇桐,華鴻,陳秉忠,董鴻禕,翁浩,陳定保,胡景伊,程家檉,王家駒,鄭憲成ら15人は,「発起軍国民教育会意見書」を提出した. その中心的な論題は,「宗旨を表明せずにはいられない」というものだった. この意見書は上海の志士による風刺に対して,説明と回答を行うものだった. まず指摘したのは,軍国民教育会の発端は「反ロシア」である. 反ロシアを行わなければならないのは,「東三省が滅びれば,われらの土地はすべて東三省とともに滅びる」からであり,「わが民族は野蛮な満洲族によって滅ぼされたものの,なお独立の希望は存在する. しかし,もし文明列強の諸国に滅ぼされれば,本当に二度と立ち上がることのできない奴隷になってしまう. 死を待つよりも,闘って死ぬ方がよい」からである. 続けて,人を派遣して「満洲族の政府にはたらきかけたのは」,「学生軍を組織すれば必ず出撃することになるが,出撃しようとするならば,先に障害を必ず取り除かねばならない. 満洲族の政府が今日においてもなお,われわれにとっての障害であることも,甚だ明白である」. 同時に,「もしわれわれの軍を北方に到着させることができれば,われわれの宗旨や目的に合致するあらゆる行動に不可能はなくなる. この機会を座して失うことはでき

ない．やむなくこの手段を採用しなければ，われわれが目的を達成する希望
はほとんどなくなる」．換言すれば，軍国民教育会は機に乗じて反満洲活動を
行うことを事実上暗示したのである．意見書はまたこのことを証明すべく，4
月29日に留学生が開催した第1回大会で学生軍の組織を議論した際の状況を
示した．しかし，意見書にあるように，手段を用いて目的を達成しようとす
るあまり，先に制定された会則で示された宗旨，すなわち「尚武の精神を養
い，愛国主義を実行する」ことは，「あいまいな言葉づかいであり，宗旨を明
らかに示すために『民族』の2文字を特記することはしていなかった」．結果
として，このことは大きな弊害をもたらした．意見書にも「われわれの会が
創設された後，国内の共鳴者がとても多かったため，われわれの会の行動は
国民の注意の的となってしまった．もし誤った手段を宗旨としていたならば，
互いに模倣して，必ず400兆のわが同胞を率いて異民族に尽くす奴隷となっ
ていただろう．これは中国の前途に対して極めて有害である．そして，大事
を成そうとするならば，必ず正大な名を立て，われわれの手助けとすべく，
会の外部の同志にも噂を聞いて立ち上がってもらい，会の内部の同志にもしっ
かりと注目してもらわなければならない．そして道を同じくして，その後の
ことをなんとか乗り越える．今，われわれの会の宗旨が不明であったために，
口実に安寧してしまい，清朝はすでにわれわれの心の内を見透かして，かえっ
て国民の奴隷根性を助長してしまい，まったく得る所がなく終わってしまう
ところだった．本会の基礎はもとより強固なものではまったくなく，本会の
発展もまた展望があるものではまったくない．たとえ発展したとしても，中
国の前途に対して，本会がいったいどのような影響を持ちうるだろうか」と
ある．そのため，秦毓鎏らは会議において，宗旨を明確にし，軍国民教育会
の宗旨が「尚武の精神を養い，民族主義を実行する」ことであると正式に打
ち出さなければならないと提案した．秦毓鎏らはまた，この時になってやっ
と宗旨を表明したのは，以前は特派員の鈕永建と湯槱がまだ東京へと戻って
おらず，もし宗旨が明らかになれば，2人に不測の事態が襲う可能性があっ
たからだと説明した[84]．7月3日，軍国民教育会は浜松からの特派員の電報

を受け取り，2人がまもなく東京に戻るだろうことが分かったため，7月4日になってやっと会議を開いて意見書を提出したのである．当日，特派員は東京へと帰還していたが，会議には間に合わなかったのだろう，意見書を提出した15人の中には鈕永建と湯槱は含まれなかった．7月5日，軍国民教育会の全会員は錦輝館で会議を開き，特派員を歓迎するとともに，二等の徽章を授与することを決議した．秦毓鎏らはこの会議で，軍国民教育会の改革についての意見を正式に提案した．会員の半数以上が賛成したため，軍国民教育会の宗旨が正式に決定を見た[85]．

　以上から分かるように，軍国民教育会の宗旨には時系列的な変化があった．学生軍が軍国民教育会へと改称した当初，「尚武の精神を養い，愛国主義を実行する」ことを宗旨とし，「反ロシア」を目的とすると宣言していた．しかし，実際には反満洲の意図を裏で有していた．蔡鈞は軍国民教育会に対して，「反ロシアを名目としているが，実際には革命を目指している」と攻撃したが，これは正確に言えば，「反ロシア」を求めるとともに「革命」を求めており，単に後者の側面がその宗旨内に明示されていなかっただけである．反満洲の宗旨を明確にしなかったために，また軍国民教育会が目的を達成するために政府にはたらきかけるという方法を採用したために，上海愛国学社の志士らの反発と嘲笑を招いた．さらに，特派員や運動員の活動も清朝の拒絶と弾圧の対象となったこともあり，軍国民教育会は最終的に一部の急進派の提案により，その宗旨を「尚武の精神を養い，民族主義を実行する」ことだと明確に決定した．つまり，「愛国主義」の代わりに「民族主義」を用いることで，その矛先を満洲族の統治者へと向け，活動の中心を次第に中国国内へと移していったのである．

　軍国民教育会が純粋な秘密革命団体へと再編されたことで，もともと反露運動において活発であった留学生の一部は消極的になった．とりわけ藍天蔚は励志会において急進派だったが，青年会には参加しなかった．反露運動が高まると，士官学校の優秀な学生として学生軍の隊長に推挙されたが，学生軍が軍国民教育会へと改組された後も，藍天蔚はメンバーにはならず，後援

者に名を連ねるのみであった．軍国民教育会が，「民族主義を実行する」とい
う宗旨を確立すべく開いた会議には出席しようとしたが，駐日留学生監督で
ある汪大燮と日本軍による「訓戒」の結果，藍天蔚はついに参加しなかっ
た[86]．しかし，その革命思想が消滅した訳ではなかった．もう 1 人の注目す
べき人物は王璟芳で，励志会では穏健派に属し，そのため青年会にも参加し
ていなかった．拒俄義勇隊（学生軍）を組織し，軍公民教育会へと改組する過
程においても，彼はそのメンバーであったが，秦毓鎏らが意見書を提出し，
流血革命へと宗旨を転換すると決めた時には，王景芳は，「清朝を裏切っては
ならず，政府をいたずらに誹謗してはならない」と非難している．彼が「意
見書」を駐日留学生監督の汪大燮へ手交したため，一部のメンバーの立場は
揺らぎ，10 人以上がその場で脱会した．端方はこれについて特別に朝廷へと
上奏を行い，彼の忠誠心を褒め称えるとともに，挙人として褒賞し，会試へ
の参加を認めるよう依頼したところ，朝廷からの許諾を得られた[87]．

　軍国民教育会は，「国外での組織は，ただ噂を作るだけであり，その力は小
さい．一方で，国内での運動は，大衆を鼓舞するのに十分であり，その効果
も大きい」と考えた[88]．そこで，革命を実行する三つの具体的な方法を決定
した．「一に宣伝し，二に蜂起し，三に暗殺する」[89]，と．そして，「実行員」
を次々と帰国させて，活動を行った．その結果，華興会や光復会などの革命
集団が次々と出現した．華興会の主要な創始者である黄興や光復会の主要な
創始者である龔宝銓，蔡元培などは，ともに軍国民教育会のメンバー，ある
いはその上海支部のメンバーであった．つまり，これら組織の事実上の前身
は軍国民教育会か，あるいは軍国民教育会と深い関係にある組織であったの
である．1905 年 8 月，華興会の全メンバーと光復会の一部のメンバーが中国
同盟会に加入したことで，革命はより強力で統一的な指揮機構を持つことに
なった．その結果，軍国民教育会は歴史上の存在となったのである．

おわりに

　清朝末期，日本は中国人留学生コミュニティの革命派の本拠地であった．日清戦争後，日本への留学生が出現し，次第に増加すると，励志会，青年会，拒俄義勇隊，軍国民教育会などの留学生が設立した団体が相次いで現れた．そして，これらの団体の間には，明確な派生関係があった．まず初めに創設されたのが励志会で，急進派と穏健派が共存していた．しかし，急進派が孫文の興中会の一派と連絡を取り，章太炎が発起した「支那亡国二百四十二年紀念会」などの活動を支援し，これに参加したため，次第に勢力を強め，さらには反満洲革命という宗旨を明確に有した青年会を独自に設立するに至った．続いて，青年会は反露運動を通じて，さらに組織を拡大し，名称を数回変更し，軍国民教育会を創設した．その後，宗旨の変更を通じて，軍国民教育会を反満洲の宗旨を明確にした，よりしっかりとした秘密革命団体へと作り変え，「宣伝，暗殺，蜂起」の三つの方法を実施に移すことによって，日本から中国国内へと革命を展開し，国内での革命運動の発展を強力に推進した．これは華興会，光復会などの秘密革命集団の結成を直接促し，最終的には中国同盟会へと収斂していった．以上の過程において，日本への留学生のうち，一部は革命の歩みから脱落していったが，多くは革命派へと加わっていった．

1)　実藤恵秀著，譚汝謙，林啓彦訳（1983）『中国人留学日本史』北京：生活・読書・新知三聯書店，18頁．
2)　上海図書館編（1986）『汪康年師友書札』(2) 上海：上海古籍出版社，1094頁．
3)　孫江東（1903）「敬上郷先生請令子弟出洋遊学併籌集公款派遣学生書」(『浙江潮』第7期) 2頁．
4)　陸丹林（1945）『革命史譚』重慶：独立出版社，162頁．
5)　鄒魯（1929）『中国国民党史稿』上海：民智書局，37頁．
6)　励志会と青年会については，未だなお，革命団体の角度から検討した専門的研究が不足している．郭梦垚は励志会を論じたが，主に「訳書滙編」社について議論したものである．孫安石，大里浩秋編著（2019）『中国人留学生と国家愛国近代』，東方書店，25-62頁を参照．拒俄義勇隊と軍国民教育会についても，ほん

のいくつかの論文で簡単に記されているのみである．例えば，楊天石，王学荘
(1978)「一九〇一至一九〇五年的拒俄運動」(『社会科学戦線』第 4 期)；李喜所
(1981)「中国留日学生与拒俄運動」(『天津師院学報』第 2 期)；孟嶷 (1981)「蔡
元培与軍国民教育会及光復会」(『復旦学報』第 6 期)；劉建兵 (2006)「試論軍国
民教育会的尚武精神」(『牡丹江教育学院学報』第 5 期)；沈寂 (2008)「軍国民教
育会与同盟会的成立」(『安徽史学』第 1 期) など．

7)　馮自由 (1987)『革命逸史』(第 1 集) 北京：中華書局，98 頁．

8)　曹汝霖 (1980)『一生之回憶』台北：伝記文学出版社，18 頁．

9)　中国人民政治協商会議全国委員会文史資料委員会編 (2002)『文史資料存稿選
編』(24・教育) 北京：中国文史出版社，927 頁．

10)　張継 (1985)『張溥泉先生回憶録・日記』(沈雲龍主編『近代中国史料叢刊三
編』第 3 輯 24) 台北：文海出版社，4 頁．

11)　馮自由前掲書 (第 1 集)，102 頁．

12)　苑書義，孫華峰，李秉新主編 (1998)『張之洞全集』(第 10 冊) 石家庄：河北
人民出版社，8317 頁．

13)　陳旭麓，顧廷龍，汪熙主編 (2001)『義和団運動』(盛宣懐档案資料選輯之七)
上海：上海人民出版社，381 頁．

14)　張継前掲書，4 頁．

15)　張玉法 (2011)『清季的革命団体』北京：北京大学出版社，181-183 頁．

16)　沈渭浜 (2016)『孫中山与辛亥革命』上海：上海人民出版社，153-154 頁．

17)　湯志鈞編 (1986)『陶成章集』北京：中華書局，332 頁．

18)　張難先 (2011)『湖北革命知之録』北京：商務印書館，31 頁；章宗祥前掲書，
927 頁；湖北省地方志委員会編 (1989)『湖北省志人物志稿』(第 1 巻) 北京：光
明日報出版社，457 頁．

19)　張継前掲書，5 頁

20)　馮自由前掲書 (第 1 集)，81 頁．

21)　前掲書 (第 1 集)，72 頁；前掲書 (第 4 集)，97-98 頁．

22)　前掲書 (第 1 集)，81 頁．

23)　前掲書 (第 3 集)，63 頁．

24)　前掲書 (第 1 集)，83-84 頁．

25)　作成者不明 (1902)「訳書滙編社社員姓氏」(『訳書滙編』第 1 期)，6 頁．

26)　馮自由前掲書 (第 1 集)，99 頁．

27)　前掲書，99 頁．

28)　前掲書，27 頁．

29)　前掲書，102 頁．

30)　中華書局編輯部編，劉泱泱審訂 (2015)『秦力山集』(外二種) 北京：中華書
局，48 頁．

31)　丁守和主編 (1982)『辛亥革命時期期刊介紹』(第 1 集) 北京：人民出版社，

98-113 頁.

32) 馮自由前掲書（第1集），96，97-98 頁.

33) 中華書局編輯部編，劉決決審訂前掲書，74 頁.

34) 前掲書，70 頁.

35) 馮自由前掲書（第1集），97-98 頁.

36) 前掲書，57 頁.

37) 孔祥吉，村田雄二郎（2007）「一九〇二年東京支那亡国会史実訂正」（『歴史研究』第3期）182 頁.

38) 丘権政，杜春和選編（1983）『辛亥革命史料選輯』（続編）長沙：湖南人民出版社，212 頁.

39) 中国人民政治協商会議全国委員会文史資料研究委員会編（1981）『辛亥革命回憶録』（第1集）北京：文史資料出版社，131 頁.

40) 馮自由前掲書（第1集），55 頁.

41) 前掲書（第6集），47 頁.

42) 中国社会科学院近代史研究所近代史資料編輯部編（2005）『近代史資料』（総111号）北京：中国社会科学出版社，141 頁.

43) 馮自由前掲書（第1集），102，124 頁.

44) 作成者不明（1937）「壬寅東京青年会成立摂影」（『逸経』第31期）30-31 頁.

45) 馮自由前掲書（第1集），102-103 頁.

46) 張玉法前掲書，184 頁.

47) 沈渭浜前掲書，158-159 頁.

48) 馮自由前掲書（第1集），102 頁.

49) 丘権政，杜春和前掲書，2-3 頁.

50) 馮自由前掲書（第4集），99-100 頁.

51) 丘権政，杜春和前掲書，243-244 頁；中国人民政治協商会議全国委員会文史資料研究委員会編（1963）『辛亥革命回憶録』（第6集）北京：中華書局，3 頁.

52) 作成者不明（1903）「励志会章程」『訳書滙編』（第2巻第12期）129-135 頁.

53) 曹汝霖前掲書，18 頁.

54) 項士元（1930）『浙江新聞史』杭州：之江日報社，50-51 頁.

55) 馮自由前掲書（第4集），100 頁.

56) 陳去病（1930）「義勇隊与軍国民教育会」（『江蘇革命博物館月刊』第6期）6-7 頁.

57) 馮自由前掲書（第1集），104 頁；中国社会科学院近代史研究所近代史資料編輯部編前掲書，141-142 頁.

58) 楊天石，王学荘編（1979）『拒俄運動』北京：中国社会科学出版社，85-91 頁.

59) 前掲書，93-95 頁.

60) 前掲書，101-105 頁.

61) 作成者不明（1903）「留学記録・軍国民教育会之組織」（『湖北学生界』第5期）

129-130 頁.

62)　楊天石，王学荘編前掲書，100-101 頁.

63)　前掲書，106 頁.

64)　陳去病前掲論文，7 頁.

65)　馮自由前掲書（第 1 集），109 頁.

66)　作成者不明（1903）「留学記録・軍国民教育会之組織」（『湖北学生界』第 5 期）
　　　130-133 頁.

67)　楊天石，王学荘編前掲書，122-123 頁.

68)　作成者不明（1937）「軍国民教育会徽章」（『逸経』第 36 期）17 頁；楊天石，王
　　　学荘編前掲書，111 頁；馮自由前掲書（第 1 集），112 頁.

69)　湯志鈞編前掲書，334 頁.

70)　楊天石，王学荘編前掲書，106-111 頁.

71)　前掲書，127-128 頁；馮自由前掲書（第 1 集），109 頁.

72)　楊天石，王学荘編前掲書，129-133 頁.

73)　馮自由前掲書（第 3 集），68-70 頁；前掲書（第 4 集），45 頁；楊天石，王学荘
　　　編前掲書，164 頁.

74)　楊天石，王学荘編前掲書，125 頁.

75)　前掲書，106-107，110-111 頁.

76)　前掲書，308 頁.

77)　前掲書，277 頁.

78)　前掲書，276 頁.

79)　前掲書，279 頁.

80)　前掲書，276 頁.

81)　前掲書，114，305 頁.

82)　前掲書，285-286 頁.

83)　前掲書，308 頁.

84)　馮自由前掲書（第 1 集），110-112 頁.

85)　作成者不明（1903）「留学界記事・特派員之返東」（『浙江潮』第 6 期）1 頁.

86)　楊天石，王学荘編前掲書，314 頁.

87)　前掲書，310，314-315 頁.

88)　陳去病前掲論文，7 頁.

89)　馮自由前掲書（第 1 集），112 頁.

第 3 章

大塩亀雄『最新世界植民史』に対する 1930 年代中国の翻訳出版と受容

万　亜　萍

（吉田理華 訳）

は じ め に

　中華民国期，日本の学者大塩亀雄編著の『最新世界植民史』が我が国に伝わり，葛綏成，王錫綸，劉涅夫など多くの学者がこの著作を翻訳，出版，紹介し，それぞれの翻訳書が再版された．筆者はそれらの対比を通して，各訳者は原著に対する解釈方法が異なり，また翻訳のスタイルやレベル，翻訳に対する姿勢などに，大差が存在することを知った．さらに研究を深めると，中華民国の学者たちは原作に対し賛否両論であり，極めて高く評価する者がいれば，様々な誤りを指摘する者もいることを発見した．そこで筆者は『最新世界植民史』の中日両国の翻訳，出版，紹介状況を整理し，中華民国期の時代背景に結びつけることを通じて同書の翻訳，出版，紹介価値及び近代中日文化交流史における意義の再考を試みるに至った．

1. 大塩亀雄とその『最新世界植民史』の略述

　大塩亀雄は 1899 年（明治 32 年）7 月に生まれ，本籍は兵庫県姫路市である．
1918 年（大正 7 年）に明治大学政治経済学部を卒業した．大学卒業後，私立
帝国植民学校の教職に就き[1]，1929 年（昭和 4 年）4 月には明治大学短期大学
の講師を兼任．1933 年（昭和 8 年）に教授に昇格して主に「経済地理」「外交
史」「国際経済学」「植民政策」などの科目を担当し，長期間同校の「新聞学
会」の理事を務めた．短期大学の廃校後，1948 年（昭和 23 年）1 月に政治経
済学部の教授に配属され，主に「経済地理」「外交史」を担当し，1968 年（昭
和 43 年）3 月 7 日に他界した．享年 70 であった．表面的に見れば大塩亀雄の
一生は教学と学問という極くシンプルなものであった．しかし，その一生は
明治，大正，昭和の時代を生き抜き，第一次大戦，第二次大戦，冷戦の三つ
の時期を経験し，これらの人生経験は彼の学術研究の視野を豊かなものにし
た．

　『最新世界植民史』は岩松堂書店から 1923 年（大正 12 年）7 月に出版され，
東京を除き大阪，京城（朝鮮）の岩松支店で同時発売された．同書は緒論と
本論の二編に分かれ，本論は古代〜近世初期の植民活動の概況を全 11 章で論
述し，オランダ，フランス，ロシア，ドイツ，イギリス，スウェーデン，デ
ンマーク，ベルギー及びアメリカ，イタリア，日本などの植民の概況が記さ
れている．作者の序言からも分かるように，大塩亀雄の生涯初の専門書であ
る同書は，彼の生涯を通した植民史研究の基礎を固めたものである．同書に
は法学博士小林丑三郎と泉哲の前書きがある．小林丑三郎は日本の有名な経
済研究家であり，1894 年（明治 27 年）に東京帝国大学法科大学政治学部卒業
後に大蔵省に入り，法制局参事官，書記官を歴任した．1907 年（明治 40 年）
に台湾総督府財務局長に任命され，この期間に法学博士の学位を取得し，1915
年（大正 4 年）には第 12 回衆議院議員に当選した．大塩亀雄の『最新世界植
民史』が出版された時，小林丑三郎は植民学校の理事と学監を務め，明治大

学の教授を兼任していた．前書きの中で彼は大塩亀雄を「知人」，良き友と称
し，同書の出版は極めて時効性を有すると賞賛していた．泉哲は著名な学者
である泉靖一の父で，当時明治大学の教授で植民政策の専門家であった．そ
の代表作として『植民地統治論』『国際連盟と国際警察』『国際法概論』など
がある．彼は前書きの中で，同書の出版はその領域における学術的空白を補
うとして，高く評価している．

2.　『最新世界植民史』の中国語訳本

大塩亀雄の『最新世界殖民史』はかつて多くの中華民国の学者たちに翻訳，
出版されたが，それらの中には葛綏成の同名翻訳書『最新世界植民史』，王錫
綸翻訳・編集の『近代世界植民史略』，及び劉涅夫が一部章節の内容を翻訳し
た単行本，『フランス植民史』『日本植民史』などがある．

(1)　葛綏成の同名翻訳書『最新世界植民史』

葛綏成は 1897 年に生まれ，別名は葛康林，字名は毅甫，浙江省東陽の人で
ある．中華書局地理部の主任を務めていた時，地理学を一心に探究し執筆に
励んだ．著書には，数十種の小・中・大学の地理教科書，40 種を超える地理
論書，80 ～ 90 本の地理分野の論文があり「地理学の生き辞典」と称された．
時間のある時に独学で英語，日本語，フランス語，ドイツ語，スペイン語，モ
ンゴル語，朝鮮語，ロシア語など多数の国の言語を学び「外国語通」とも呼
ばれていた．このように彼は『最新世界植民史』を翻訳するに必要な専門知
識と外国語能力という二つの条件を備えていた．北京図書館編纂『民国時期
総書録 (1911-1949)』によると葛綏成が翻訳した『最新世界植民史』は 1930
年に商務印書館で初版が発行された．参考の図表が有る 18 開サイズの全 422
ページの書籍で 1934 年 1 月増版されている[2)]．田雁主編の『漢訳日文図書総
書目 (1719-2011)』[3)] によれば，葛綏成が翻訳した『最新世界植民史』には別

の版があり，それが即ち 1930 年に大江書舗[4] から出版された翻訳書である．

　葛綏成の『最新世界植民史』は中国国内で最も早期の翻訳書で，最も影響力があった．それは以下の幾つかの面に現れている．一つ目は大学の教科書として使用されていたことである．中華民国期，商務印書館は各種教科書の出版で有名となった．1937 年，商務印書館が編集，印刷出版した『大学叢書目録』の中には，葛綏成が翻訳したこの『最新世界植民史』[5] が収録されている．1981 年に商務印書館が編集，出版した『商務印書館図書目録（1897-1949)』によれば，中華人民共和国の成立前，商務印書館から出版した「植民問題」と関連する翻訳書は二冊で，一冊は英国皇家国際問題研究会編著で史國綱が訳した『世界原料と植民地問題』であり，もう一冊は葛綏成の『最新世界植民史』[6] であった．二つ目は各公共図書館に広く購入，所蔵されたことである．例えば，1931 年，天津市立図書館は開設にあたりこの本を所蔵し，その蔵書目録には『「最新」世界植民史』[7] と表記され，他の『世界植民史』のタイトルと区別していたかのようだ．三つ目は中華民国の多くの学者に引用されていたことである．張仲和編集の『東洋近世政治史』は多数の箇所でその内容を引用した[8]．王雲五主編，丘漢平撰述の『万有文庫第二集』の「七百種華僑問題」でもその本を引用している[9]．1933 年，楊家駱編著の『図書年鑑』ではその本について仔細に解説している．「本書は世界各国の植民と植民地，植民政策の意義及びその事実を述べる．第一編が緒論，第二編は本論で古代の植民，中世の植民，近世初期の植民，オランダの植民，フランスの植民，ロシアとドイツの植民，英国の植民，スウェーデンなどの国の植民，合衆国の植民，日本の植民及び植民地創設方法の歴史と変遷に分かれ，全 11 章があり，最後に植民地現勢一覧表と近世植民史年表の添付がある」[10] としている．

(2)　王錫綸翻訳・編集の『近代世界植民史略』

　葛綏成が翻訳した『最新世界植民史』に続き，1931 年 10 月，中華書局が王錫綸翻訳・編集の『近代世界植民史略』を出版した．『中華書局図書総目

(1912-1949)』ではその本について「日本の大塩亀雄の著書『世界植民史』に
基づいて翻訳・編集したもので，全 11 章あり，ポルドガル，スペイン，オラ
ンダ，フランス，ロシア，ドイツ，イギリス，日本などの国の植民史を簡潔
に述べたものである」[11] とした．他の書籍の概要にも似たような内容がある．
例えば『民国時期総書目 (1911-1949)』の中には「この本は葛綏成が訳した
『最新世界植民史』と同一の原著の翻訳書である」[12] とある．楊家駱編著の
『図書年鑑』の中では，「本書は王錫綸先生が日本人の大塩亀雄の著書，世界
植民史を削除・編集したものである」[13] と述べられている．

　王錫綸が翻訳・編集した『近代世界植民史略』と葛綏成が翻訳した『最新
世界植民史』の最大の違いは，原著に内容の増減と総括を行ったことで，そ
のことは凡例で明確に説明されている．『近代世界植民史略』というタイトル
をつけ，古代，中世の二つの部分を省略した．訳文は簡明で流暢，且つ真意
を失わないことを求め，原著に含まれる国民の野心を鼓舞し，他国を軽蔑し
て事実を撹乱する宣伝効果のある部分は一概に修正を加え，また削除した．
表現形式と史実を保つことができるように，原著のすべての主観的な論述を
一律削除し，簡明で読みやすいように一切の統計表を省略した．各植民地の
歴史的事実が保たれるよう精確に素材を使ったため，原著と比べて多少内容
に切り取りの痕跡が残ることは否めないが，読者はもう一歩踏み込んだ内容
を望んだ[14]．これらのことを通して見れば，王錫綸は原著の内容について真
実性，客観性，簡明性，精確性において欠けるところがあると見て，故に翻
訳・編集の際に削除，修正，圧縮を加えたのである．

　これに対し，中華書局は極めて肯定的でその新書広告で次のように述べて
いる．「王錫綸先生は日本人大塩亀雄の著書である世界植民史の繁雑な内容を
簡潔化し，そのエッセンスを取り出し翻訳・編集し書籍とした．王君は近代
の国際間紛争の原因の多くは植民問題を源とすることに感慨する故，古代，
中世の二つの部分を削除することで主要部分をより鮮明にした．また原著に
は宣伝効果を狙い事実を混乱させるものが含まれたため，多くの修正を加え，
簡明且つ要点を納めた」．そして同書を「実に原著に優り，及ばぬところはな

い」[15) と評価している．そうであるからこそ，王錫綸が翻訳・編集した『近代世界植民史略』は大衆の書物に適していた．1935年，民国の著名な図書館学家である杜定友編纂の『普通圖図書選目』には『近代世界植民史略』が収められた．杜定友は「図書の選択において絶対的標準はないが，一般的な図書館の需要において書籍自体の優劣及び各科内容の構成に相対的な根拠があるべき」と主張する．彼はこの本の目的性について「比較的仔細な選択を経た適切な内容構成の図書目録であり，一般的に図書館で本を選ぶ参考になる」[16) とした．『近代世界植民史略』を収録し，書店の営業目録に基づいて比較的有名な葛綏成の翻訳書を収録しなかった理由は，比較の上での選択で，その分かりやすさを重視していたからである．

(3)　劉涅夫が翻訳，出版，紹介した『日本植民史』などの単行本

　葛綏成と王錫綸を除けば，劉涅夫[17) も大塩亀雄の『最新世界植民史』を翻訳している．前者二人の翻訳書との違いは劉涅夫は章節の一部を選択して翻訳・編集する形式で，複数の単行本を出版したことである．1931年から1932年まで，上海星光書店は『フランス植民史』『ドイツ・アメリカ植民史』『日本植民史』などを続けて出版した．彼はまた『イギリス植民史』を出版すると言ったが，民国書目を調べ尽くしてもその出版情報は見つからなかった．ここでは『日本植民史』を例として，彼の訳著の主な特徴について説明する．

　『日本植民史』は1932年1月5日に出版された．本の内容は『最新世界植民史』から「日本植民史」を選出したもので，明治維新以前から1920年代初期までの日本が中国，朝鮮及び南洋諸島各地で行った海外植民活動を述べている．その前書きには「読者が購読する際の便利を考え，暫定的に単行本を発行する」と明確に書かれている．これを見れば，経済的効果と読者の利便性という二大要素が，翻訳書の出版スタイルを決定づけたことがうかがえる．当時，商務印書館と中華書局の二大出版社は前後してすでにその翻訳書を出版していた．上海星光書店は無名の出版社として，異なる出版スタイルで内容を分け，売れ筋を探して読者を得る以外に方法はなかった．『日本植民史』

が1943年にも再版されたことは，当時この本が一定の読者を得て市場シェア
の一部を占めていたことを説明している．

3.　中国語翻訳書の特徴と感情的表現について

　読者受けを考慮した発行の違いを除いても，翻訳書は翻訳の正確さ，流暢
さ，感情表現においても多くの違いがあった．総括すれば，葛綏成が翻訳し
た『最新世界植民史』は，原文に忠実な文語体で直訳し，比較的に優雅さ，
なめらかさ，客観性，規範性を有する．劉涅夫が翻訳した『日本植民史』な
どの本は，平易な口語体で逐語訳をしているが，訳文には誤りが多くまた誤
字や脱字もあった．王錫綸が翻訳・編集した『近代世界植民史略』は文語体
で意訳され非常に流暢であるが，原文の増減が明らかであり，個人的主観が
濃厚である．以下原著第10章「日本の植民」の第6節「関東州租借地及満
州」の一節から訳文を比較し，それぞれの特徴について例を挙げて説明する．

　　　例1：
　　　原文：関東州租借地及満州
　　　葛綏成訳：関東州租借地及南満鉄路
　　　王錫綸訳：旅順，大連租借地及南満州
　　　劉涅夫訳：関東州租借地及満州

　原文は節の見出しである．葛綏成の訳は「関東州租借地及南満鉄路」であ
り，日本の植民地の範囲は「南満鉄道沿線地区」であると明確に指摘し，原
文の内容に適合している．王錫綸も「南満州」を指しているが，違いは関東
州という言い方を認めず「旅順，大連」と訳し，主観的な印象がある．劉涅
夫の訳は原文のままで，何ら検討しなかったようである．

例2：

原文：日露戦争の結果，日本は樺太の南半を獲得したると共に，露国が遼東半島に於いて有したる関東州の租借権をも承継するに至つた．

葛綏成訳：「日俄戰爭之結果，日本獲得樺太之南半部與承繼俄國在遼東半島之關東州租借權.」

訳：日露戦争の結果，日本は樺太の南半を獲得し，露国の遼東半島における関東州の租借権をも承継した．

王錫綸訳：「日俄戰爭結果，日本除獲得樺太南半之外，更承繼俄國在遼東半島之旅順，大連租借權.」

訳：日露戦争の結果，日本は樺太の南半を獲得したことを除き，更に露国の遼東半島における旅順，大連の租借権をも承継した．

劉涅夫訳：「日俄戰爭的結果，日本與獲得樺太南半部的同時，並繼有俄國任遼東半島領有的關東州.」

訳：日露戦争の結果，日本は樺太の南半を獲得したと同時に，露国の（任）遼東半島で領有する関東州を承有した．

　この文では，主に前文と後文のつながりに対する訳文の処理能力が問われている．うまく訳せば文章は流暢で読みやすいが，逆であれば読みにくく理解しにくい．訳文の中で，葛綏成は「與」を一つ使ったのみで，原文に忠実で簡潔で客観的である．王錫綸は，「除……之外，更……」（……を除き，さらに……）を用いて，文章は流暢で平易で分かりやすいが，原文と比べ多少感情移入の感がある．劉涅夫の訳では「與……同時，並……」（……と同時に，また……）を使い，意味は合っているがやや不自然で読みにくい．そして，劉涅夫の訳文には大きなミスがあり，即ちそれは「租借権」という言葉が抜け落ちて訳されておらず，重大な語義上の隔たりが生じている．

例3：

原文：其の後日露の間には満州及び朝鮮問題を導火線として，遂に戦乱

勃発したが，旅順，大連は早くも日本軍の占領する所となり，遂に明治三十八年九月の日露講和條約第五條により，日本は積年の仇を報復して，此地の権利を獲得するに至ったのである．

葛綏成訳：「厥後日俄間即以滿洲及朝鮮問題為導火線，致開戰端，惟旅順，大連早為日軍所佔領，由明治三十八年九月之日俄媾和條約第五條，日本報積年之仇，卒能獲得此地之權利.」

訳：其の後日露間は即満州及び朝鮮問題を導火線として開戦に至り，旅順，大連が早くも日本軍の占領する所となり，明治 38 年 9 月の日露講和条約第五条により，日本は積年の仇を報復して，遂に此地の権利を獲得したのである．

劉涅夫訳：「其後在日俄之間成了滿洲及朝鮮問題的導火線，及至戰亂勃發，日本軍已佔領旅順及大連，隨後根一九〇五年九月的日俄媾和條約的第五條，日本便報復此仇而獲得了該地.」

訳：その後日露の間で満州及び朝鮮問題が導火線となり戦乱勃発に至り，日本軍はすでに旅順，大連を占領し，続いて（根）1905 年 9 月の日露講和条約第五条，日本は仇を報復して，此地を獲得したのである．

王錫綸訳：「其後日俄怨恨日久，終致以滿洲及朝鮮問題為導火線，勃發日俄戰爭，旅大被日軍佔領，俄軍敗北，明治三十八年九月在波茲馬斯簽訂合約，該約第五條決定俄國以旅大轉讓於日本．日本竟改名關東州，視為己有，蔑視中國可謂極矣！」

訳：その後日露は長らく怨恨し，最終的に満州及び朝鮮問題を導火線として，日露戦争が勃発に至る．旅順，大連は日本軍に占領され，露軍が敗北し，明治 38 年 9 月にポーツマスで合約に調印し，この合約第五条はロシアが旅順，大連を日本に譲渡することを決定する．日本は関東州と名を変えて自分のものと見なし，中国を蔑視するとは極まりないというべきである．

この節の訳文について，葛綏成の訳文は「厥後」（其の後），「致開戰端」（開

戦に至る）などの格式ある言葉を用いて，可能な限り原文を忠実に訳そうとした．例2の「日露戦争の結果」という文で「の」（之）の訳し方からもこれを実証できる．劉涅夫の訳文は明らかに誤訳と編集・印刷のミスがある．例えば，「在日俄之間成了満洲及朝鮮問題的導火線」（日露の間で満州及び朝鮮問題が導火線となり……）「日本軍已佔領旅順及大連」（日本軍はすでに旅順と大連を占領）などの文で誤訳があり，「隨后根一九〇五年九月」（続いて（根）1905年9月）の文では誤り，脱字などで意味が通じない部分もある．例2でも同様のミスがあり，「並繼有俄國任遼東半島領有的關東州」の「任」は「在」であるべきであった．王錫綸の訳文では訳者の主観を比較的多く加えている．例えば「俄軍敗北」（露軍が敗北）「在波茲馬斯簽訂合約」（ポーツマスで合約に調印）「俄国以旅大轉讓於日本」（ロシアが旅順，大連を日本に譲渡）「日本竟改名關東州，視為己有，蔑視中國可可謂極矣！」（日本は関東州と名を変えて自分のものと見なし，中国を蔑視するとは極まりないというべきである）など，これら新たに加えられた内容は非常に強い民族主義的な色彩があり，訳者自身の日本に対する態度が表れている．

　これらの対比を通して，葛綏成の翻訳書は最も原文に忠実で正確さと客観性を有し，知識を広める教科書として最も適切であることが分かる．王錫綸の翻訳書は流暢で平易な分かりやすさが当時の社会的なニーズにぴったり合い，大衆向けの書物として適している．しかし劉涅夫の訳文は慌ただしく発刊されたもので，誤訳，訳漏れ，語意が伝わらない箇所が甚だ多く，また編集，出版上のミスもあり，前二冊の翻訳者に劣ると感じられる．

4. 中華民国期の学者による『最新世界植民史』の批評

　前述のように，王錫綸は『近代世界植民地史略』の凡例で「原書には国民の野心を鼓舞して他国を軽蔑し，事実を混乱させる明らかな宣伝効果が含まれている」と述べた．筆者の原著との対比を通して，王錫綸の翻訳書では

原著者の多くの主観的な見解や扇動的な言論が削除されていることが判明した．以下はその例である．「過去の事實に照して見て，従来動きもすれば植民政策と帝國主義とは結びつけて考えられてきたものであり，少くとも，此両者が併行したる観がないではなっかた．然り，之等は勿論過去の事實であったと同時に，又それが失敗に終ったことも事實であった．……向後吾人は須らく植民地人と共に相携えて世界文化の恩惠に浴すべきである」[18]，「而も此等の戦争は，我が国より植民地獲得を目的として行われしものではなくして，寧ろ日本は受動的立場にあった」[19]．

　この種の内容は明らかに主観的な言論で，数え切れない．この他原著者は，西洋植民学の発展と植民地史研究の重要性を強調し，この分野における日本の不足と将来的な発展への期待を指摘し，さらにドイツの植民成果を大いに称賛し次のように述べる．「ドイツ人の過去数十年間の植民活動は，その組織的方法や奮闘精神は本当に驚くべきものであり，……その偉大な事業は，世界植民史において固有で最も優れており記載する価値がある」．そして，惜しみない感情を込めて「これほど努力した結果はやがて他者に渡さざるをえないが，彼の国の悲しみはいかほどであろうか」と感慨している．このような観点は，王錫綸の翻訳書では削除された．

　偶然，他にも同様の見解があった．1933 年『華年』第 2 巻第 9 号に，無為という学者が書いた書評では原著の目的は「日本植民地運動の参考書のようなもの」で，「意識的か無意識的か日本の植民地運動を鼓舞する」と指摘した．彼は「この本の性質は，論を起こすきっかけとなる概要書に過ぎず，さらに研究を深めるには専門書の研究が待たれる」[20] と述べた．また，1933 年『華年』第 2 巻第 22 号では，尚民という学者もこの本をめぐる書評を書いた．彼は同書の学術的価値と翻訳出版の必要性を厳しく疑い，二つの「欠点」の存在を指摘した．一つ目は，「著者は出典をたどり因果関係を詳細に列挙することなく，多数の孤立する事実をつなぎ合わせただけであり，『歴史』となる条件が不完全であり，『歴史』と名づけるか否かも問題である」であり，二つ目は本には「誤りも少なくない」とし，この二つの欠点を説明するために千

文字以上使って滔滔と述べ，最後に「似たような問題は山ほどあり，文字数が限られ，書き尽くせない」とした．また中国人に「日本人の書いた本は絶対間違いなく翻訳に値すると，日本の学者を過度に崇拝しないように」[21] 訴えた．

　つまり中華民国期の学者たちは，『最新世界植民史』は博識的なものでそれ以前の断片的な著作を補う，過度に簡潔な欠点があるものの，中国人にとって「帝国主義侵略の世界史」を理解し，「世界史知識の普及」に大いに役立つことができたと考えた．さらに「（葛綏成の）訳文は優雅さと翻訳とは思いえない流暢さで，これは確実に本書の強みである」．この点から言えば，同書は当時「我が国の読者に必需な良書」で一定の出版の必然性があった．しかし原著は「出典を遡らず，因果を詳細に語らず」「動機不純」であり，「偏見」が存在し，間違いも多くあることからその学術的価値を著しく低下させた．

5．中華民国期の漢訳日本語書籍とその出版価値の再検討

　2016年4月，河南人民出版社は，日本の学者大塩亀雄編著，葛綏成翻訳の『最新世界植民史』を「中華民国特集史」叢書の単行本として写真製版印刷で発刊した．各ネット販売プラットフォームの書籍紹介では次のような内容を目にすることができる．「その視野はヨーロッパの学者が通常植民地経済と政治の二つの側面を重視するところにとどまらず，植民の歴史，植民地の歴史，植民政策の歴史を含め，特に植民地の現状の考察が注目されている．人々に植民地の歴史変遷と生活状況を明確に理解させる植民地研究の力作である」．原著作に対する評価は言うまでもなくかなり高いが，実際，現代において原著の学術価値と意義については議論の余地が残されている．中華民国期は翻訳，出版に特殊な時代背景があり，同書に対する評価は中華民国の学者間ですでに賛否両論で，文章に間違いが多いことを指摘する学者さえいた．この他『最新世界植民史』と同名の著作は日本で一度も再版，増刷されず，この

現象は明らかに「力作」のイメージと矛盾する．これらの事実を鑑み，筆者は大塩亀雄編著の『最新世界植民史』の出版価値を再検討する必要があると考える．

　『最新世界植民史』は大塩亀雄の生涯初の専門書で，その人生に影響を与えた著作であると言えるが，彼の代表作ではなかった．大塩亀雄を紹介する関連情報を調べ尽くして分かったことは，その主な著作を説明する際，必ず『各国植民史及植民地の研究』『植民政策』『国際経済論』『現代産業地理学講話』『東亜外交史』『経済地理』などが挙げられているが，『最新世界植民史』の痕跡はほとんど見られない．前述の通り日本語版『最新世界植民史』の同タイトルは再版されておらず，1923 年の発刊以降，この本が日本で大きな反響を呼ぶことはなかった．しかし対照的に『各国植民史及植民地の研究』は何度も増刷されていた．筆者がさらに調査したところ，1939 年 1 月に刊行された『各国植民史及植民地の研究』の初版が，『最新世界植民史』に基づいて改訂されたものであったことが判明した．では著者自身はこの二冊の発刊についてどう見ているのであろうか．

　大塩亀雄は明治大学を卒業した．当時の明治大学には『植民政策』というコースしかなかったので，彼の植民史研究は独自に開いた道であると言える．『最新世界植民史』が出版された 1923 年，大塩亀雄はまだ 24 歳で，大学を卒業して 5 年経ったばかりであった．かつて彼は自序の中で「余は未だ学半ばにして，斯くの如き業着手することは甚だ僭越であるが，過去数年に亘る植民史の研究に於て自ら稍々信ずる所あるに至った為め」[22] と述べ，謙虚な言葉の中にも自信が表れていた．しかし，1939 年の『各国植民史及植民地の研究』の出版の際，彼は明らかに大きな衝撃を受けていた．本の前書きで，彼は「16 年前，卒業したばかりの頃，学生時代の研究成果に基づいて世界植民史の著作の出版を試みたが，実は志があっても実力不足で言い尽くせないところも多く，結局今に至っても世間に認められていない」と述べている．このように著者は 16 年前に出版した『最新世界植民史』が評価されないことに対し，「初挑戦」で「志のみで力不足」，「言い尽くせないところも多かった」

と自己反省をした．さらに著者は「数年前から再び執筆を始めて研究に専念
し，雪辱を果たすことを試みたからこそ，今日本書の出版が実現できた」と
述べていることからも悔しさが残されていたことが分かる．1939 年に出版さ
れた『各国植民史及植民地の研究』は確かに「雪辱」を果たした事実を証明
し，すぐに日本の学界に認められた．初版が発刊されてまもなく，有賀春雄
は書評を書き，「良い頃に発刊され安心した」と述べている．なお同書は 1939
年 1 月の初版に続き 1940 年 3 月に増訂再版，1940 年 12 月に第 3 版増刷，そ
して 1942 年にも改訂版が発刊し，初版から 2 ～ 3 年の間に何度も改訂，増刷
が行われた．これは，本書に対する市場ニーズの現れであり，また最も完璧
な作品を世に示すことを欲した著者の姿勢を証明するもので，さらには 1923
年に出版した『最新世界植民史』を覆す大きな進展があったことを反映して
いる．

お わ り に

　1894 年に日清戦争が勃発し，東アジアと極東太平洋地域の国際戦略の構図
が変化し，中日両国の文化交流の方向性もそれに従って大きく変わった．そ
の具体的な現象の一つは，翻訳書の対象が西洋から日本書の翻訳に変化した
ことである．実藤恵秀，譚汝謙，王奇生らの調査，統計によれば，日清戦争
敗戦から抗日戦争の前夜までの清朝末期から中華民国期は，「日本書漢訳」は
他言語の翻訳書より常に数的に最多であった．「日本書漢訳」の増加は，中日
文化交流の変遷の重要な証明であると同時に，中国の知識層から生じた大き
な流れと学術的興味の方向性を反映していた．また，『民国時期総書目（1911-
1949）』の統計によると 1928 年から 1937 年までに合計 1,583 種類の日本書の漢
訳本が出版され，年間平均で約 158 種の翻訳書が発刊された．そしてこの 10
年間の日本書漢訳を学問分野別に見ると，人文社会科学の割合が自然科学や
応用科学よりもはるかに高く，特に侵華政策方略に関する論著や資料が大量

に翻訳されていた[23]．この時期は出版業界が発展の勢いに乗り，書店業の新興に刺激を与え，「新書が相次ぎ発刊され，この機に乗じて一儲けを競い合った」のである[24]．商業的利益が原動力となり，多くの日本書の漢訳本がベストセラーに押し上げられた．このような歴史的背景のもと，発刊して 10 年近い日本の書籍『最新世界植民史』が中国で翻訳，出版され，ベストセラーとして社会に推奨されたのである．

　また近代の中国人は日本書籍の翻訳に対しある種の矛盾した心情があった．清朝末期の有識者たちは，日本はすでに各種の西洋学問を選択して翻訳し，中日両国は同文同種であるから日本語を学ぶことは英語よりも簡単で，東洋から学ぶことは便利で簡単，且つ有効であると考えていた．したがって，清朝末期の多くの日本書の翻訳は，このいち早く成功を手にしようという考えのもとで行われていた．「五・四運動」の後，初段階の啓蒙を得た中国人は，徐々に日本で咀嚼された西洋の学問には日本文化が混入し，西洋知識の真実と直伝を見出し難いことに気づいた．この時期，中国知識界が西洋の学問を学ぶ方法は，日本経由から直輸入に変化し，洋書漢訳の数も徐々に増加してきた．しかし日本語の翻訳は西洋の言葉の翻訳より容易であったため，日本書の漢訳本の数は常に優勢であった．しかし戦前 10 年間に至り「日本書籍の漢訳は西欧書籍の漢訳に劣る」という雰囲気が主流となり，「一般西洋生」の圏内で日本の学術を軽蔑，軽視する現象が一般的となった．中華民国の学界における『最新世界植民史』に対する学術的批評も，このようなメンタリティーの変化を反映したものである．中華民国の学者らが大塩亀雄の『最新世界植民史』に対し，その問題を指摘して批評し，「日本の学者を過度に崇拝するな」と呼びかけたことは，近代中日文化交流史において特殊な意味を持ち，そこから中日文化交流に対する当時の中国人の思想認識における新たな特徴と変化を深く知ることができる．

　総じて『最新世界植民史』は，日本の出版であれ中華民国の翻訳，出版，紹介であれ，当時の両国の時代背景と密切に関係し，「良い時期に出版され

た」というべきである．原著について，中華民国期の学者らは批判や間違い
を指摘する論文を書き，日本の学界は重視も認可もせず，著者自らが本のタ
イトルを変更して再版せざるをえなかった．これら，様々な現象からその本
の学術価値は再検討される必要があることを示している．中華民国期の学者
らがすでに日本の学者を盲目的に崇拝しないよう呼びかけたように，現代の
学者が中華民国の翻訳書を再版する際は，深く研究してその翻訳版の価値を
再検討し，中華民国期輸入翻訳書の盲目的崇拝を避けるべきである．

1) 　私立帝国植民学校は 1906 年 4 月に東京府豊多摩郡に設立され，通称「東京植
　　民学校」．
2) 　北京图书馆编（1994）《民国时期综合馆藏 1911-1949)》，北京图书馆出版社，第
　　28 页．
3) 　田雁主编（2015）『汉译日文图书总书目 1719-2011 第一卷（1719-1949. 9)》，社
　　会科学文献出版社，132 页．
4) 　大江書舗は 1928 年に上海で設立され，革命書籍を専門とした書店である．
5) 　商务印书馆编印（1937）《大学丛书目录》，商务印书馆，第 20 页．
6) 　商务印书馆编辑（1981）《商务印书馆图书目录（1897-1949)》，商务印书馆，第
　　33-34 页．
7) 　天津市立图书馆编（1934）《天津市立图书馆图书目录（第一辑)》，天津市立图
　　书馆，第 58 页．
8) 　张仲和编（1934）《东洋近世政治史》，（北平）文化学社，第 74 页．
9) 　王云五主编（1936）《万有文库第二集·七百种华侨问题》，丘汉平撰述，商务印
　　书馆，第 60 页．
10) 　杨家骆编著（1933）《图书年鉴》（下册），（南京）中国图书大辞典编辑馆，第
　　1682 页．
11) 　中华书局编辑部编（1987）《中华书局图书总目（1912-1949)》，中华书局，第 37 页．
12) 　北京图书馆编（1994）《民国时期总书目（1911-1949)》，北京图书馆出版社，第
　　28 页．
13) 　杨家骆编著（1933）《图书年鉴》（下册），（南京）中国图书大辞典编辑馆，第
　　1682 页．
14) 　王锡纶著（1931）《近代世界殖民史略》，中华书局，凡例，第 1 页．
15) 　《中华书局新出·近代世界殖民史略》，《申报》（1932. 4. 13）第 3 版．
16) 　杜定友著（1935）《普通圖图书选目》，中华书局，第 1 页．
17) 　刘涅夫は樊自觉，方之中らと「中国生存学社」を設立し，進歩的な《生存月
　　刊》などを発行していた．

18)　大塩亀雄著（1923）『最新世界殖民史』，岩松堂書店，第 6 頁.

19)　大塩亀雄著（1923）『最新世界殖民史』，岩松堂書店，第 9 頁.

20)　大塩亀雄著（1923）『最新世界殖民史』，岩松堂書店，第 9 頁.

21)　无为著（1933）《两本关于帝国主义历史的书》，《华年》第 2 卷第 9 期，第 15-17 页.

22)　尚民著（1933）《最新世界殖民史》，《华年》第 2 卷第 22 期，第 13-15 页.

23)　王奇生著（2008）《民国时期的日书汉译》，《近代史研究》2008 年第 6 期，第 45-63 页.

24)　若虚著（1930）《昨日今日与明日的新书业》，《中国新书月报》第 1 卷第 1 期，第 2 页.

第4章

満州事変後の国際連盟外交と国民政府の対日政策

侯　中　軍

（吉田理華　訳）

は じ め に

　満州事変の勃発は，日本の中国全面侵略の幕開けとなったのみならず，ワシントン体制確立後の東アジアの秩序を打破するものである．イギリス，アメリカらの国は自国の利益から介入してきたため，事態を一層複雑化した．例えば，中日の国際連盟の交渉関連研究，日本に対するイギリスの宥和外交の分析，及び米国のスティムソン主義の台頭過程についての研究など，学界は国内外の資料に基づき，双方の角度から様々な考察を行い，ジュネーブの国際連盟文書公開後には，学界はさらに満州事変後の国際連盟調査団結成の背景と過程の考察を行った[1]．これらの研究は，英米等の国々の対日宥和外交と国際連盟調査団設置の経緯の手がかりが明らかにし，満州事変後の国際交渉と国民政府の対応について，研究を深める基礎を築いた．

　国民政府の満州事変への初期対応においては，外部の要素が重要な役割を果たしており，対策の決定とその後の変更は，中国，日本，イギリス，アメリカなどの国々の間で行われた外交活動，及び国際連盟関連の様々な国際交

渉と綿密な関連性がある．本稿は多角的視点に立ち，満州事変以降の国際連盟をめぐる国際交渉に重点を置き，国際連盟外交の情勢の方向や国民政府の対日政策の転換に与えた影響を考察する．

1.　事変勃発後の国際連盟第一次決議の実施

満州事変勃発の数日前，国民党内部では南京と広州の対峙が激化し，国民党軍は共産党根拠地への包囲と討伐を強化していた．蔣介石は「外と戦うにはまず内を治めなければならない」を口実とし，政治面では胡漢民や汪兆銘（汪精衛）の派閥闘争に重点を置き，軍事面では共産党が管轄する中央蘇区に対して全力で攻撃を仕掛けていた[2]．日本が侵華を勃発したことは蔣介石の戦略的配置を頓挫させた．日本の侵略にどう対処するか，派閥争いや中国共産党との関係を見据えどのように計画するかが，満州事変後の国民政府と蔣介石が採るべき対応政策を考える基本となった．

9月19日，国民政府外交部は，国際連盟に日本の侵略を訴え，駐ジュネーブ代表の施肇基に「大会で日本の侵華陰謀の真相を明らかにする．理事会招集を要請し，国際連盟規約第16条に従い，速やかに必要な措置を講じる」と同時に，『不戦条約』の締約国に通告することを提案した[3]．国際連盟規約第16条によれば，国際連盟加盟国が規約に違反して戦争を行った場合，「すべての加盟国に対する戦争行為とみなされる」．「他の国際連盟加盟国は，直ちにその戦争を行った国との通商，あるいは財政上の関係を断絶」し，理事会に出席する他の加盟国代表の投票による決議を行い，「戦争国の除会」を宣言する[4]．この国際連盟規約の加盟国の侵略行為に対する厳然とした態度が，国民政府外交部が最初に国際連盟に期待していた原因である．

中国東北地方の最高軍政長官として，張学良は事変の報告を受け，直ちにイギリスとアメリカの駐華公使に通告した．9月19日朝7時，張学良の顧問であるドナルド（W. H. Donald）は北平にいるイギリス駐華公使ランプソン（M.

W. Lampson) に満州事変勃発について電話で通告し[5]，深夜2時にはすでにアメリカ駐華公使ジョンソン (N. T. Johnson) に通知していた[6]．9月19日午前，顧維鈞は張学良から指示を受け，ジョンソンとランプソンを訪問し，各国が『国際連盟規約』『不戦条約』『九カ国条約』に基づいて行動する可能性を尋ね，また，米国が先導して利益が関係する国を招集し，日本の侵略について話し合うよう提案した[7]．ランプソンは顧維鈞に対して，中国は『国際連盟規約』や『九カ国条約』に従って行動することができるが，イギリス政府から通告を受ける以前に立場の表明は不都合であり，またイギリスと日本は伝統的な友好関係があるため，イギリスが単独に日本に対して行動する可能性はないと述べた．英米両国の駐華公使が情報交換した際，ランプソンとジョンソンは，より具体的且つ正確な事実が明らかになるまで，両国の政府は如何なる立場にも立たないことで意見が一致した[8]．

　9月20日，南昌で「共産党殲滅（剿共）」を作戦配置していた蔣介石は，南京に戻った後直ちに会議を開き，外交政策において「まず国際連盟と『不戦条約』の締約国であることをあげ，道理において勝利する」とし，内部に対して「国内団結，共に国難を乗り切り，忍耐で対応し，自衛は最後の手段」とした．ここで「国内団結」の対象とした派とは胡漢民と汪兆銘を指し，中国共産党ではなかった．具体的措置としては，日本対策の意思決定と検討機関として特別外交委員会を設置し，部隊の北上配属，広東反対勢力へ攻撃と「剿共」を一時的に中止した．さらに対日策を話し合うために蔡元培，張継，陳銘枢などを広東省に送り，世論を静めるように知らせを出し「国民は冷静かつ忍耐強く団結に努め，自衛の準備をし，国際連盟が規約を遵守して対処すると信頼する」ように求めた[9]．国民政府は国内で相応の配置を行うと共に，英米などの国々と緊密な対話を行っていた．

　イギリスとアメリカの最初の接触において，国民政府の主な試みは，英仏両国を中心とする国際連盟，または英米を中心とする『九カ国条約』の締約国に援助を求めることであった．イギリスとアメリカから明確な返答を得られなかったが，国民政府内部は国際連盟に提訴するつもりであった．法的観

点から見れば，これは中国外交の自然な選択である．

　日本軍進攻を受け，現場の東北軍は不抵抗政策をとった．9月20日夜，張学良は協和病院の応接室で外国の記者に対し次のように述べた．「満州において日本軍のある軍事行動を察知していたが，部下には日本軍の進攻に遭っても中国軍警は抵抗してはならず，武器弾薬を倉庫に収めるように命じた」．実際に日本軍の攻撃が始まった報告を受け，さらに武器回収と「報復行為をしてはならない」と命じたので，「中国軍隊は組織的な報復行為を行っていない」と述べた[10]．

　中国駐国際連盟代表の施肇基が9月22日に訴えを提出した後，国際連盟理事会は日本の侵華について国際仲裁により解決し，「国際連盟が決議を行い，中日両国が戦時行動を止め，双方の軍隊がもとの駐地まで退き，国際連盟委員の派遣調査，裁判を待つ」ことを考えていた．蔣介石はそれが中国に利益になると信じ，張学良に「外交情勢はまだ公平であり，東北の立場は全体と繋がらなければならず，独自に交渉して国土を失い屈辱を受ける条約に署名しない」ように求めた[11]．これと同時に，蔣介石は広州の反対勢力との和解を模索し，「緊急委員会及び外交顧問委員会」の設置を検討した．これは特別外交委員会を設置するための初期段階の考えである．そして，日本軍の東北侵略に対して国際連盟の仲介を期待することとは異なり，蔣介石は日本が煙台と青島沿岸に上陸する可能性があることに極めて敏感で，山東省方面に急ぎ軍隊を配置するように求め，一度日本が済南を侵略すれば，「灘県周辺で日本に抗戦するべきだ」と考えていた[12]．

　国際連盟理事会は日中問題に関する第1回目の開会に先立ち，事前に日本代表と連絡を取り軍隊の撤退を促し，中立国監視団を派遣することを提案した．事変の直後，中国は国際連盟組織による現地調査の実施計画を立てていた．9月21日，中国社会の内部では「外国使節に呼びかけ，国際連盟代表と共に現地調査を行うべきだ」と主張し，国際連盟派遣調査団の問題が提起された[13]．このような中国の国際連盟への訴えとイギリスとアメリカの情勢への注目に対して，日本は9月24日に満州事変に関する最初の声明を発表し

た．声明では中国軍が南満州鉄道を破壊し，日本軍守備隊を攻撃し，また大部分の日本軍はすでに南満州鉄道附属地内に撤退したと虚偽の主張をした．日本内閣も事態の拡大を防ぐために尽力することを決定し，中国東北地方に領土を要求しないと保証した[14]．事変の初期調査と中日の交渉を経て，国際連盟理事会は最初の決議を採択した．

　1931 年 9 月 30 日，国際連盟理事会は日本の東北三省侵略に関して決議を行った．国際連盟はすでに中日両国の声明内容を「すべて読み知り」，日本の声明は「満州の領土に野心を持たず」，日本国民の生命と財産の安全が保証されれば鉄道地域圏内まで撤退すると述べた．中国代表の声明は，日本軍撤退後，中国の行政再建の日から鉄道区域外の日僑の生命と財産の安全を守ることに責任を持つと述べた．国際連盟は双方の声明を簡潔に述べ，「中国と日本の代表は，それぞれの国の政府が事変のさらなる悪化と拡大を防ぐためにすべての必要な措置を講じると保証することを了承した」と述べた[15]．この時点で国際連盟の満州事変に対する態度を見て法的に明確にしなければならないのは，9 月 30 日の決議は事態の陳述に過ぎず，その陳述は中日両国の声明内容を伝えたもので，日本に対する強制力にはならず，実質的に日本軍撤退を要求する法的文書ではないということである．学界の認識では 9 月 30 日の決議が日本軍の撤退を要求したとしているが，実際にはある程度誤読であった．決議は日本軍撤退の声明と中国側の要望に関する記述で，すべて「読んだ」あるいは「知った」という表現であった．このような表現では，国際連盟理事会は事実上，何ら法律上の義務も担っていない．

　国際連盟決議の発表後，満州事変後の外交情勢変化に対応し，広範囲に国際的支持を得るために，蒋介石は余日章らに対し国民外交活動を行い，特に太平洋問題調査委員会の諸国と連絡を取るよう促した．太平洋問題調査委員会の各学者が自国の政府を督促し，日本の暴行を注意してくれることを期待していた[16]．国民政府はまた外交人事の調整を行い，施肇基の後任として，顧維鈞を中国駐国際連盟代表に任命し，各国の駐華大使館と連絡を取るために顔恵慶を北京に派遣し，王寵恵をアメリカに派遣して各界と連絡させた．

　国際社会からの反応が軟弱であったので，引き続き国際交渉を行い，事変の外交的解決を期待しながら，中国が日本の侵略に対応する全体的プランを考え始めた．これはある程度，国民政府の日本に対する総合的な抗戦準備計画であると認識してもよい．また，東北が「不抵抗」対策を採っている状況で，華北，華東などの地域では積極的に抗戦の準備計画をしていた．列強の権益が集中する上海については，もし日本が侵略してきた場合，中国軍が「直ちに抵抗する」と蔣介石は当初から決めており，当時の上海市長張群に「我が軍警は一定の防衛線を設け，集中的に配備すべきだ」と指示した[17]．

　1931 年 10 月，蔣介石は対日作戦問題を考え続け，そして「国家のすべての紛争問題」の解決には中日間の一戦は避けられず，「座して死を待つより，如何に起死回生を求めるか」と考えていた[18]．蔣介石の最初の考えは，「まず首都を西北に移し，龍海路に軍の主力を集中させ，万全の体制で日本の侵略から守る」，西北を第二の根拠地として「万が一首都が落とされた場合，直ちに洛陽に移し，将来的にも常に洛陽と西安を首都の予備都市とする」というものであった[19]．このような準備は，後の日本との断交や宣戦の議論と一体して行われていた[20]．国民党の内部派閥争いも続いており，南京と広東の双方は共に抗日のために統一の旗を掲げ，「相手を統一」することを考えていた．国民党を統一するため，南京と広東の代表が初めて香港で和解交渉を行った．その結果は蔣介石が退き，南京と広東が「国民に詫び，統一なくして救国の道はない」と関係方面に電報することであった．引き続き上海で和解交渉が行われ，「蔣介石は自らの権力構造を最大限に安定させるために，握っていた政治的資源を利用し，徐々に蔣介石反対勢力同盟の各派を分裂させた」[21]．

　満州事変以降，国民党内部の派閥争いは，国民政府の対外交渉と密に関係し，外交主導権争いは中国の外交対策に影響を与えていた．蔣介石と胡漢民，陳友仁らの間では，対日外交及び満州事変の処理に対する態度に違いもあった．中国内部では事実上常に直接交渉を求める声があり，特に蔣介石の政敵である胡漢民は強くこれを主張し，武力的な抗日路線の転換以前，主な外交手段は「中日直接交渉」であるとした[22]．

　当時，中国内部ではすでに日中直接交渉の議論があり，英国駐日大使もこの時イギリス外交部に対し，中国の直接交渉拒否を支持してはならないと強調した．リン・リー駐日大使は 10 月 7 日，「中国は非常に厳しい状況に直面しているが，イギリスにとって最悪の措置は中国に中日交渉の延期を促すことだ」と個人的に考えを述べた[23]．第 1 回国際連盟決議の後，顧維鈞は，日本が決議第 2 部の二つの提案に従わない場合，国際連盟は効果的な対応ができないため，中日の直接交渉が「事実上必要である」と指摘した[24]．10 月 12 日，顧維鈞が特別委員会メンバーに加わった．特別委員会は各当事者の意見を聞いた上で全体的な状況に対応する具体案を出し，中日の直接交渉を避け，国際連盟が主宰する調停や調査に委ねることを決定した．しかし，特別委員会内部では依然として異なる声があった．羅文幹や顧維鈞などは，中日の直接交渉は「もはや避けられない」と認識しており，「政府が山東問題を解決した例のように，第三者がオブザーバーとして参加できるのが最善策だ」と述べた．最終的に中日直接交渉になるという認識を除いて，羅文幹は「軽々しく戦いを口にしないように」，日本製品不買運動は民間が主導すべきであり，政府は「公然と主張すべきではない」と提案した．羅文謙は事変前の状況に戻してから交渉するという中国の世論に対し，「事実上困難である」「日本軍が附属地に撤退すれば，議論を始めても良い」と考えていた[25]．日本と直接交渉するかについて，蔣介石が反対の態度を貫いていたにもかかわらず，当時の財政部の長宋子文と外交部長代理の李錦綸は日中直接交渉の条件を米国側に打診した．即ち「日本軍がまず鉄道附属地内に撤退すること」である[26]．

　この頃，中央政治会議は甲乙二つの対策案を策定していた．甲案は中日双方及び国際連盟を対象として提案されたもので，その前二条は日本からの要求に対する返答である．第 1 条は「日本が軍事作戦を直ちに停止する」ことで，第 2 条は「日本は最短期間内に軍隊の撤退を完了することを決定し，その期間内に軍隊の撤退を実施する」ことである．第 3 条は，「東北三省の日僑の生命と財産の安全を保障する」という中国に出された要請である．第 4 条は，「各国の代表団を派遣し，撤退及び引き継ぎの方法を監視し，調査状況を

第7条に規定する国際会議に参考として報告する」という国際連盟に対する要請である. 第5, 第6, 第7条は中日双方に対するもので,「中日両国は『国際連盟規約』,『不戦条約』,『九カ国条約』を含むすべての条約に定める義務を尊重する声明を宣言する」ことである. 各国代表の参加する視察の下, 中日両国は軍隊の撤退と引き継ぎ方法の仔細, 東北三省の日僑の安全を守る具体案についての協議を即日開始し,「中日のすべての問題はアメリカ及び国際連盟国際会議に定めた各原則に基づいて公平に解決する」という内容である[27].

乙案の前四条は甲案と同じ内容であるが, 第5, 第6条の内容が違う. 乙案第5条では, 中日両国は中立国代表参加の視察の下, 即日に以下の三点について交渉を開始することを規定している. 1. 軍隊の撤退及び仔細の引き継ぎに関する具体的方法, 2. 東北三省の日僑の安全を確保する方法, 3. 第6条に定めた交渉段階が進行しやすいように, 事前に交渉日程を定めること. 第6条は, 中日両国は「日本軍の撤退が完了し, 理事会より派遣する中立国代表による視察の下」, 両国間の様々な懸念される案件について, 以下の原則に基づいて交渉を行うことを規定する. 1.「東アジアの平和を保障する」, 2.「国際協力の実施, 東北三省の経済発展を促進する」, 3.「中日両国民の間で起きた誤解の原因を取り除く」. もし交渉中に当事者間でトラブルが発生した場合, 調停委員会に対処を委ねる[28].

甲乙両案は共に中日の直接交渉が避けて通れない道であると見ているが, これは蔣介石の直接交渉反対の当初の要望とは一致せず, 蔣介石の直接交渉反対の姿勢は, 国際連盟第二次会議前まで変わらなかった.

事変勃発後, 国民政府の最初の反応は, 国際連盟に助けを求めることであった. 国際連盟を通じた日本の侵略阻止という目的を達成するために, 惜しみなく「不抵抗政策」を実行した. 日本軍の軍事行動に対し, 東北軍は国際社会に「忍耐」「挑発しない」というイメージを与えるために, 組織的な抵抗を行わなかったことで, 却って日本の侵略を助長させた. 国際連盟理事会は中日問題について会議を開催したが, 事変の実態を知るまで, 事変に対する中

日両国の声明を繰り返すだけで，強力な措置を採っておらず，日本を非難することさえなかった.

2. 英米の外交的対応と国際連盟をめぐる交渉

　国際連盟をめぐる英米との交渉を分析する前に，当時英米が直面していた国内情勢に注目すべきである. 1929 年に始まった世界経済の大恐慌は，アメリカやイギリスなどの国々に深刻な影響を与えた. 大恐慌がアメリカからイギリスに蔓延すると，イギリスの三大産業部門（石炭，繊維，造船）は大幅に衰退し，失業率は22%まで上昇した. 満州事変の 2 日前，イギリス大西洋艦隊の水兵が反乱を起こし，九隻の軍艦が出航不能となった. 危機に直面したイギリスは金本位制を止め，金ポンドの値下げを余儀なくされた. 当時，イギリスは「国内で資本主義の秩序を安定させることが急務であり，これを最優先事項として考えていたので，極東の出来事に気を配る余裕がなかった」[29].

　9 月 20 日以降，英米は様々なルートからこの事変に関する情報を入手し，事変の真相の研究・判断を始めた. 20 日夜，国民党中央執行委員では蒋介石の代表である呉鉄成がランプソンを訪問し，日本はこの事変を「永久化」したいのか，一時的な性質であるのかを尋ねた. ランプソンは，最初は突発的であったかもしれないが，続いて事態が「固定される」可能性はあると答えた. また呉鉄成は，日本が中国に三つの要求を出す可能性があると述べた. その一つ目は東北三省に限らず両国間の様々な未解決案件を一括して解決し，中国全土で経済的特権を獲得すること，二つ目は日本の東北における拡張を妨げる張学良を東北から追い出すこと. 三つ目は，日本は張学良に代わってより日本の政策を受け入れる可能性の高い人物を任命すること. この人物はかつての皇帝溥儀である可能性が高いとした[30].

　数日後，ジョンソンは当初の状況を理解した後，東北南部の戦略的拠点の占領と瀋陽の行政管理権を奪い取ることは，日本が「長期的に画策した陰謀

による侵略行為であり，最も慎重で段階的な計画が侵略行為の実施に向け準備された」，「満州事変が偶発的な出来事であり，少数軍人指揮官による無責任な結果であることは，如何なる証拠も証明できない」と結論づけた．ジョンソンはこの判断に基づいて，中国東北地方における日本の侵略事件は戦争と定義されるべきであり，『不戦条約』の各締約国は日本の侵華に対する立場を表明すべきであると提案した[31]．22 日，アメリカ国務長官ヘンリー・スティムソン（H. L. Stimson）は，日本駐米大使である出淵勝次に対してアメリカの覚書を読み上げ，中国東北地方が元の状態に戻り，中日軍隊の敵対行動を止め，再度武力を使用しないことを希望するとした[32]．日本陸軍中央部は，朝鮮の軍司令官が関東軍を増援するためにすでに「1 混成旅団と 2 飛行中隊」を中国に派兵し，続いて中国国境を超えたとの報告を受けた[33]．日本陸軍上層部は当時事態の拡大を禁じたが，関東軍は独自に軍事作戦の拡大を決定し，東北三省の重要地域を次々と侵略し，占領したのである．

　中国が国際連盟に状況を訴えた後，国際連盟会議に出席したイギリス代表のセシル卿（Lord Cecil）は，国際連盟理事会がまずできることは日本に軍隊の撤退を求めることだと考えた．それはまた国際連盟がとるべき最低限の行動でもあった．イギリスの駐国際連盟代表カドガン（A. Cadogan）が日本代表佐藤とのやりとりをイギリス外交部に報告した際，国際連盟が採ると思われる方法を事前に日本側に情報を流したと述べた[34]．カドガンの報告を受けたイギリス外交部は，「当面はアメリカによる調停により，東京に影響を与えるとのアドバイスをする必要はない」と特別に指示したが，国際連盟が行動する準備があるとアメリカに知らせても良いということで，「調停行動をとるか否かはアメリカ自らに決めさせる」とした[35]．9 月 23 日の時点で，アメリカ国務院は英国駐米大使館に対し，すでに中日双方の各駐米大使館を通じてアメリカが調停を行うと二度提案したと伝えた[36]．その後の 24 日に，アメリカ国務副長官キャッスル（R. Castle）は，イギリスに対し，アメリカは「国際連盟の行動を心から支持する」と伝えたが，ただ心配事が一つあり，それは国際連盟が日本国内の政治と軍事の矛盾を十分理解していない状況の中，早

急に行動をとれば，日本の軍部が国内で民族感情を煽り，「平和解決」を支持する内閣と首相がより複雑な状況に陥る可能性があることであるとした．アメリカは，何らかの行動を起こす前に，極東情勢の複雑さを十分に見極めるべきであると提案した[37]．

　満州事変の前，アメリカ国務院極東局長ホーンベリック（Stanley Hornbec）はカーネギー国際平和基金会長ショットウェル（James T. Shotwell）と密に連絡を取り続けた．アメリカの学界では日本のいわゆる「満蒙の特殊権益論」に十分な注意を払っており，日本の要求は「幼稚な論理」に満ち，「脆弱な論拠を完全に無視している」との認識を持っていた[38]．事変勃発後，アメリカ国務院はアメリカの学界の人材を集め，中日衝突の根本原因について深く分析し，極東政策に学術的に知的支援を提供した．

　東北アジアの局面を武力によって変えようとする日本にどう対応するかが，その時点でアメリカ太平洋問題調査委員会の学術的な分析の重要な課題であった．太平洋問題調査委員会は，アメリカは極東地域において文化，経済貿易，政治という三つの方面に利益を有し，これらの利益が直接的，または間接的にすべての一般アメリカ国民に関係しているという認識を持っていた．政治的に言えば，アメリカの対中政策は，中国における自国の文化と経済の利益を守ることに端を発しているが，アメリカの対中政策を見ると，もはや純粋に経済的利益を守るためのものではなく，普遍的な意義を持つようになっている．第一に開放，第二に戦争によって国家紛争を解決するという手段を放棄することである．上述の分析に基づいて，当時アメリカ学界では，満州事変後のアメリカは，国際連盟との協力的な外交が有効的且つ新たなモデルであるとの認識を持ち，事実が証明するようにアメリカの協力がなければ，極東における国際連盟の外交は多くの困難に直面した．太平洋問題調査会は，絡み合う利害関係がある故，英仏などの列強と協力する伝統的な外交スタイルは有効性が失われ，このような新しい外交モデルが効力を発揮しつつであると考えていた[39]．

　アメリカにとってその時点で知っておくべき最も重要なことは，次の外交

政策を決定する基本的な参考となるように，事変の真相を把握することである．9月28日の午後，アメリカ国務長官スティムソンは日本駐米大使の出淵勝次と面会し，アメリカにとって目の前にある最大の困難とは全体像を把握できず，中国東北の出来事の真実を掴めていないことであり，アメリカはハルビン総領事ハンソン（Hanson）と米国駐日大使館書記官サルスベリー（Salisbury）を派遣し，瀋陽及び日本軍占領地域を視察したいと述べた．出淵勝次はアメリカが調査員を派遣する意向であることについて，直ちに日本の外務省に報告し，約束通りに実行するように要請した．また，これが単なる「国際的調査」ではなく，アメリカ大使館が中国東北地方に持つ懸念に発する行動であるとのことを明らかにすることをアメリカ側に求めた[40]．9月29日，日本はアメリカ駐日臨時代理大使ネヴィル（Edwin Neville）に対し，アメリカのオブザーバー派遣要請を承認したと通告した．日本が承認したことを知ると，スティムソンは直ちにネヴィルに詳細な任務を与えた．中国東北地方における日本の軍事行動について，日本が軍隊の撤退を準備して，撤退計画を立てているかを全面的に調査してはっきりさせ，日本はすでに瀋陽で行政機関を設置したか，また，日本軍が中国現地行政権に干渉したかを判断するために調査を指示した[41]．10月3日，スティムソンはジョンソンに米国駐南京総領事を通じ，アメリカが東北に調査員を派遣したことを中国政府に通知して良いと伝えた[42]．ここに至って，アメリカが独自に東北地方の調査を実施することについて，中国，日本，国際連盟は承知していた．

　日本が満州事変を発動した後，国際連盟と協力して極東情勢の変化に対処するかは，満州事変に対応するアメリカ国務院にとって重要な外交的選択であった．アメリカは極東において独自に日本と対峙したくないため，国際連盟と協力して問題を解決することが外交目的であった．この目的達成のために，アメリカは国際連盟理事会に参加することを検討していた．国際連盟との協力は主に国際連盟を主導するイギリスとフランスを通して行われていた．アメリカが独自に調査団を派遣後，関連情報をイギリスと共有することを約束したことで，国際連盟は事変の進展を判断する情報源が増えた．10月7日，

オード（C. W. Orde）はセシル卿に宛てた要約書簡の中で，日本が軍隊を撤退しないだけでなく，長期的に占領する理由をつくっているとの複数の電報報告を受けたと述べている．リン・リー駐日大使も同様の見解を持っている[43]．10月9日，カドガンは国際連盟事務総長ドラモンドに書簡を送り，イギリスが知る限りでは，日本軍が撤退する兆候もないと述べた[44]．その頃，日本の関東軍は錦州で大規模の空爆を行うと同時に，嫩江に三度増兵し，「13日夜出発，15日午前7時大興駅到着」で第2師団を派遣し，チチハル侵略の準備を整えた[45]．

　満州事変勃発以来，アメリカと国際連盟とのやりとりから判断すると，まずアメリカは極東問題について国際連盟の協力を得て，国際連盟の範囲内での問題解決を望んだ．次に国際連盟が日本の複雑な政治情勢を正確に把握することができず，複雑な極東情勢を早急に処理するとき，日本が無謀な行動をとることを心配し，日本内部で東北問題を解決するように外務省に一定の時間を与えてほしいと考えていた．10月10日，スティムソンは米国駐ジュネーブ領事ギルベルト（Prentiss B. Gilbert）に「もし招待されれば，ギルベルトに国際連盟理事会主催の中日問題について会議出席の権限を与える」と伝えた[46]．

　アメリカが率先して国際連盟においてイギリスに協力する意向を表明したとき，国際連盟内部ではこの事変に対するイギリスとフランスの態度は一致してはいなかった．イギリス内部はフランスの国際連盟における消極的な姿勢を批判したが，イギリスの批判に対してフランスは独自の解釈をした．フランス外交部極東局長ナジャール（M. Naggiar）は，英国駐仏大使館一等書記官ウィグラム（R. Wigram）に密かに次のような内容を伝えた．中日問題については，ブリアン（Aristide Briand）の主宰する国際連盟理事会の二つの前提により指導する．一つは「国際連盟の利益が考慮されなければならない」，もう一つは「極東で起きた満州事変は欧州二大国の問題として見なすことはできない」ということである．ナジャールは「条約や国際慣例を通してであっても，数カ国のすべてが中国の港や内陸河川に軍隊や軍艦を派遣しているこ

とを忘れてはいけない」と強調し，列強の中国における軍事行動と比べると，「日本はさらに一歩先を進んだだけ」で，どちらも「戦争行為」ではないと述べた[47]．ナジャールが述べる中日問題に対する総体的な思考を通して見れば，国際連盟におけるフランスの様々な外交のやり方の根本原因を理解することができる．

　イギリスは国際連盟でフランスから積極的な協力を得られなかったが，このタイミングでアメリカ自らが国際連盟理事会会議の参加を申し出たことは，イギリスがアメリカを受け入れた国際関係の背景の一つである．中国政府は英米接近の傾向をいち早く察知した．10月15日，イギリス駐華公使ランプソンとアメリカ駐華公使ジョンソンが中日衝突を調停するために同時に南京に到着した．蔣介石は「英米の状況は以前より若干改善したようだ」と見た．そして，国際連盟は「監察団の派遣」が必要であると主張し，もし日本側が受け入れないならば，「我々が国際連盟の規定に基づいて強く要求する」とした[48]．このアメリカと国際連盟の協力について，蔣介石は「正義を主張し，公平を守る」というアメリカの姿勢を反映していると考えた[49]．ギルベルトが10月16日に始まった国際連盟会議に出席したことは，中日の衝突問題を解決するためにアメリカと国際連盟の協力が正式に始まったことを示している[50]．

　中日問題について，第二次国際連盟理事会の前後にチャールズ（N. H. Charles）はイギリス外交部に中国東北の歴史及び政治の現状についての学術報告書を提供した．中露「ネルチンスク条約」以来の東北地方をめぐる中露日三カ国交渉の歴史を合理的に整理した上で，東北地方における中日紛争の基本的な事実を明らかにした．チャールズは「中日間の最大の分岐は，鉄道附属地と関東租借地の行政管理権に対する認識の違いにある」と考える．衝突の原因は管理権の延長について解釈の違いにあり，特に鉄道警備権及び外国人治外法権の濫用について認識の違いがあった．「ポーツマス条約」やその他の協定を通して，ロシアから日本に譲渡された具体的な条約上の権利について，中国はロシアが行政管理権ではなく商業特権のみを譲渡したと認識していた．チャールズは，1924年以降，中東鉄道は政治的属性をすでに失った

が，南満鉄道の地位はそれに応じて変化していないと考えている．旅順・大連の租借地は 1923 年に満期となったが，「中日民四条約」により 99 年延長された．中国はその条約の合法性と有効性を否定しているが，日本は反対の見解を持っている．この条約が有効か否かをめぐって中国と日本はそれぞれの見解を持ち膠着状態に陥り，それが中日両国間で解決不能の問題となっていた[51]．

　イギリスは，鉄道問題を解決するためにオーチャード（A. F. Orchard）を招いた．彼は「中日民四条約」「会議東北三省に関する事項正約」の付加協定，及びその後の 1906 年 4 月の中国政府との往来書簡で，「一連の拘束力のある協定が構成された」という認識を持っていたが，「これらの協定は締約国双方の解釈が異なる」[52]．イギリスの学界は，事実上イギリスが東北問題について国際法に基づいて正確に判断することは難しいと分析した．

　イギリスはまた，日本国内の様々な政治勢力の争い，特に軍部と外務省の争いにも注目していた．しかし，外務省と軍部の見解の分岐が侵華行為を止める力となり得るか否かは全く分からない．日本は表面的にこのような国内の見解の相違を見せることで，逆に，イギリス，アメリカなどの国々の見方を混乱させ，日本対策の決定を妨げていた．ドラモンドは英国駐国際連盟代表ジャドガンに書簡を送り，「事態は極めて深刻だ．国際連盟が日本に軍隊の撤退をさせられるかは，中国政府が国内の反日行為を完全に止められるかどうかにかかっている」と述べた．ドラモンドはイギリスが中国に反日行為をやめるよう説得できることを期待していた[53]．イギリスとアメリカは，中国が軍隊の撤退を条件とするのではなく，まず日本と交渉することを望んでいた．その一つは基本的な外交上の考慮で，日本政府は内部的に軍部の戦争行為を止められるという信頼に置かれている．イギリス外交部はドラモンドの提案を受け，直ちにランプソンが中国に日本と交渉を勧めるように求めた．このとき，アメリカはギルベルトを通し，国際連盟は中国と日本の直接交渉の必要を提案すべきで，そうであれば，アメリカも積極的に国際連盟の提案に応じると伝えた．ワシントン会議の時，中日外交交渉の先例があったように，友好国の参与によって中日交渉を監督するのである[54]．

3. 日本が国際連盟第二次決議前後の多国間交渉を拒否

　国際連盟第一次決議の後，日本は撤兵しないばかりでなく軍事的侵略を拡大させ錦州を空爆し，チチハルにまで迫った．この緊迫した状況の中，国際連盟理事会は中国の要請を受け，1日前倒しして会議を開くことを決定した．10月13日午前，国際連盟理事会は中日問題について議論し，二つの結論を得た．一つ目は，アメリカが提案した『不戦条約』の適用は適当ではなく，一旦『不戦条約』を適用すれば，戦争状態が存在することを認めたことを意味しており，現在東北問題は戦争に発展する危険性があるものの，国際連盟理事会の支配下にあるとした．二つ目は「日本は意図的に東北問題を複雑化し，その問題と両国間のすべての未解決案件の発端を混同して一括解決する」考えがあり，「軍の撤退は満足のいく全体的な解決策が得られるかにかかっている」として，この度の日本の行動は「不可解な行為」であるとした[55]．日本は中日両国間で懸念される案件を一挙に解決する意図があり，この点について，イギリスは駐華公使ランプソンを通してすでに理解していた．

　開会後，ブリアンはまずイギリスの態度をたずねた．ブリアンは英国駐ジュネーブ領事パテソン（Patteson）との会談を通して，イギリスは今回の国際連盟会議で成果が得られると考えるか，また，今回の国際連盟会議で危機が緩和できなかった場合，イギリスの次なる一歩が何であるかが知りたかった．パテソンは，国際連盟は高い評価を得る一方，より大きなプレッシャーにも直面しているが，「国際連盟は警察ではなく，正義を代表する力であることを明確にするべきである」と述べた[56]．

　日中問題をめぐる国際連盟の会議が再開した際，日本はいわゆる和平交渉の要綱として五点を提案した．「互いに満州で侵略政策と行動をとらないことを宣言する」「敵対的騒乱の鎮圧に共同参与する」「日本は満州の地も含む中国の完全な領土を確認することを重ねて述べる」「日本が中国で展開する平和的且つ合法的な実務は，中国から充分な保護を受ける」「中日双方は破壊的な

鉄道競争を防ぐことと既存の鉄道協定に定めた措置を履行することに合意する」[57]．日本からの和平交渉の提案に対し，蔣介石は戴季陶と相談し，「極めて認め難い」とし，「東北三省は中国の領土であり，また門戸開放と機会均等に基づくと考えるべきである」ことを求めた[58]．

　このとき，国民政府は『九カ国条約』を適用する可能性についてアメリカの態度を探っている．ジョンソンは個人的な立場から「中国が国際連盟に仲裁を求めるとき，それは同時に『九カ国条約』を適用することを意味すると述べた[59]．この頃アメリカは中国に対し，『九カ国条約』の適用に反対しない態度をとっていたが，国際連盟理事会の会議に参加した際に依拠したのは『不戦条約』であった．当時アメリカは意図的に『不戦条約』を提起し，日本との交渉において最大公約数を獲得したかったのである．ジュネーブで初めて国際連盟理事会に出席したギルバートは，スティムソンの声明を読み上げ，アメリカが中日衝突の解決に向け，国際的な取り組みに参加する意向を表明した．声明の中でギルバートは次のように強調した．アメリカは国際連盟の如何なる措置にも道義的に支持するが，アメリカの国際連盟会議参加は『不戦条約』に基づく行動である．なぜなら，目下の中日衝突の事実は，国際連盟の規約が適用するだけでなく，同様に『不戦条約』も適用するためである[60]．

　その時点で，英仏は再三にわたって中国が日本と直接交渉するように期待し，中国内部でも問題解決の手段として直接交渉が提案された．このような状況の中，蔣介石はもし国際連盟に問題解決を望むなら，その先行きが「非常に暗い」と認識しており，施肇基に国際連盟で以下の四つの点を堅持するよう求めた．1.「満州の紛争を解決するための交渉は，日本軍即時撤退を基礎としなければならない」，2.「撤兵時と撤兵後，中立委員団が視察しなければならない」，3.「中国の損害賠償権を承認しなければならない」，4.「中日間で和解調停や公平な判断ができる機関を常設しなければならない」[61]．蔣介石は国内外に態度を表明し，「日本の侵略者が行き過ぎた行動で迫れば，我らは必ず一戦を交える」とした[62]．翌日，蔣介石は各国の駐華公使を集めて会

談し,「日本に抵抗し,主権喪失という国を辱める条約には署名しない決意を表明した」[63].

　国際連盟で議論されている決議案に対する日中両国の争議は二点あり,中国は直接交渉を拒否し,日本は撤兵日の確定を拒否していることである.国際連盟理事会は「日本軍は撤兵の日程を確定し,中国側は日僑の保護を保証する」ことを期待して,ブリアンに中国と日本の説得に尽力する権限を与えた[64].国際連盟理事会の中日問題についての会議に出席した五カ国代表は,「日本軍の完全撤退と中立要員による撤兵監視の二点について,双方の同意後,中日両国が受け入れ方法について協議を始める」ことを提案し,また「期限内に撤兵を完了させ,日本軍の撤退完了後に理事会会議を閉会とする」ことに同意した.但し「中立国関係者は受け入れ方法の交渉と撤兵後の両国間の懸念事案の交渉に参加する」ことには同意しなかった[65].10月22日,顧維鈞,戴季陶,宋子文,顔恵慶らは,中国側の修正案を提出した.第一に依然として撤兵日を明確にする必要があり,実行困難な場合,五カ国の担保のもと次期開会前までに撤兵を完了する」.第二に条件付きで中日間の受け入れ方法の交渉を開始し,「即日ジュネーブにおいて日本代表と受け入れ方法について話し合い,その結果を理事会議長に報告し,必ず開会の前に決定する」[66].

　中日間で繰り返しの交渉を経て,1931年10月24日,国際連盟理事会は再び日本の中国東北地方侵略について決議した.この決議では,9月30日に中日が交わした約束を再確認した.即ち日本は日僑の生命と財産の安全の保証を得た後,軍隊を鉄道地域内に撤退させ,中国はその鉄道地域外にいる日僑の生命と財産の安全を保証することである.決議では,日本が「満州において領土の野心を持たない」と再び声明し,また「この声明が国際連盟の規約及び九カ国条約の規定に適合する」ことを知る.上記の承諾を早急に履行するよう日本に促し,日本が直ちに鉄道地域内に順序よく撤兵を開始し,次回の国際連盟理事会の開会(11月16日)までに撤兵完了することを求めた.また「中日両国の政府が直ちに代表を任命して,軍隊の撤退と撤退地域の受け入れ事項の詳細について協議し,円滑に進めること」を決議し,「軍隊の撤退

完了後には，最近の事件から生じた問題及び満州鉄道の状況から生じた様々な問題など，中日両国政府は両国間の未解決懸念案件について交渉を開始する」ことを提案した[67]．

　9 月 24 日の決議と比べ，この決議には二つの顕著な特徴がある．一つは日本軍の撤退を完了する期日が次期国際連盟理事会の開会までと明確に定められた．もう一つは『九カ国条約』が明確に導入され，『九カ国条約』の署名国は「中国の主権，独立，そして領土と行政の保全を尊重する」と約束した．

　国際連盟と日本代表の芳沢謙吉との事前のやりとりの過程で，日本側はすでに決議案の拒否を表明しており，最終投票結果は「日本 1 票対 13 票」となり，国際連盟理事会第二次決議案は可決できなかった[68]．顧維鈞は国際連盟の決議案とその結果について，「道義的には勝利だが，現実には膠着状態であり，我々にとっては万事休す，時間が長引けば面倒が起りやすく心配も一層増える」と指摘した[69]．蔣介石本人は，この決議は「公平と正義が示された」と見て，国際連盟の決議案に「国際連盟理事会の決議案が早々に実行できるよう深く切望し，国際連盟の継続的努力により完全な目的達成を願う」「日本が世界の公的意志を尊重し，11 月 16 日までに撤兵することを求める」と述べた[70]．イギリスのセシル卿は，国際連盟の決議案に対して日本代表が拒否し，反対意見を出したことに極めて不満を示し，日本人は「すでにメディアと公衆からすべての同情を失った」と見た[71]．同日，日本の関東軍は正式に陸軍大臣，参謀総長に対して東北問題解決の政策を報告した．主な方針とは即ち「東北四省とモンゴルを国境とする新たな満蒙独立国家を建設すること」である[72]．

　日本政府は国際連盟決議を拒否した後，10 月 26 日に満州事変について第 2 回目の声明を発表した．声明は中国国民政府の挑発が発端で，日本の在華日僑の生存権が侵害されたという根拠のないでっち上げで中国を非難し，日本が国際連盟の提案を拒否した理由として，「帝国政府が単に中国政府の保証を根拠にすべての軍隊を南満州鉄道附属地内に撤兵すれば，さらなる事態の悪化を招く」と主張した．また，声明では次の五つの交渉要綱を提示した．

「相互に侵略政策と行動をとらない」「中国領土の保全を尊重する」「相互に通商の自由を妨げ，国際間の憎しみを煽る組織的な行動を徹底的に取り締まる」「満州各地にいる帝国国民のすべての平和的業務を有効的に保護する」「条約が定めるところの帝国の満州における権益を尊重する」．声明の最後では「双方の協力を急務とし，速やかに事態を収め，これより共存共栄の道を歩む」と呼びかけ，「両国の正常な関係確立の基本要綱の署名」と「南満州鉄道附属地内に軍隊を撤退する問題」について，すでに交渉の準備ができたと明言した[73]．

　日本が声明を発表した同日の夜，蔣介石は英米仏の駐華公使と会見し，国際連盟を通した各国の決議を賞賛し，日本が決議に従うかに関わりなく，中国は国際連盟の決議に沿って行動すると表明した．蔣介石は英仏米が代表を派遣し，中国が国際連盟の決議を実施することを監督するよう提案した[74]．顧維鈞は日本の声明について，「日本側がある程度譲歩をしたように見える」，「基本要綱と撤兵，受け入れ問題が結び付き，我が国と協議する準備をしているだろう」と見ていた．中日問題が膠着状態に陥っている状況で，顧維鈞はこの交渉の膠着した局面を打開するために「もし日本が誠意をもって考え直せば，その提案が双方の面子も守ることは難しくなく，我が国の主張に有利となる道であろう」と述べた[75]．

　国際連盟決議に協力する具体的なステップとして，蔣介石は日本撤兵後に東北の受け入れ委員会を設立して，委員長に顧維鈞を任命し，また，張学良は辞任せず，引き続き東北政府の再建を主宰すると決定した．東北の受け入れ委員会設立と同時に，中国は日本が速やかに代表を派遣して中国東北委員会と話し合うこと，そして，国際連盟が速やかに代表を派遣するよう通知した[76]．蔣介石は招集した政府対策決定会議で，依然として「日本軍が完全に撤退するまでは日本側といかなる連絡も取らない」「間接的な方法を通して日本に軍隊の撤退を促す」と述べていた[77]．

　日本が反対票を投じたため，国際連盟第二次決議は事実上法的効力を持たず，日本の行為は国際連盟の威信を傷つけたため，国際連盟を主宰するイギリスとフランス両国はその他の救済方法を見つけざるを得なくなった．イギ

リスとフランスは共に，アメリカが前に出て日本にプレッシャーをかけ，国際連盟の威信を回復することに期待していた．

　国際連盟第二次決議の公表後，イギリス政府の内部には中国に対する懐疑的な声もあったが，学界ではこれが見落とされた．駐フランス大使ウィリー・ティレル卿（Willie Tyrrel）は，日本は中国東北地方を国家存続の生命線とみなしているため，日本軍を強制的に早期撤退させても，将来的にもう一度満州事変が起きることを意味するだけであり，そのため日本は決して国際連盟決議を実行しないとの見方を持っていた．ティレル卿の分析によれば，一方で国際連盟理事会は平和的手段により事変を解決する原則的な立場を放棄し難く，『不戦条約』の締約国も日本の第2条公約違反行為を直視できず対岸の火事のように見ている．もう一方では，日本政府は簡単に国際連盟のプレッシャーに屈して撤兵決議を実施することが不可能であり，たとえ日本政府に撤兵の意志があったとしても，撤兵前にその理由を見つけることが必要となる．ティレル卿は国際連盟がすでに極めて困難な立場に立たされていると考えていた[78]．オードであれ，ティレル卿であれ，二人は共に国際連盟の決議が事実上実現不可能であり，それは国際連盟の威信を損なわせることになると考えていた．

　満州事変をめぐって米日外交交渉が続いていた．国際連盟第二次決議の前，アメリカの東北地方における独自調査チームは10月20日に調査任務を完了した．駐華公使ジョンソンは調査チームの報告を聞いた後，アメリカ国務院に満州事変以降の中国東北地方の情勢について，中日間の大規模な軍事衝突は時間の問題だとして情報を総括した．ジョンソンは，日本軍はすでに武力による問題解決を決断しているが，張学良率いる東北軍は東北地方から撤退を命じられている．あらゆる状況が，日本軍が事変前の状態に戻すつもりもないことを表していると指摘した[79]．アメリカ国務院に提出した公式調査報告書の中で，ソールズベリーは日本の用いる戦略はある種の瀬戸際政策であり，日本軍の次の計画とは東北地方を中国から独立させ，日本の命令に従う中国人によって治めることだと指摘した[80]．

　イギリスとフランスがアメリカに国際連盟決議支持の表明を促す際，スティムソンはギルバートに次のようにドラモンドへ強調するよう指示した．アメリカと国際連盟は満州事変問題において「基本原則が一致」しており，目的は「戦争を防止し，平和的解決の道を見つける」ことである[81]．しかし，イギリスが知る限りでは，フランスが理解するアメリカの態度とは，国際連盟決議に同情しても「アメリカが確固たる意志で国際連盟と同じ立場に立つことは不可能」ということである．その理由は二つあるが，第一に中国東北地方をめぐる情勢は極めて複雑であり，第二にアメリカと国際連盟が完全に一致とする観点を持ち，日本に強硬な姿勢をとれば，逆効果となる可能性があることによる．フランス駐米大使クロードは，アメリカは日本が決して予定した期日に撤兵せず，国際連盟が日本撤兵日程を定めること自体が誤った決定であると考えていると述べた[82]．

　イギリス，フランス及び彼らが支持する国際連盟は，アメリカとの連携に努力しており，日本を説得してまず目の前の事変を解決し，中日両国の歴史問題と今回の事変を一緒にせず，「先に撤兵と地域の安全問題を交渉すること」を試みた[83]．しかし日本の目的は東北地方を侵略し，その長期占領の口実をつくることであり，東北地方を制圧する前に国際連盟の計画には決して従うことはない．10月24日の国際連盟の決議に応じて，国民政府は積極的な姿勢を示し，東北撤兵後の引き受け委員会の設立に着手したが，中国政府は国際連盟の「交渉しながら撤兵する」提案を支持したわけではない[84]．実際，国際連盟事務総長ドラモンドは，あらゆるルートを通し，日本は東北を長期的に占領する意図があり，撤兵の気配が全くないことを知っていた．彼は国際連盟の威信保持を望んでいたが，イギリス，フランス，アメリカはいわゆる極東の平和維持を望み，東北における三国の利益が日本に追い出されることを望まなかった．

4.　国際連盟第三次決議と中国の対応

　国際連盟事務総長ドラモンドは各方面から得られた事実に基づき，日本が決して撤兵協議を履行しないと推測した．国際連盟の威信を保ち，東北問題を解決するために，徐々に調査団の結成が現実的な選択肢になってきた．ドラモンドは，国際連盟規約第15条第4項，即ち「もし争議が解決できない場合，理事会は全会一致または多数決により，紛争の事実及び理事会の公正かつ適切な見解を記載する報告書を公表する」という提案を慎重に検討し[85]，調査チーム結成が「次なる解決策であろう」と提案した[86]．

　ドラモンドは国際連盟第15条の適用を準備すると同時に，英国駐フランス大使ティレル卿が提議した二つの独立交渉モデルにも関心を示した．ティレルの提案によれば，第一は中日両国が派遣する代表によって軍の撤退問題を直接交渉するもので，第二は日本側が出された五条の提案に基づいて交渉するものである．ブリアンはこれを基礎として一歩進め，第一グループの交渉合意を基礎としてのみ，第二交渉グループは意見の一致に至ることができると提案した．具体的に実施する際，第二交渉グループはまず日本側が提案した最初の四点について交渉し，第五点目は撤兵完了後に交渉する．ドラモンドはティレルの提案は「直接交渉」の要件を満たすもので，この構想の実現のために数多くの調停が必要であると考えたが，日本から得られた情報は「全く楽観的ではない」とのことであった[87]．

　11月16日午後，国際連盟理事会はパリで正式に会議が開かれ，中国東北地方問題について討論した．日本は五つの提案を問題解決の根本として堅く主張していた．英仏両国が調査団派遣についてそれぞれの態度を探っているとき，日本も自らの立場に基づき調査団の派遣を要請した．11月17日の非公開会議で，日本駐国際連盟代表芳沢謙吉はいわゆる個人名義で大会に三つの提案をした．1.「日本の五つの提案を基礎とし，日本の東北地方における安全と利益を主なテーマとして中日両国で交渉を始める」，2.「国際連盟は中

国東北地方に調査団を派遣し，中国が対日貿易を差別化する問題を含め，多方面の状況を全面的かつ徹底的に調査する」．3.「第一点の交渉の進捗状況に基づいて中日両国は国際連盟に随時報告を行う」．芳沢謙吉はさらに理事会議長ブリアンに対し，「日本は国際連盟調査団の報告書の完成を待たずに撤兵することが可能である」「調査と撤兵を同時に行うことも可能である」とまで示した[88]．

　日本は調査団の派遣を提案すると同時に，その軍事行動が「いかなるものにも拘束されない」ことを堅持した．日本の第2師団は11月19日にチチハルを占領し，「朝，師団主力はチチハル南部の大民屯と幹線道路の三家子附近に到達し，他の部隊はそれぞれ崔家梅林屯と龍江駅附近に集結した」「午後，チチハルに入って完全に占領した」[89]．また，関東軍の一部が遼河より西の地域に侵入した．日本軍は錦州に増兵することを図り，第20師団司令部，混成第8旅団，第38旅団を派兵し，関東軍の実力を強めた[90]．これらの積極的な軍事配置により，日本は軍事的に圧倒的な主導的地位を占めるようになった．

　11月17日夜，セシル卿とドラモンドが日本の提案した条件について検討したとき，ドラモンドはまだ国際連盟の代替案があると考えていた．日本人の友人を通し，日本代表団に「日本からの第二の提案に基づく調査団の結成」について日本側が受け入れるかを尋ねた．もし日本側がその調査団を受け入れられるならば，「日本の満州侵略による国際的な緊張した情勢は一次的に緩和される」．なぜなら調査団がそのミッションを完了するまで1年かかるからである．ドラモンドの提案は最良の解決方法として広く認められ，さらにドラモンドはもし日本がこの提案を受け入れられるのであれば，アメリカに出てもらい，共に中国側に調査団の受け入れを説得することを提案した[91]．

　この対策案を定めた後，国際連盟理事会は中日両国の代表に別々に会見した．日本側の芳沢謙吉は理事会議長ブリアンに対して調査団の結成に同意を表明したが，「その調査範囲は東北問題に限らず，中日問題全体を対象にするべき」であり，調査団は「中日交渉には直接参加しない」「軍事行動に干渉しない」ことを提案した．理事会が検討した時，ブリアンとセシル卿は以下の

同意をしている．「国際連盟から観察員を派遣し，中日間の敵対状態の解消を監督すべきである」「調査団の存在自体が秩序回復と撤兵を促すため，調査団は東北地方に一定期間留まるべき」で，また日本の国際連盟決議の拒否や不実行などの行為を見逃さず，新たな決議は改めて 9 月 30 日の決議を強調すべきである[92]．

　中日両国の意見を聞き，加盟国理事会で非公開の検討をした上で，国際連盟理事会は 11 月 21 日に公式の会議を開いた．日本代表の芳沢は国際連盟から調査団を派遣するよう提案し，その調査任務は「東北三省に限らず，中国全土を対象とすべきである」「中国の反日行為と条約義務の不履行を調査する」必要があるとした[93]．施肇基は発言の中で，「調査団派遣の詳細を明らかにしない限り，中国は提案を受け入れることはない．9 月 30 日の国際連盟決議の内容を鑑み，中国は調査団の派遣を日本撤兵の代案とすることに同意しない」と表明した[94]．

　第三次国際連盟会議が調査団派遣の準備をしていたとき，11 月 18 日，日本は公然とチチハルに侵攻し占領した．顧維鈞らは特別外交委員会に現時点で国際連盟規約第 15 条に基づいて調査団を結成しても短期間で成果を得ることが困難であるので，「第 16 条の制裁を直接実行する」ことを提案した．もし，国際連盟の許可を得られないのであれば，「毅然として他の国際的解決の道を探す」ことを提案した[95]．施肇基は国内に連絡を取り，「列強は制裁行動をとるつもりはない」「国際連盟各国の政府はまだその時期に来ていないと考えている」と報告した[96]．国際連盟の調査団派遣問題について，日本はブリアンに「日中が撤兵前に五つの基本原則の直接交渉を行うことに固執しない」と示しながらも，「国際連盟が委員団を派遣して中日間の諸問題を調査すること」を提案した．このような日本の態度を受け，ブリアンは施肇基に，決議草案は期限を定められず，責任が持てるのは軍事行動を停止させることである．他のあらゆる問題は委員団の対処に委ねよう」と語った．ブリアンは中国側に対して，これは「最善の方法」であり，もし中国側が余計な問題を起こせば，「理事会は一致した態度を損なうことになる」と述べ，中国に同

意を促した[97]．

　特別外交委員会は議論を通して中国側の対策を提出し，国際連盟に規約第
16条を適用した日本に対する制裁を求め，さらに施肇基に訓令し「もし国際
連盟が中国側の提案を受け入れられず，引き続き調査委員会の提議を堅持す
る」ならば，二点を声明すべきであるとした．第一は日本軍が最短期間内に
撤兵するよう要求すること，第二は中国から人員を派遣し撤兵を監視し，国
際連盟に第16条の内容に注意するように表明することである[98]．事実上，中
国は国際連盟の調査団派遣案を拒否できなかった．11月23日，施肇基は顧
問オールズ（Olds）と共にアメリカ代表ドーズ将軍を訪問し，ブリアンやド
ラモンドらとの協議の結果を尋ねた．ドーズは「アメリカはまだ対日経済制
裁の用意ができていない」とし，彼はアメリカ代表として会議に出席したが，
事実上何ら態度表明の発言をしなかった[99]．中国が望む援助はアメリカから
得られず，国際連盟の調査団を派遣する決定はもう変えられない状態となっ
た．同日，国際連盟理事会は非公開会議を開き，決議草案の五項目を検討し，
中日両国に正式に提案することを決定した．

　11月25日，理事会第三次決議が可決し，第一次会議決議をもう一度明確
にすることを除き，調査団の派遣を提案した．決議の第1条は声明で，9月
30日の決議は中日両国に「正式に規制を受けると宣告」したので，「中日両
国の政府は，必要となる一切の措置により決議の実行を保証し，日本軍は迅
速に鉄道附属地内に撤兵させる」とした．第2条は双方に厳重に事態の拡大
を防ぐことを促し，「双方は自国の軍司令官に厳格に命じ，いかなる軍事行動
も制止し，さらなる戦争及び犠牲者を出さない」ことを知りおく．第5条で
は，「委員団を派遣して現地調査を行い，国際関係を悪化させ，中日平和や両
国の友好的理解を妨げるものは，理事会に報告する」ことを定めた．中日両
国から各一人を調査団に参加させることができるが，調査団は中日間のいか
なる交渉にも介入せず，両国の軍事行動に干渉しない．委員団の派遣は，日
本政府が行う迅速な鉄道附属地内への撤兵の承諾を妨げないものである[100]．

　1931年11月29日，特別外交委員会は議論を経て戴伝賢の名義で報告書を

発表した．報告書は対日政策の判断は軍事的な観点に着眼すべきであり，日本は必ず「東北三省を完全に占領する」と見る．また，日本外交当局と軍事当局は当初，意見が異なったが，国際連盟理事会第二次会議以降，双方の意見は一致し，「現在の外交は完全に軍部に支配され，故にすべての観点と判断では軍事が前提とされる」．特別外交委員会は東北三省完全占領が日本の主な目的であると判断し，さらに，国際連盟の態度と目的について，特別外交委員会は「国際連盟からはいかなる有力な制裁も講じられない」とし，各国も日本の東北三省侵略という理由で「日本と戦う」ことはない．各国の重要な政策がまだ計画通りに完成していないからである．日本の東北三省占領に対する国際連盟の努力は「ほぼ限界に達した」．そして，特別外交委員会は中日衝突に対するアメリカの態度を具体的に分析し，アメリカの調停を期待した．委員会が，アメリカは「これまで極力意志表明を避けてきた」ものの，今後必要に応じて『九カ国条約』を適用して日本への抵抗勢力となる可能性がある」と考えた．日本の東北三省侵略に対するアメリカの態度は徐々に緩和され，中国に譲歩を勧める態度に変化したが，このすべてが「今後の活動を温存するための準備である」と分析した．

　上述の国際情勢の分析に基づき，特別外交委員会は，対日交渉の最終的な勝利は必ず中国のものであり，すべての国内政策は「民心の団結，人民の信頼を保つことを政府の根本とすべき」で，軍事的抵抗を充分に準備することである．提供された意見書では対外戦略を三点に分けている．一つ目は「如何なる状況であっても消して先に日本に宣戦しない」，二つ目は「できるだけ各国からの好感を維持することに尽力する」，三つ目は「実際の利害関係に配慮し，やむを得ない場合には，民意のために軍事的に犠牲を惜しまない」ことである．意見書は，たとえ最終的な抵抗の準備をしても，現状において「中国政府は国際連盟に対する完全な信頼の表明に尽力する」と考え，「情勢は益々険悪になる」ことを広く知らせることが必要であるとした．中国政府がこのような対策を採ることは「国際連盟が自らの責任を完全に果たせず，有効的な制裁をも行わない，故に日本軍は何ら心配なくやり放題で，国際連盟

が益々権威を失う」ことを世に知らしめ，国内的には「国民からの批判が減少」し，対外的には「各国の感情を傷つけない」．この他，将来的に『九カ国条約』を適用する必要があれば，アメリカと外交上の「会話がしやすくなる」．委員会は国際連盟も重要であるが，『九カ国条約』の署名国も同様に重要であり，「もし中国が国際連盟に心から礼を尽くさなければ，将来的に方向転換のときに各国の同情を得られないであろう」と考えていた[101]．

　以上の分析に基づき，蔣介石は三つの外交政策を決定した．1.「東方三省の問題は決して国際連盟から切り離さない」，2.「錦州問題における中立地帯は中立国の団体が参加するか否かで決めなければならず，中立団体の保証がなければ，決して撤退せず，積極的に抵抗する」，3.「天津問題に中立団体が参加すれば，行政機関や警察機関は元の通りとなり，衝突を避けることができる」[102]．

　12 月 2 日，国際連盟理事会は新たな決議草案を可決し，国際連盟調査団の派遣を決定した．決議草案は中日双方に対し，9 月 30 日の国際連盟決議を即時実施することを求め，「中日両国の政府は一切の必要な措置を採って実施を保証し，日本軍は決議案で定めた規定と条件の下，鉄道附属地内に迅速に撤兵させる」．10 月 24 日の国際連盟理事会会議以来，事変情勢の変化が益々深刻化していることを鑑み，国際連盟は双方から次のような承諾を得られた．あらゆる方法で情勢のさらなる激化と戦事を避ける」．上述内容を考慮し，草案第 5 条は国際連盟調査団の派遣を提議し，「事件の特殊性を鑑み，心から協力を願い，両国政府は両国間が言い争う問題に根本的に解決することを求める」とし，「5 人の委員による委員団を派遣して現地に赴き調査を行い，すべての国際関係に悪影響のあるもの，中日両国の平和あるいは平和の友好的理解者を害するものは理事会に報告する」とした．中日両国は各方一名の補佐人員を参加させる権利がある．中日両国は調査団が現地で必要な情報が手に入るように，様々な便宜を図らなければならない．調査団の仕事の範囲に関しては，中日両国が何らかの交渉を開始しても干渉の範囲外であり，いずれか一方の軍事行動にも干渉してはならないと草案で規定されている．さらに，

草案は調査団派遣の決定は，日本政府が 9 月 30 日の議案で承諾した撤軍協議の実施完了を妨げるものではないと強調した[103].

　日本政府は国際社会で虚偽の主張をすると同時に，関東軍は錦州の占領に備えて積極的に配置を行った．12 月 17 日，日本の関東軍は独立守備隊，混成第 39 旅団，第 2 騎兵連隊，及び関東軍車両隊に命令し，昌図と法庫に侵攻した．第 2 師団長を派遣し，軍隊の一部は遼中，牛庄一帯に到達して遼西に進む準備を整えた．1932 年 1 月 3 日，日本の第 20 師団は抵抗に遭うことなく錦州を占領した[104].

　日本が東北全土をほぼ占領するという情勢に面して，国際連盟が調査団派遣を決定する前，国民党内部では南京と広東の双方が蔣介石の辞任を前提とし，南京で国民党第四次全国代表大会を開き，「党内の統一」を遂げた．「復帰」に向けて様々な伏線を張りめぐらせ，蔣介石は 1931 年 12 月 15 日に電報で関係機関に辞任を告げた[105].孫科内閣は発足後，内外の難局に対応できず，陳友仁の対日断交方案は特別外交委員会の決定と矛盾し，また外交の現実にも合わなかった．孫科と陳友仁は 25 日に辞任を表明し，蔣介石が汪精衛と手を組み復帰して外交政策の決定権を取り戻した．1932 年 1 月 28 日午後，蔣介石と王精衛は対日外交について「抵抗しつつ交渉する」ことを決定した[106].その外交政策は実際，特別外交委員会の既定政策を継続したものであった．同日夜，第一次上海事変が勃発し，十九路軍が奮起して日本軍と戦った．こうして満州事変以来の中日関係にさらに変化要素が加わった．翌日，蔣介石は洛陽に首都を移し，また対日「決死戦」を決定した[107].満州事変から第一次上海事変まで，様々な交渉を経た中日関係は改善されることなく，最終的に結成された国際連盟調査団が中国に入り中日の衝突を現地調査する．予期した成果が得られるか否かが国際社会に期待された．

お わ り に

　国際連盟であれアメリカであれ，日本が中国東北の現状を変えることを望
まず，満州事変に対して反対の態度を持っていた．第一次上海事変の前，英
国は中国に国内の反日運動を抑制して直接交渉をするよう強く促し，フラン
スは中日問題に対して消極的態度であった．そして，アメリカは中国に国際
連盟調査団の受け入れを期待したが，その背景では，事実上中国の「不抵抗」
を望み，中日間で戦争勃発を避け，極東における自国の利益が損なわれるこ
とを避けたいと考えた．

　イギリスとフランスも，国際連盟に強制力はなく，正義の象徴にすぎない
と考えていた．国際連盟の形式的な権威を維持するために，イギリスとフラ
ンスは実際には日本に受け入れられ，中国の基本的な要求も満たせる方法を
模索していた．国際連盟第一次決議は強制的なものではなく，中国が国際連
盟に日本の撤兵を督促するよう促すという状況の下，第二次決議ではようや
く撤兵の期日が明確にされた．しかし，日本がそのような決議を容易く受け
入れないことは明らかである．ここまで二回の決議と関連の交渉を経て，ま
た若干の歴史問題の研究と議論を経て，国際連盟は満州事変にどのように介
入するか，そして中日との交渉の「強さ」をどのように把握するかについて，
新たな認識に至った．国際連盟条約第15条を如何に適用するか迷った際，
ちょうど日本から国際連盟調査団派遣を提案され，国際連盟はその機に乗じ
て中国側を説得し，調査団の修正案を受け入れさせたのである．

　アメリカが国際連盟理事会に参加する目的は，国際連盟と新たな協力モデ
ルを模索するためであり，原則として国際連盟の決議を支持したが，常に比
較的に独立した自国の外交スタイルをとることを強調してきた．国際連盟内
部は自身の名声を守る必要性から，国際連盟の決議にはアメリカからの支持
は必要としていない．この認識に基づいて，国際連盟とアメリカの交流時に
は互いに駒を残して余裕を持つようにしていた．アメリカは当初，日本の軍

部と政府の見解の違いを見誤り，軍部の過激派勢力の抑制を期待したが，日本の外務省もそれを十分に認識した上で外交的に利用していた．日本は各国と外交的に応対すると同時に，積極的に兵力を配置して万全に備え中国東北全土を占領した．そのため日本国内の表面的な分岐が事変に対する英米の認識を妨げ，これらの妨害がまた当初の中国の「不抵抗」政策について，欧米の承認を後押ししたのである．

　このような国際情勢に基づき，中国内部は次の二つの認識を持つようになった．第一に中国は国際連盟に頼って東北から日本を追い出すことが不可能である．国際連盟は本質的にヨーロッパの機関であり，極東における英仏の利益が直接的に損害を受けなければ，日本にプレッシャーをかけることは絶対にない．第二に中国は相応の軍事力がないため[108]，自国の力で日本を東北から追い出すことができない．満州事変後，中国の「不抵抗」政策は国際連盟が採った最初の対策であり，その目的は国際連盟に希望を託して国際連盟に強力な措置をとるよう促すことであった．当然中国国内では不抵抗政策を批判する声が継続的にあった．第二次決議後，日本が反対票を投じたため，中国の内部は国際連盟に全面協力しつつも，武力以外に日本の侵略を阻止する道がないことを悟り，すでに第一次上海事変への心の準備が醸成された．国際連盟の第三次決議公表後，特別外交委員会は国際連盟を頼りに東北奪回任務を全うできないと認識した上で，東北問題を国際連盟の関与と切り離さないことを前提に，日本の侵略行為に対し積極的な抵抗準備を整えた．

　満州事変から第一次上海事変にかけて，日本の侵略に対する中国の政策は，東北の「不抵抗」から上海侵略に対する武装抵抗に転換した．この変化は外因から見れば，英仏が主導する国際連盟は中国が期待する日本制裁という任務を実現できないからである．内因から見れば，国際連盟と第三次決議を交渉する過程で，中国は英米らの国の外交面の限界ラインを徐々に認識し，英米は決して中国のために日本と決裂しないことが分かった．これら内外の要因の変化に影響を与えた最も根本的な要素は，日本が必ず中国東北を侵略して占領し，東アジアの覇権を欲したところにある．国際連盟の決定では日本

の侵略に対する制裁という目的を達成できないため，中国国民政府は日本の
侵華行為を阻止する目的を達成するために，自身の力に頼らざるを得なくな
り，国際連盟外交の変化に応じて全体的な対日戦略を調整することが必要と
なったのである.

基金項目：国家社会科学基金重大項目"哥伦比亚大学图书馆藏顾维钧档案
整理与研究"（19ZDA222）及国家社科基金中国历史研究院重大专项
"军博馆藏革命文物文献整理与研究"（23VLS020）的阶段性成果.

1) 关于双边交涉的研究，专著如崔海波《九一八事变期间中国，日本与国联的交
涉》（长春：吉林大学出版社，2016 年）；论文如徐蓝《英国与"九一八"事变》
（《北京师范学院学报》1989 年第 6 期），金光耀，朱利《〈李顿文件〉所见之李顿
中国之行》（《复旦学报》2003 年第 4 期）；最新的研究当属许详《南京政府在九一
八事变后与国联的外交（1931-1933）》（中国社会科学院大学 2021 年博士论文，未
刊）. 英美学界较早就有讨论国联与九一八事变的论著，一般是将英美的外交政策
与远东国际关系及国联外交相结合，如 W. W. Willoughby (1935), *The Sino-Japanese
Controversyand the League of Nations* (Baltimore: Johns Hopkins University Press),
Christopher G. Thorne (1972), *The Limits of Foreign Policy: The West, The League
and the Far Eastern Crisisof 1931-1933* (London: Hamish Hamilton, 1972). 国 内
学界基于国联档案的研究有陈海懿，郭昭昭《国际性与主体性：中日冲突和国联调
查团的产生》（《抗日战争研究》2017 年第 3 期）等.
2) 对九一八事变前后国民党派系之争的研究主要有田宏懋《1928-1937 年国民党政
治派系阐释》（《国外中国近代史研究》第 24 辑），黄道炫《蒋介石"攘外必先安内"
方针研究》（《抗日战争研究》2000 年第 2 期），金以林《从汪胡联手到蒋汪合作—
以 1931 年上海和谈为中心》（《近代史研究》2004 年第 1 期），肖如平《宁粤对峙
与蒋介石的第二次下野》（《民国档案》2009 年第 2 期）.
3) 《外交部致南昌行营蒋主席电》（1931 年 9 月 19 日），张生主编：《李顿调查团档
案文献集"国史馆藏档"》（2），南京：南京大学出版社，2019 年，第 81 页.
4) 《国际联盟盟约》（1919 年 6 月 28 日），世界知识出版社编：《国际条约集（1917-
1923）》，北京：世界知识出版社，1961 年，第 272-273 页.
5) Lampson Diaries, Sept.19, 1931, Library of Saint Antony's College, University of
Oxford.
6) Adviser to Marshal Chang Hsueh-liang of Manchuria, Sept.19, 1931, U. S.
Department of State, *Foreign Relations of the United States* (FRUS), 1931, Vol.3,
Washington: United States Government Printing Office, 1946, p. 10.

7)　The Ministerin China (Johnson) to the Secretary of State, Sept.19, 1931, *FRUS*, 1931, Vol. 3, p. 12.

8)　Lampson Diaries, Sept. 19, 1931.

9)　《决定团结内部，共赴国难，注重外交》（1931 年 9 月 21 日），吕芳上主编：《蒋中正先生年谱长编》第 3 册，台北："国史馆"，"国立中正纪念堂管理处"，财团法人中正文教基金会，2014 年，第 512 页.

10)　《预先已将军械子弹存入库房—与外报记者谈沈变》（1931 年 9 月 20 日），毕万闻主编：《张学良文集》（1），北京：新华出版社，1992 年，第 484 页.

11)　《闻国联决议中日双方撤兵，期能成为外交之转机》（1931 年 9 月 23 日），吕芳上主编：《蒋中正先生年谱长编》第 3 册，第 514 页.

12)　《电韩复榘于潍县增兵，防止日军由青岛或烟台入侵济南》（1931 年 9 月 25 日），吕芳上主编：《蒋中正先生年谱长编》第 3 册，第 516 页.

13)　《北平张学良致外交部电》（1931 年 9 月 21 日），张生主编：《李顿调查团档案文献集 "国史馆藏档"》（2），第 87-88 页.

14)　《日本政府关于满洲是事变的第一次声明》（1931 年 9 月 24 日），王建朗主编：《中华民国时期外交文献汇编（1911-1949）》第 6 卷（上），北京：中华书局，2015 年，第 7 页.

15)　《国联行政院 9 月 30 日决议》（1931 年 9 月 30 日），顾维钧档案，电子档号 Koo/0008/002/0024/001，美国哥伦比亚大学手稿与珍本图书馆，中国历史研究院图书档案馆藏.

16)　《嘱余日章进行办理国民外交等三事》（1931 年 10 月 4 日），吕芳上主编：《蒋中正先生年谱长编》第 3 册，第 523 页.

17)　《电张群指示上海军警，外交，党部三方面对日军至华界挑衅之应付》（1931 年 10 月 6 日），吕芳上主编：《蒋中正先生年谱长编》第 3 册，第 524 页.

18)　《仔细思考抗战救国之事，决死中求生》（1931 年 10 月 7 日），吕芳上主编：《蒋中正先生年谱长编》第 3 册，第 525 页.

19)　《与熊式辉谈备战计划，决以西北为第二根据地》（1931 年 10 月 3 日），吕芳上主编：《蒋中正先生年谱长编》第 3 册，第 522 页.

20)　九一八后绝交与宣战的讨论参见侯中军《论全面抗战爆发后国民政府的对日宣战》，《湖北社会科学》2019 年第 7 期.

21)　关于此次宁粤谈判，参见金以林《从汪胡联手到蒋汪合作》，《近代史研究》2004 年第 1 期.

22)　胡汉民九一八后的主张中日直接交涉的情形，参见陈红民《九一八事变后的胡汉民》，《历史研究》1986 年第 3 期.

23)　From F. Lindley to Foreign Office, Oct.7, 1931, FO371/15491, p. 709.

24)　From Lampson to Foreign Office, Oct.3, 1931, British Foreign Office Files, China, London: The National Archives, FO371/1490, p. 630.

25)　《顾维钧为解决中日纠纷之要点致张学良密电稿》（1931 年 10 月 15 日），中国第

二历史档案馆编：《中华民国时期档案资料汇编》第 5 辑第 3 编《外交》，南京：江苏古籍出版社，2000 年，第 118 页.

26) Memorandum by the Secretary of State, Oct.3, 1931, *FRUS*, 1931, Vol. 3, p. 108.

27) 《对案（甲案）》，Wellington Koo Papers, Koo/0007/026/0024/001.

28) 《提议办法（乙）》，Wellington Koo Papers, Koo/0007/026/0025/001.

29) 关于英国面临危机描述及举措，参见徐蓝《英国与"九一八"事变》，《北京师范学院学报》1989 年第 6 期，第 24 页.

30) Lampson Diaries, Sept. 20, 1931.

31) 《美国驻中国公使（詹森）呈国务卿》（1931 年 9 月 22 日晚 8 时），张玮瑛等译：《美国外交文件选译—日本》，北京：中国社会科学出版社，1998 年，第 6-7 页.

32) 《备忘录》（1931 年 9 月 22 日），张玮瑛等译：《美国外交文件选译—日本》，第 9 页.

33) 日本政府参谋本部编：《满洲事变作战经过概要》第 1 卷，田琪之译，北京：中华书局，1981 年，第 14 页.

34) Sino-Japanese Clashin Manchuria, Sept. 22, 1931, FO371/15489, pp. 311-313.

35) From Foreign Office to Swizterland, Sept. 22, 1931, FO371/15489, p. 319.

36) From United States of America, Sept. 23, 1931, FO371/15489, p. 357.

37) From United States of America, Sept. 24, 1931, FO371/15489, p. 408.

38) From Shotwell to Hornbeck, May. 23, 1931, S. K. Hornbeck Papers, Box 45, Palo Alto: Hoover Institution Archives.

39) American Council Institute of Pacific Relations, Conflict in the Far East 1931-1932, New York City: American Council Institute of Pacific Relations, 1932, pp. 6-10.

40) The Secretary of State to the Charge in Japan (Neville), Sept. 28, 1931, *FRUS*, 1931, Vol. 3, p. 85.

41) The Secretary of State to the Charge in Japan (Neville), Sept. 29, 1931, *FRUS*, 1931, Vol. 3, pp. 91-92.

42) The Secretary of State to the Minister in China (Johnson), *FRUS*, 1931, Vol. 3, p. 109.

43) Japanese Aggression in Manchuria, Oct. 7, 1931, FO371/15491, p. 768.

44) Telegram to His Majesty's Consul (Geneva), Oct. 9, 1931, FO371/15491, p. 749.

45) 日本政府参谋本部编：《满洲事变作战经过概要》第 1 卷，第 20-21 页.

46) The Secretary of State to the Consul at Geneva (Gilbert), Oct. 10, 1931, *FRUS*, 1931, Vol. 3, p. 154.

47) Memorandum by Naggiar, Oct. 10, 1931, FO371/15492, pp. 1072-1073.

48) 《感英美对华形势似较前略佳，惟事在自强》（1931 年 10 月 14 日），吕芳上主编：《蒋中正先生年谱长编》第 3 册，第 531 页.

49) 《出席国府纪念周，讲"对国联决议案之感想"》（1931 年 10 月 16 日），吕芳上主编：《蒋中正先生年谱长编》第 3 册，第 532 页.

50) 关于邀请美国出席国联行政院的具体讨论过程，参见许详《九一八事变后国民政府的国联外交》，博士学位论文，中国社科学院大学，2021 年 6 月.

51) The Manchuria Triangle, Oct. 12, 1931, FO371/15492, pp. 974-977.

52) Orchard Memorandum, Nov. 13, FO371/15499, p. 272.

53) From E. Drummond to Cadogan, Oct. 9, 1931, FO371/15491, p. 846.

54) The Secretary of State to the Consul at Geneva, Oct. 13, 1931, *FRUS*, 1931, Vol. 3, pp. 176-177.

55) From Switzerland to Foreign Office, Oct. 13, 1931, FO371/15492, pp. 1053-1054.

56) From Switzerland to Foreign Office, Oct. 16, 1931, FO371/15493, F5799/1391/10.

57) 《美国副国务卿卡斯特尔与日本大使出渊会谈的备忘录》（1931 年 10 月 14 日），张玮瑛等译：《美国外交文件选译—日本》，第 17 页.

58) 《与戴传贤商讨对日，对粤交涉各事》（1931 年 10 月 15 日），吕芳上主编：《蒋中正先生年谱长编》第 3 册，第 531 页.

59) The Minister in China（Johnson）to the Secretary of State, Oct. 15, 1931, *FRUS*, 1931, Vol. 3, pp. 197-198.

60) Twelth Meeting（Public）Sixty-Fifth Session of the Council, Oct. 16, 1931, League of Nations Offical Journal, Vol. 12, pp. 2336-2337.

61) 《指示施肇基在国联坚持四点基本原则》（1931 年 10 月 20 日），吕芳上主编：《蒋中正先生年谱长编》第 3 册，第 535 页.

62) 《以日本积极备军作战，决心对日一战》（1931 年 10 月 17 日），吕芳上主编：《蒋中正先生年谱长编》第 3 册，第 533 页.

63) 《与各国驻华公使谈话，宣示抗日决心》（1931 年 10 月 19 日），吕芳上主编：《蒋中正先生年谱长编》第 3 册，第 534 页.

64) 《顾维钧，刘哲致张学良电稿》（1931 年 10 月 21 日），王建朗主编：《中华民国时期外交文献汇编（1911-1949）》第 6 卷上，第 79 页.

65) 《顾维钧致张学良电稿》（1931 年 10 月 21 日），王建朗主编：《中华民国时期外交文献汇编（1911-1949）》第 6 卷上，第 80 页.

66) 《顾维钧致张学良电稿》（1931 年 10 月 22 日），王建朗主编：《中华民国时期外交文献汇编（1911-1949）》第 6 卷上，第 81-82 页.

67) 《国联行政院 10 月 24 日决议》（1931 年 10 月 24 日），顾维钧档案，电子档号 Koo/0008/002/0028/001-002.

68) 《顾维钧，刘哲致张学良电稿》（1931 年 10 月 25 日），王建朗主编：《中华民国时期外交文献汇编（1911-1949）》第 6 卷上，第 85 页.

69) 《顾维钧致张学良电稿》（1931 年 10 月 25 日），王建朗主编：《中华民国时期外交文献汇编（1911-1949）》第 6 卷上，第 85 页.

70) 《认为国际联盟之决议已表现公道与正理》（1931 年 10 月 25 日），吕芳上主编：《蒋中正先生年谱长编》第 3 册，第 539 页.

71) From Lord Cecil to Foreign Office, Oct. 24, 1931, FO371/15494, p. 321.

72) 绪方贞子：《满洲事变政策的形成过程》，李佩译，北京：社会科学文献出版社，2015 年，第 133 页。

73) 《日本政府关于满洲事变的第二次声明》(1931 年 10 月 26 日)，王建朗主编：《中华民国时期外交文献汇编（1911-1949）》第 6 卷上，第 8-9 页.

74) From Lampson to Foreign Office, Oct. 27, 1931, FO371/15495, p. 384.

75) 《顾维钧致张学良电稿》(1931 年 10 月 28 日)，王建朗主编：《中华民国时期外交文献汇编（1911-1949）》第 6 卷上，第 87 页.

76) 《邵元冲日记》，1931 年 10 月 3 日，王仰清，许映湖标注，上海：上海人民出版社，1990 年，第 790-791 页.

77) 《顾维钧致张学良电稿》(1931 年 11 月 2 日)，王建朗主编：《中华民国时期外交文献汇编（1911-1949）》第 6 卷上，第 87 页.

78) From Lord Tyrell, FO371/15495, p. 414.

79) The Minister in China to the Secretary of State, Peiping, Oct. 22, 1931, *FRUS*, 1931, Vol.3, pp. 288-291.

80) Report by the Second Secretary of Embassy in Japan, Oct. 23, 1931, *FRUS*, 1931, Vol.3, p. 323.

81) The Secretary of State to the Consul at Geneva, Nov. 5, *FRUS*, 1931, Vol. 3, p. 381.

82) From French Ambassador, Nov. 5, FO371/15496, p. 765.

83) From Drummond to Cadogan, Nov. 2, 1931, FO371/15496, p. 735.

84) Sino-Japanese Dispute, Nov. 3, 1931, FO371/15496, p. 581.

85) 《国际联盟盟约》(1919 年 6 月 28 日)，世界知识出版社译：《国际条约集（1917-1923)》，北京：世界知识出版社，1961 年，第 272 页.

86) From Drummond to Cadogan, Nov. 2, 1931, FO371/15496, pp. 736-737.

87) From Drummond to Cadogan, Nov. 4, 1931, FO371/15497, pp. 817-818.

88) From Britain Delegation, Nov. 18, 1931, FO371/15500, p. 452.

89) 日本政府参谋本部编：《满洲事变作战经过概要》第 1 卷，第 21-22 页.

90) 日本政府参谋本部编：《满洲事变作战经过概要》第 1 卷，第 24-25 页.

91) From British Delegation to League of Nations, Nov. 18, 1931, FO371/15499, pp. 426-427.

92) From Lord Tyrrell to Foreign Office, Nov. 20, 1931, FO371/15500, pp. 553-554.

93) 吕芳上主编：《九一八事变的发生与中国的反应》，台北：开源书局，2019 年，第 243 页.

94) From Lord Tyrrell to Foreign Office, Nov. 21, 1931, FO371/15500, p. 559.

95) 《顾维钧，罗文干，刘哲致张学良电》(1931 年 11 月 21 日)，王建朗主编：《中华民国时期外交文献汇编（1911-1949）》第 6 卷上，第 94 页.

96) 《施肇基来电》(1931 年 11 月 21 日)，顾维钧档案，电子档号 Koo/0008/002/0004/001.

97) 《顾维钧致张学良电稿》(1931 年 11 月 21 日)，王建朗主编：《中华民国时期外

交文献汇编（1911-1949)》第 6 卷上，第 95 页.

98)《顾维钧致张学良电稿》(1931 年 11 月 22 日)，王建朗主编：《中华民国时期外交文献汇编（1911-1949)》第 6 卷上，第 96 页.

99)《施肇基来电》(1931 年 11 月 23 日)，顾维钧档案，电子档号 Koo/0008/002/0006/001.

100)《照译十一月二十五日修正之行政院决议案草案》(1931 年 11 月 25 日)，顾维钧档案，电子档号 Koo/0008/002/0033/001.

101)《特种外交委员会关于处理时局之根本方针》(1931 年 11 月 29 日)，顾维钧档案，电子档号 Koo/0007/026/033/001-004.

102)《蒋介石所拟关于九一八的外交方针》，顾维钧档案，电子档号 Koo/0007/026/0033/005.

103)《国联行政院决议》(1931 年 12 月 2 日)，顾维钧档案，电子档号 Koo/0008/002/0027/001.

104)　日本政府参谋本部编：《满洲事变作战经过概要》第 1 卷，第 25-26 页.

105)　参见金以林《蒋介石的第二次下野与再起》，《历史研究》2006 年第 2 期.

106)《往访汪兆铭》(1932 年 1 月 28 日)，吕芳上主编：《蒋中正先生年谱长编》第 3 册，第 600 页.

107)《决心迁移政府于洛阳》(1932 年 1 月 29 日)，吕芳上主编：《蒋中正先生年谱长编》第 3 册，第 600 页.

108)《程经远致顾维钧》(1931 年 12 月 5 日)，顾维钧档案，电子档号 Koo/0007/025/0014/001-002.

第5章

日本軍の一号作戦に対する国共両党の検討と対応

——毛沢東と蔣介石の戦略眼と性格の特徴にも触れながら——

姚　江　鴻

（横山雄大　訳）

は じ め に

1944 年，米軍の在華空軍基地を破壊し，太平洋戦線の劣勢を挽回すべく，日本軍の大本営と支那派遣軍は中国戦線で「一号作戦」の計画を実行に移した[1]．日本軍の今回の攻勢は 1944 年 4 月から 1945 年 2 月まで続いたが，その作戦範囲の広さ，期間の長さ，投入された人員の多さにおいて，日本軍の全作戦において右に出るものはなかった．『戦史叢書』も認めるように，「赫赫たる伝統を有る日本陸軍においても，いまだその例を見ない」[2]．一号作戦は日本軍が中国戦線で実施した戦略的な作戦であり，日中戦争末期や戦後の中国政治に対して深い影響を及ぼした[3]．

これまで日本軍が中国戦線で行った攻勢とは異なり，一号作戦において，日本軍は河南から両広まで南下を続けた後，西側の貴州へと侵攻したが，途中のどの単一の会戦もゴールとはしなかった．そのため，中国は応戦側として，日本軍の戦略上の目的と攻勢目標に対して，初めから最後まではっきりとした判断を下すことができなかった．どのように日本軍の戦略的な行動を

予測し，その結果としての時局に対応したのか．これは，対立しつつも協力していた応戦側の国共両党の戦略的思考と政策執行能力を測る重要な尺度である．日本軍が作戦を起こした約一カ月後，日本軍の戦略的行動の対象と目的に関して，ある人は，「資料が少なすぎて，我々は敵の意図を判断できない」，もし敵の意図を知ろうとするならば，「おそらく連合国が東京を占領し，敵の参謀本部の公文書を紐解いてやっと分かるだろう」と考えていた[4]．しかし，傑出した戦略家が戦略的な決断と布陣を行う際，その根拠は決して事後の検証ではない．むしろ各方面からの情報に対する総合的な分析や判断，またものごとの関係性を把握した後の予測である．孫子の『兵法』が言うように，「故に名君賢将の，動いて人に勝ち，功を成すこと，衆に出づる所以は，先づ知ればなり」，と[5]．ここでの「先づ知ればなり」とは，作戦前に敵の攻勢をうまく予測することである．「先づ知」ることで初めて，「衆に出でて」「人に勝つ」のである．日本軍の侵攻に直面すると，国共両党とそのリーダーはそれぞれ，自身の政治と軍事面での戦略的思考を活かして，実際に何が「先に知り」，「勝利する」ことであるかを導き出した．そして時局が複雑化し，趨勢に変化が起きた1944年に，国共両党が大局において示した時局に対する異なるレベルの予測能力と対応手段もまた，危機や戦略的な転機に対応する際に示す異なる特性を反映していた．

　現在の学界において，一号作戦に関する研究は，主に国民党による正面での抵抗，すなわち「豫湘桂会戦」と1944年の中国共産党による敵の後方での「反攻」に集中している．また，戦術レベルにおけるどちらか一方のある段階での作戦の展開についても研究が進んでいる[6]．この戦役を手がかりに国共両党を直接結びつけることによる，中国国民党，中国共産党，日本の三者の戦略レベルでの衝突や一号作戦全体をめぐる国共の対応メカニズムに対する戦略的な予測や決定の角度からの系統だった検討は，現在に至るまでほとんど行われていない[7]．このことに鑑みて，本論文では戦略的な予測と布陣の角度から，国民党，共産党，日本，アメリカ等の三カ国四者の史料を基に，大局的な視座から一号作戦全体に対する国共両党の検討と対応を対比し，こ

の角度から国共両党が示した若干の差異を際立たせたい．このほかに，一号作戦自体が有した戦略と戦術面における複雑な特徴のために，間接的ながらも日中戦争末期の中国政治の局面に不均衡をもたらし，その結果日中戦争末期の各政治勢力が交錯と再編へと向かう機会が生じただけでなく，同様に各政治指導者がその政治や軍事の才能を発揮する機会が生じた．これは戦争での指揮，戦略的な判断と布陣が芸術へと昇華した一つの事例であり，各方面の政治リーダーの軍略や性格の特徴もこの過程で十分に観察できる．そのため，一号作戦の事例を通して，日中戦争末期全体での国共両党とそのリーダーの若干の特徴が基本的にうかがえるばかりか，戦後の国共の内戦や政争の最終的な命運をも推し量ることができるのである．

1. 事の起こり——時局に対する国民党の判断と日本軍による戦略的秘匿の試み

1938 年の武漢作戦の後，日本は新たな戦争指導方針と支那事変に対する処理方針を制定し，これにより日本軍の対中作戦は戦略面で大きく変化した．それは主に，短期決戦の方針を放棄し，長期持久戦の方策を新たに採用することにあった[8]．そのため，この後数年間，日中双方は戦略的膠着の段階にあり，日本軍は中国戦線において大規模な戦略的攻勢をほとんど発動しなかった．葉剣英が述べたように，「1938 年 10 月から 1944 年 3 月までの計 5 年半の間，日本の侵略者による国民党に対する局地的侵攻はたった数回だけで，戦略的侵攻は全くなく，大体は短期間であった」[9]．葉剣英の発言には宣伝の要素がないわけではなかったが，大方事実と符合していた．また，日中戦争が膠着していた数年間，ある人は，「この二年間，日本人はどうして我々を侵攻してこないのだろうか．我々を見くびっているのではないか」とも述べていた[10]．ここから，日本軍の中国侵略の方針が変化し，1938 年の武漢会戦の後日中戦争が膠着状態に陥ったために，中国戦線におけるこのように比較的

「平静」な状態が数年間保たれたことが分かる[11]．そのため，多くの人は，日本軍が中国戦線において再度大規模な戦略的侵攻を発動することはないし，不可能であると考えていた．後日，蔣介石の重要な幕僚として軍事情報や軍令を担当した林蔚は，「総体的に見れば，敵はこちらに対してさらなる侵略を積極的に行うことができないため，その後はただこちらに反攻能力があるかどうか次第である」ことを認めている[12]．

　このような状況は，1943年になるとさらに明白になった．当時の世界情勢を見れば，太平洋戦線において，アメリカは海や空での絶対的な優勢を獲得しており，日本はいわゆる「絶対国防圏」の設定を迫られていた．欧州や北アフリカ戦線では，英米もドイツへの反攻を開始しており，第二戦線を拓く準備をしていた．独ソ戦の攻守も逆転し始めていた．この時の連合国は，戦争に勝利した後の世界秩序の設計を既に開始していたのである．そのため，このような世界情勢に対する楽観的な見方は，自然と中国の言論界にも影響を与えていた．1943年，当時の著名な学者である浦江清は，「世界の戦局の形勢は好転しており，勝利は間近であり，次の旧正月のお祝いは，これまでのものよりもはるかに愉快なものになるだろう」と記している[13]．実際に，中国の軍部とその人員でさえその多くは，日中戦争は既に七年にもなり，日本軍は南方の戦線へと大量の人員を引き抜いており，中国において大規模な攻勢を再度起こすことは不可能だと考えていた[14]．そのため，当時中国国内では「楽観主義」の考えが蔓延していた．日本軍がアジア戦線において戦略的攻勢に打って出て，ましてや中国において空前絶後の大作戦を開始するなどということは，大多数の人にとって想像もつかないことだったのである．1943年末，顧維鈞は当時の国民政府軍事委員会軍令部長の徐永昌と「日本通」と呼ばれていた王大楨（芃生）に対して，日本軍はいまだ中国戦線において新たな攻勢を発動することができるかと尋ねた．二人はともに，まずあり得ないと考えていた．その中でも王大楨は，「日本は重慶に対して攻勢に出ることはないだろうし，その能力もない．というのも，進軍中，英米からの強襲に遭う危険を冒すことになるからだ」と考えていた[15]．国民政府において情

報収集を専門とした軍令部も各種の情報を総合的に分析して，日本軍は太平洋戦線において不利な状況にあり，そのためその軍事行動の大半は防衛任務の交替となるだろうと考えていた[16]．このほか，1943年末のテヘラン会談において，連合国はカイロ宣言に修正を加えることを決定した．そのため，日本軍がこの機に乗じて中国戦線で攻勢に出ることを心配する人もいた．しかし，この種の懸念に対し，西側メディアは決してそのようには考えず，日本が防御的な態勢を見せるだろうと固く信じていた[17]．

　このような楽観的な判断の下で，国民政府は当時，対日作戦を自ら発動し，反攻に出ることを依然として計画していた．1944年1月5日，国民党宣伝部は記者会見を開いた．当時の宣伝部長の梁寒操は国内外の記者に対して，「中国の数百万人の野戦部隊は，今年中に必ずいつか反攻に出る．海上の連合国軍による軍事行動と協調しながら，至るところで反攻する」と自信たっぷりに述べた[18]．1944年2月13日，南岳での軍事会議において，国民党の最高指揮官である蔣介石は将校たちに対して，「抗戦の状況の進展のために，第二期の抗戦はまもなく終了する．わが軍の対敵反攻作戦の段階がまもなく始まる」と述べるとともに，「敵に対する反攻は，こちらから先に出て人を制すべきである」とも考えていた[19]．日本軍が一号作戦を発動する直前の1944年4月になっても，蔣介石は依然として，「倭寇の在華部隊は既にほとんど海へと引き抜かれたので，わが軍の反抗もまさに今この時である」と考えていた[20]．日本軍が攻勢を発動する前日の4月16日，蔣介石は第五，第六戦区の第七軍，第四十八軍，第八十四軍，第五十一軍，第四総隊の各将校に対し，協力して沙宜〔沙市と宜城〕を攻略し，武漢に集結した後に，全面攻勢に出るよう命令した．そして，「反攻の準備では機密を徹底しなければならず，宣伝，謀略，欺罔という手段を用いて敵を惑わせるべきである」ことを強調した[21]．このことから，日本軍の戦略的方針が変化し，全世界の反ファシスト戦争の局面が好転したために，当時，国民党の軍政の要人の多くは，日本軍が中国戦線で再度大型の戦略的攻勢を発動することは基本的に不可能だと考えていたことが分かる．当時湯恩伯の下で軍務工作を担当していた胡静如が

後年回想したように，当時の人々は日中戦争が既に六年以上になり，敵の兵力が十分に配置されないといった固定観念に慣れきっていた.「国府は，太平洋戦線において日本が劣勢に転じ，在華兵力を削減したと考えた．そのため，敵の攻撃はこれまでと同様に，何かを目的とした掃討作戦に過ぎないと考えていた」[22]．この時局のために麻痺していた楽観的な心理のために，当時の人々や国民党当局にとって正確に戦略的予測を行うことは難しかった[23]．

これとは反対に，日本軍の大本営は太平洋戦線での劣勢を挽回すべく，既に1943年10月には，「大陸打通作戦」（一号作戦）の計画を練り始めていた．当時戦略計画の策定を担当していた参謀本部作戦部長の真田穣一郎は，太平洋戦線での日本軍の劣勢に鑑みて，そこでの受動的な防御ではどのようにしても勝利をつかむことはできないと考えて，「そこで大陸打通作戦の構想が生まれたのである」[24]．参謀本部作戦部は大本営の許可と支那派遣軍の推薦を得て，作戦計画の策定を開始し，最終的にはこれを「一号作戦」と命名した[25]．大本営と支那派遣軍双方による「駆け引き」によって，今回の作戦の戦略目標は，最終的に以下のように決定された．第一に，京漢，粤漢，湘桂鉄道を打通し，沿線の要地を占領する．第二に，沿線の主要な空軍基地を破壊し，本土と海上交通に対する脅威を取り除く．第三に，重慶政府の継戦意思をくじく[26]．ここから，日本軍の主要な戦略的な目標と侵攻対象は，中国の南北と湘桂鉄道を打通し，機を見て国民政府を転覆させることだったことが分かる．

そして，今回の作戦の重要性のために，戦略目標を達成し，作戦過程を順調に進めるべく，51万人の投入が予定されていた．作戦計画の策定と実施の過程において，大本営と支那派遣軍は，多数の戦略的な欺罔と秘匿を行った．戦略面であれ戦術面であれ，それはみな，「敵」を騙し惑わせることを主要な目標としていた．この計画の最も中心的な立案者である真田穣一郎が言うには，戦略上の欺罔こそが，作戦においてきわめて重視されていた[27]．1943年12月8日，大本営は支那派遣軍に与えた作戦計画において，「本作戦ハ全軍作戦ニ至大ノ影響ヲ有スルヲ持ッテ簡単ニハ決定シ得ル且カカル重要ナル作

戦企図ヲ電報スルハ不可」なことを強調していた[28]．電報を用いて作戦計画
を討論してはならないため，軍の高官を直接派遣して東京と南京の間で往来
させていたのである．このことから，日本軍がこの作戦において計画の秘匿
をいかに重視していたかがうかがえよう．1944 年 2 月 1 日，大本営は作戦計
画の策定過程において，「一号作戦企図秘匿要領」という文書も配布した．そ
れは以下のことを定めていた：

　第一　方針
　一　当初ハ支那ニ於ケル積極作戦企図ヲ極力秘匿シ作戦準備ノ進捗ニ伴
ヒ重慶作戦（五号作戦ト呼ス）ヲ実施スル如ク欺騙シ一号作戦ノ遂行ヲ容
易ナラシム
　二　秘匿欺騙ハ作戦，政謀略，宣伝，防諜等各般ニ亘中央，現地統一セ
ル計画ノ下ニ之ヲ行フ
　第二　要領
　三　帝国全般ノ作戦指導の重点ヲ緬甸，印度方面ニ指向シアル如ク欺騙
ス[29]

　ここから，戦略として，今回の作戦の目的と戦略的意図を十分に秘匿すべ
く，日本軍が少なからず隠匿工作や欺罔工作を行っていたことが分かる[30]．
　そのほか，作戦実施の過程において，現地軍の支那派遣軍は戦略目標を隠
匿すべく，戦術面でも同様にかなりの機密保持工作と欺罔工作を行っていた．
支那派遣軍は具体的な作戦司令を伝達する際，各作戦部隊に対して，「偽集
中，偽展開によって重慶軍牽制しもって主攻正面を秘匿する」ことを要求し
た[31]．支那派遣軍が一号作戦の第二段階である湘桂作戦の計画を立案する際，
「軍主力の集中，開進地域を揚子江北岸監利，郝穴地区に選定して，あたかも
進攻方面を常徳付近第六戦区にあるごとく欺騙する」ことを目指していた[32]．
湘桂作戦における日本軍の目的は湘桂線を打通することであり，そのため主
要な作戦区域は湖南の第九戦区になるはずだった．しかし，日本軍は常徳付

近に集結しているそぶりを見せて，第六戦区を侵攻するという錯覚を国民党軍に起こさせた.

　総じて言えば，これまでの作戦とは異なり，一号作戦を順調に進めてその戦略的な目標と効果を達成するために，日本軍は戦略面であれ戦術面であれ，かなりの欺罔工作と機密保持工作に努めていた．この作戦計画が厳重な機密保持措置の下で作成されたため，またわが国の軍隊の判断を誤らせようと意図していたため，日本軍の「秘匿」措置はかなりの程度，応戦側の中国軍に混乱をもたらした．それを端的に言い表せば，日本軍が一体中国戦線で何をしようとしているのか分からなかったのである．当時前線にいた国民党第一戦区副司令長官の湯恩伯は，日本軍の行動に対して，「虚々実々で，まるで五里霧中であり，判断は極めて難しい」と感じていた[33)]．国民党最高指揮官である蔣介石も，複数の将校と戦局を討論した際に，「敵軍の河南での行動の内実は，極めて狡猾である」と感嘆していた[34)]．また，一号作戦において支那派遣軍と大本営は異なる戦略的な意図を有していた．支那派遣軍による自身の戦略目標を達成するための「常軌を逸した」行動のために，予測の難度はさらに高まった[35)]．当時米軍は，「日本軍の着用している夏季制服から判断すれば，その行動範囲は既に補給線の範囲を超えているようであり，日本軍の侵攻はどこまで続くのか誰も検討が付かない」と考えていた[36)]．ここから，日本軍による戦略的な秘匿の試みと国内の時局の形勢に対する楽観的な判断のために，一般の人々にとって，日本軍が中国戦線でこのような空前絶後の大作戦をまた発動することを予測することは基本的に難しく，そのため有効な戦略的予測を行うことができなかったことが分かる．たとえ戦闘が開始した後しばらく経ったとしても，応戦側の一方である国民党とその上層部はみな，日本軍が一体何を目的としていたか基本的には分からなかったのである．日本軍が中国戦線で結局何をしているのかを理解するのに，国民党軍指揮部はかなり長い時間を必要とした[37)]．

2.　国共両党による日本軍侵攻前の戦略的予測

　世界情勢の展開に鑑みて，1943 年 11 月ごろ，日本軍は一号作戦の計画を
準備し始めた．そしてその時，重慶と延安では，国共両党の二人のリーダー
はともに，日本軍の戦略的行動と世界情勢の展開を関連づけていた．1943 年
12 月，カイロ会談に参加したばかりの蔣介石はすぐさま，次のようにアメリカ
大統領のフランクリン・ルーズベルト（Franklin Delano Roosevelt）に打電した．

　　　テヘラン宣言の公表以来，暴日は合理的な推論から，連合国のすべて
　　の軍事力は事実上欧州の前線に用いられると判断するだろう．そうなれ
　　ば，中国戦線には暴日の機械化された陸空部隊が集結し，縦横無尽に駆
　　け回ることになる．暴日の戦略は，この先一年間，まず中国問題を解決
　　することにある．近いうちに予期できるのは，後顧の憂いを断つために，
　　日寇が中国に対して全面攻勢を間違いなく仕掛けることである．〔中略〕
　　これが中国の目下の問題である[38]．

　蔣介石のこの判断は，戦略において一定の合理性があった．つまり，世界
情勢の展開から，日本軍が中国に対して侵攻を開始することを予測していた
のである．しかし，このような判断を行った主な目的は，「米援」をさらに多
く勝ち取るためであった．そのため，彼は電報において繰り返し中国の時局
の危急を強調し，ルーズベルトに航空による援助を増加させるよう要求した．
カイロ会談からまもなく，ルーズベルトとヨシフ・スターリン（Joseph Stalin）
はテヘラン会談において，欧州において第二戦線を開くことを決定していた．
そのため，本来ビルマ作戦に用いる予定だった海軍が欧州へと引き抜かれた
ために，英米中三カ国の陸海軍によるビルマ共同作戦は，一時的に棚上げさ
れることになったのである．その結果，蔣介石は機を見ては中国情勢の深刻
さを繰り返し説明し，引き換えに経済援助と在華空軍力を増強するようルー

ズベルトに要求した．その後の交渉においても，蔣介石は繰り返しこの問題を提起している[39]．

　その時延安では，中国共産党の最高指導者である毛沢東も，世界情勢と日本軍の戦略的行動を結びつけていた．1943 年末，毛沢東は鄧小平に宛てて打電し，次のように国際情勢を分析していた．

> 　太平洋戦線は二年，日中戦線は六年余り過ぎたが，日本の実力は依然としてかなり強大で，太平洋の地勢の悪さに鑑みれば，英米の反攻は決して簡単なことではない．〔中略〕カイロ会談は日本が降伏に応じる可能性を打ち砕き，蔣介石が妥協を求める道筋を閉ざし，澎湖，台湾，満洲に対して小切手を渡したことになり，日寇の正面からの侵攻という禍を招きかねない[40]．

　「日寇の正面からの侵攻という禍を招きかねない」というのは，日本軍が中国に対して侵攻を起こしかねないということを指している．毛沢東はこの判断を行うに際して，世界情勢の展開，つまりカイロ会談の後，連合軍は日本の無条件降伏の方針を決定し，日中の妥協は既に不可能であったため，日本軍は支那事変を速やかに解決すべく，報復的な戦略的行動に出るだろうということを根拠としていた．国共両党の二人のリーダーのそれぞれの戦略的判断のロジックから判断するに，毛沢東は主に政治の角度から日本軍の戦略的行動を分析しており，カイロ会談後，日中の妥協は既に不可能であることを根拠としていた．一方で，蔣介石は軍事の角度から分析しており，テヘラン会談後，連合国が第二戦線を開くことに兵力を集中させるため，東側を顧みる余裕がないことを根拠としていた．両者の立場が問題を分析する際の角度を決定したが，結局は同じ結論に達していた．その根拠は主に，世界情勢の展開，つまりカイロ会談とテヘラン会談であった．

　1944 年初頭，一号作戦の準備を目的とした華北における日本軍の頻繁な動員は，自然と中共華北局や上層部の注意を引いた．日本軍自身は，行動が秘

密のままだと自認していたが，1944 年初頭に中国共産党が大量の遊撃隊を華
北地域に派遣し，偵察を行っていることに気づいていた[41]．1944 年 2 月 10
日，毛沢東と彭徳懐は前線にいた鄧小平と滕代遠に宛てて，以下のように打
電した．「敵が平漢〔京漢〕を打通し，西北に侵攻するという情報がある．蔣
はひどく恐れ，反共政策を緩和しようとしている．去年の 7 月に辺区〔中国
共産党の統治地域〕を脅かしたことは，英米や中国国内からの非難を受けた．
目下の国際情勢は反共の旗を振るのにますます不利である」[42]，と．「平漢を
打通する」とは，すなわち一号作戦の第一段階である平漢作戦のことを指す．
そのため，毛沢東のこの電報は，日本軍が一号作戦を発動し，平漢路を打通
しようとしていることを予見していた．そればかりか，さらに重要なことは，
彼は日本軍が侵攻を開始するという戦局と国共間の政局を関連づけて，それ
に応じて適当な戦略的措置を採ったことである．このような思考方法と問題
を見る視角は，1944 年を通じて，つまり一号作戦の期間において，毛沢東が
採ったすべての戦略的決定を貫いている．

　2 月 21 日，毛沢東，朱徳，彭徳懐ら中国共産党の指導者は，再度八路軍の
各将校に打電して，日本軍による華北の「掃討」にしっかりと注意し，すべ
ての準備を整えるよう命令した[43]．当時中国共産党中央軍事委員会総参謀部
に勤務していた楊迪の回顧によれば，1944 年 3 月，中国共産党軍事委員会総
参謀部作戦部は当時，ある会議で日本軍の戦略的行動を議論した．作戦部副
部長の伍修権が会議を主催し，総参謀部長の葉剣英も議論に参加した．参加
者の大多数は，日本軍は今年中に中国大陸の交通を打通する作戦計画を発動
すると考えていた．また，日本軍の今回の作戦目的は敵軍を撃滅し，湘桂，
粤漢と平漢鉄道南部の沿線の要地を占領して確保することであると判断して
いた[44]．もし楊迪の回顧が正しいのならば，中国共産党の日本軍の戦略的な
目的や行動目標に対する予測は，かなり正確だったといえよう[45]．3 月 27 日，
毛沢東は再度，黎玉と簫華に打電するとともに鄧小平や滕代遠ら八路軍の高
級将校に転電し，「華北の敵軍は三個師団以上であり，黄河北岸に集中してお
り，平漢路を打通する様子である」と指摘した[46]．つまり，日本軍が攻勢を

開始する前に，中国共産党は既に日本軍の戦略的行為を予測し，基本的には
確信していたのである．

　一方で，この時の国民党は既に日本軍の各種の情報をつかんでいたにもか
かわらず，分析と判断能力を欠いていたために，終始有効な判断をすること
ができなかった．1944年2月，当時の国民政府軍事委員会軍法執行総監であ
る何成浚は，日本軍が信陽等の平漢鉄道において頻繁に動員しているとの軍
令部からの情報に基づいて，「常徳での戦争はたった今終わったばかりであ
る，〔日本軍の〕再度の侵攻はそれほどすぐに行われないだろう．現在の情勢
から総合すれば，わが方の反攻を見越して先回りして防御の準備をしている
のかもしれない」と考えていた[47]．1943年末，日本軍は常徳を攻めていたも
のの，戦略目標を未だ達成していなかった．そのため，何成浚は，日本軍が
このように迅速に再度侵攻を起こすことはできないと考えていたのである．
そして，情勢に対する楽観的な判断から，1944年初頭には，蒋介石は軍内の
各高級将校に対して，反攻の方針を伝えていた[48]．そのため，何は依然とし
て，日本軍の侵攻は国民党軍の反攻を防ぐためだと考えていた．このような
心理は，国民党軍内では決して珍しくはなかった．軍令部は各種の情報を掴
んだ後，「黄河北岸の敵には，確かに河南を侵攻しようという意図がある．し
かし，正式に攻勢を開始するには目下力不足であり，侵攻の目的は，わが軍
が華中での作戦と策応するのを牽制することにある」と考えていた[49]．「わ
が軍が華中での作戦と策応するのを牽制する」というのは，国民党が反攻を
まもなく開始し，「武漢に集結する」ことを指している[50]．この時平漢線に
面した前線に位置していた部隊である国民党第五十一軍も，「敵はその拠点を
固く守り，交通網を防衛する以外には，最近の状況に基づいて判断するに，
向かい合っている敵には積極的な意図はないようだ」と判断していた[51]．

　中央レベルでも，日本軍による平漢線の打通という戦略的行動に対して，3
月4日，各方面の情報の収集と分析に当たっていた国民政府軍事委員会軍令
部長の徐永昌が判断するには，「敵は既に平漢黄河橋を修復し終えており，列
車の通行が可能になった．これは一種のポーズであり，平漢線を打通しよう

としているという宣伝に至っては，今見るに，完全なるトリックでしかない」
と判断していた[52]．この時，徐永昌は依然として，日本軍が平漢線を打通す
ることはないと考えていたのである．4月6日，徐永昌は再度，日本軍は粤
漢線を先に打通するだろうとの判断を下した．しかし，情報が多すぎた上，
日本軍の戦略的な欺罔と秘匿の措置のために，徐永昌は判断を下すことがで
きなかった．彼は，「現在また平漢を打通しようとしているというが，資材や
兵を費やすのを嫌っており，また掛け声ばかり大きいので，北で騒いで実際
には南を攻撃しようとしているようだ．しかし，粤漢を打通するにも7，8個
を超える師団が必要で，敵がどのようにして兵を抽出してくるかを観察しな
ければならない」と考えていた[53]．まもなく，華北の第一線にいた何柱国は，
日本軍が侵攻を開始しようとしていると考え，今回の動きは，「これまでの守
備交替における嫌がらせ目的の嘘の掛け声とは全く比べ物にならない勢いの
強さであり，まさに一大決戦の準備である」と注意を喚起した．一方で，軍
令部は，日本軍には侵攻の意図はなく，もし侵攻を開始するならば，「間違い
なく六カ月以上後であり，今決戦の時が来るなんてことは絶対にありえない」
と考えていた[54]．日本軍は平漢線を攻撃すると同時に南部の粤漢線への侵攻
も準備することで，作戦計画を立案する時に，意図的に国民党軍に判断ミス
を起こさせた．そのため，国民党軍の様子からすれば，日本軍が前期におい
て行っていた戦略的欺罔行為は，国民党軍内において効果を上げていたので
ある．

　実際に，日本軍による1944年初頭の一連の行動に対して，当時各方面はみ
な既に関連する情報を掴んでいたし，日本軍が中国において戦略的攻勢を発
動することを確信していたのである．3月，アメリカの各情報機関は既に，日
本軍が河南において攻勢を発動すると確信しており，この情報を国民政府の
最高情報機関に伝えていた[55]．4月初頭，クレア・リー・シェンノート（Claire
Lee Chennault）は再度，ジョセフ・スティルウェル（Joseph Stilwell）に打電し，
日本軍が中国に対して大規模攻勢作戦を仕掛けるだろうと述べた．その上で
スティルウェルに対して，日本軍の今回の攻勢とこれまでの作戦は，性質に

おいて全く異なっている．日本軍は今回，徹底的に中国の作戦意思を挫き，これによってアジアの内陸における防衛と補給での優勢を勝ち取ろうとしていることに注意を喚起した[56]．これと同時に，フランス軍事代表団のある中佐は，ベトナムの日本軍の情報に基づいて，日本軍は「北漢と粤漢の日本の鉄道の打通を始めようとしている」と考え，この情報を国民政府に伝えた[57]．しかし，国民政府側では，日本軍の戦略的行動に対する判断は，この時もなお不明確だった．4月7日，何成浚は再度，「軍令部は，敵軍がここ数週間，一，五，六，九の各戦区において頻繁に動員しているが，その意図は今もなお判断が難しいと報告している．私が考えるに，麦の収穫期が間近であるため，敵軍は比較的収穫量の多い地区を混乱に乗じてかすめ取ろうとしているが，避けがたいことである」と記している[58]．つまり，軍令部は日本軍が中国の各戦区で動員していることを既に知っていたが，ちょうど小麦の収穫期であった．そのため，これらの情報を根拠に，何成浚は日本軍の目的は食糧の強奪にあると判断していたのである．このような判断は何成浚だけに限られたものではなく，国民党上層部においてもごくありふれていた．日本軍が攻勢を発動して少し経ったあとでさえ，軍令部長であった徐永昌もまた，「敵には平漢鉄道を打通する理由が全くなく，私が思うに，わが湯軍団を打ちのめすか麦を奪うことが主眼であり，守備任務の交替を隠すためかもしれない」と考えていた[59]．ここでの「麦を奪う」とは，すなわち小麦を強奪することであった．「麦を奪う」，「守備任務の交替を隠す」といった一連の判断は，何成浚や徐永昌といった国民党軍の上層部も依然として，日本軍の今回の作戦は戦術的行動に過ぎず，戦略的行動ではないと考えていたことを示している．

　前線にいた国民党第一戦区副司令長官の湯恩伯は，情報に基づいて同様に，「敵が平漢の打通を狙っているのか，あるいは別の方面へと転用しようとしているのか，依然として判断が難しい」と考えていた[60]．まさに日本軍が侵攻を開始する前日の4月15日，軍令部は依然として，太平洋における日本軍の戦局は不利であり，華北における行動は守備任務の交替を中心とするだろうと考えていた[61]．国民党軍最高司令官の蔣介石は，日本軍が平漢路を侵攻す

ることを既に予期していたにもかかわらず，日本軍の侵攻の目的と時間の双
方をはっきりさせることができなかった．そのため，日本軍が侵攻を開始す
るかどうかに関する判断は，絶えず揺れ動いており，自分で否定さえしてい
た[62]．一方で，日本軍の戦略的行動に対する国民党軍による検討について，
相手である日本軍も同様に検討を行っていた[63]．自身の戦略的秘匿措置に対
して，日本軍が頗る満足していたことから，国民党にとって自身の戦略的行
動を正確に予測することが難しかったことを知っていたようである．

　以上のように，一号作戦の第一段階，つまり平漢鉄道打通作戦に対して，
国共両党のリーダーは関連する予測を行った．しかし，一人は堅忍不抜かつ
果断で，もう一人は揺らいでいた．両党の最高指導者はともに日本軍が中国
に対して戦略的攻勢を起こすと判断していたが，両党の軍部と参謀の動きか
ら判断するに，国民党はやや劣っていたようである．中国共産党は情報を得
て戦略的判断を行う際，迅速，果断かつ堅忍不抜であった．また，日本軍が
まもなく侵攻するという戦局と国共間の政局をすぐさま関連づけており，正
確な情報の分析と判断，そしてこれに基づいて形成された政策の制定と執行
において，決断力があり，秩序立っていたと言える．4月初頭，日本軍が攻
勢を発動する前に，中国共産党は既に，日本軍が平漢線を打通しようとして
いるという情報を基層の各部隊に伝えていた．当時，新四軍の基層工だった
汪大銘もまた，「華北の敵軍の首脳は将校会議を開いて，第三，第五師団は西
部を■■〔判読不能〕し，四月の間に平漢鉄道を打通する準備を進めている
という旅団の情報を受け取った」と記載している[64]．一方で，国民党は中央
であれ前線の将校であれ，基本的には正確な判断を下すことができなかった．
参謀機関として情報収集を担当した軍令部も，1944年の工作計画において
「敵の戦略と戦術に関する情報の整理と収集」にとくに注意を払うよう促して
いた[65]．それにもかかわらず，情報分析能力を欠いていたため，国民党は逡
巡と迷走を続けており，消極的に対応することしかできなかった．日本軍の
意図や作戦目的に対する国民党軍の上層部の判断は不明瞭で，一号作戦の全
期間において，政治面であれ軍事面であれ，終始受動的な立場に立つことを

余儀なくされたのである．

3. 外交から軍事へ——国共両党が連想の中で形成した戦略的予測

　実際に日本軍が軍事面において一連の「欺罔行為」を行ったとしても，当時の世界情勢に鑑みれば，一号作戦のような大規模な戦略的攻勢は，一定の政治や外交的措置と調和させることで初めて，よりよく実行することができた．換言すれば，軍事と政治，戦局と政局は関連していたのである．戦略家はこの関係性を把握することさえできれば，ある程度関連する予測を行うことができる．一号作戦の規模の大きさのために，関内における日本軍の兵力は不足していた．そのため，関東軍の一部を動員し，入関させて作戦に参加させた．また，一号作戦を順調に行う上で，一時的に北方における後顧の憂いを取り除くために，日本軍が侵攻を開始する半月以上前の 1944 年 3 月 29 日には，日本政府は天皇も参加した枢密院会議を開催した．会議では，樺太北部の石油と石炭の利権をソ連に返還し，日ソ漁業条約を五年間延長することで，ソ連との関係を改善することを決定した[66]．日ソ両国は漁業紛争についての議論を長年続けていたが，これまで合意に達することはなかった[67]．しかしこの重要な時に，日本は自ら譲歩し，条約に正式に署名した．日ソ間のこのような外交的な動きは，間違いなく重要な政治的シグナルだった．この政治的シグナルの出したメッセージは，これと関連する軍事行動，すなわち一号作戦の発動であった．この政治ニュースはすぐさま中国内外のメディアで報道されたが，一般の人々はそれが持つ重大な軍事的メッセージを読み取ることができなかった．

　このニュースはすぐさま中国国内にも伝わった[68]．政局の変化に当時比較的関心を払っていた西南聯合大学教授の鄭天挺は，このニュースを知ると強い疑念を抱いた．彼は日記において，「ソ連は数日前，日本との漁業条約を更

新し，日本人にサハリン島の石油の利用を許可した〔中略〕今この挙に出たのは，いったい何を意図してのことなのだろうか」[69]．「いったい何を意図してのことなのだろうか」というのは，鄭天挺が日ソ間のこの行動をよく理解できなかったことを意味している．蔣介石の最重要の幕僚であり，各方面の軍情や政情を所管していた侍従室第二処主任の陳布雷は，このニュースを見て次のように考えた．

　　各種報道を見て，日ソの妥協がさらに具体化したことを知る．長年未解決だった「サハリン島北部の油田租借権の移転」に関する交渉，〔中略〕1928年の漁業条約を五年間延長する旨定めた議定書といった〔中略〕日ソ両国間の長く解決を見なかった両問題が同時に解決した．わが国の抗戦の局面において，これはまさに国際情勢の一大変化である[70]．

　陳布雷の記録から判断するに，彼はこのニュースの持つ大きな影響を読み取っていたが，それが具体的に何かは分からなかったのである．これに対して同様の態度をとったのが，国民党の最高指導者である蔣介石である．彼は3月末の日記において，「日ソ漁業条約は五年を有効期間とするが，これはもっとも驚くべきことである〔中略〕日ソが妥協した後，極東の形勢には必ず大きく変化することは分かるが，禍だろうか，福だろうか」と記している[71]．蔣介石が日本軍の今回の行動について，「福禍の問題」と記したことは，これに対する彼の判断も同様に確たるものではなく，曖昧であり，疑いさえしていたことを示している．そして，このように自問自答形式で敵国の戦略を判断するという行為は，蔣介石の性格における「優柔」な部分をある程度反映しているのである．彼は今回の事件の持つ重大な影響を読み取っていたが，具体的に何であるかは，蔣介石や国民党の大部分の上層部はみなよく分かっていなかったのである[72]．国民党上層部の多くは日本がソ連と秘密裏に接触することを懸念していたため，この行動を日ソの歩み寄りの大きな前兆だと見ていた．そのため，日ソが条約に調印した後，蔣介石は外交にお

いて頗る憂慮していた.「日ソ〔漁業〕条約以降, 国際情勢は極めて不利なように感じられ,〔蔣介石〕委員長もひどく懸念しているという」[73], と. ここでの「国際情勢」は, すなわち日ソの妥協の後の外交局面のことである. 1941年に日ソ中立条約が締結されたことを教訓にして, 1944年の日ソのこの動きの結果, 抗戦に向けた言論においても国民党は消極的になった. 胡宗南も,「日ソがさらに一歩歩み寄ってから〔中略〕社会の雰囲気は一転悲観的になった. 言論も多くは消極的な方へと傾いており, とりわけ于右任の主張が最も露骨である」と記している[74]. そのため, 言い換えれば, 国民党上層部の大多数から見れば, 日ソのこの動きは単なる外交問題であった. 政治と外交の背後にある軍事問題を, 誰も連想することができなかったのである. 一方で, 当時の国民政府の駐ソ大使である傅秉常が, 唯一の例外であった. 彼はこのニュースの具体的な深い意味を読み取っていたのである. 対ソ外交を長期間担っていたため, 外交官出身の傅秉常はこの種の情報に対してかなり高い感度を持っていた. 日ソが条約に署名すると, 彼はすぐさま次のように指摘した.

　　このことはわが国に極めて大きく関係する. 私はその影響を懸念している. 第一に, アメリカ人がドイツを攻撃するソ連を全力で援助していたのは, ドイツ崩壊後ソ連も対日参戦すると仮定していたからである〔中略〕第二に, 日本軍がこれを口実に民衆の意気を鼓舞するだろうし, 東条〔英機〕もこれを口実に関東軍の一部を抽出して, 平漢と粤漢鉄道を全力で打通しようとするだろう. これによって, アメリカ海軍の脅威をうけることなく, 日本軍は直接華南や南洋の日本軍と連絡を取ることができるようになる[75].

　日本軍の参謀本部の立てた一号作戦の計画とその後の歴史の展開に鑑みるに, 傅秉常のこの判断はかなり正確であった. 彼は日本軍が関東軍を抽出して入関させ, 一号作戦に参加させることを予見していた. それだけでなく, 日本軍の作戦目的は平漢と粤漢鉄道を打通すること, つまり大陸の交通を打

通して南方軍と接続することにあると判断していた．この判断は日本軍の立てた一号作戦の目的と基本的には符合しており，この判断を行った根拠は日ソ漁業条約の締結であった．このように，国民党上層部に戦略眼に秀でた人物がいなかったわけではなく，単に傅秉常のこの考えが国民政府の上層部へと届いていたのかどうかが分からないだけである[76]．

　中国共産党側では，現在利用できる資料から判断するに，これに対して初めにすぐに反応したのは毛沢東であった．1944 年 4 月 5 日，毛沢東は八路軍の前線の各将校に対して，以下のように打電した．

　　最近，日本は樺太の権益をソ連へと返還し，北ではソ連と和し，南では
　　米英に対抗し，中国を攻撃し〔平漢路だけでなく粤漢路まで打通し〕，敵
　　の後方を「掃討」しようとしている．東条のこの政策は，ますます明確
　　になりつつある．そのため，日本と蔣介石の衝突は今年必ず激化するだ
　　ろう．ゆえに，中国国内の平静を勝ち取り，蔣を抗日へと引き釣り混む
　　準備をすることが，目下の中心的な政策である[77]．

　毛沢東のこの電報は，日ソ間の歩み寄りを判断の根拠として，日本は中国を侵攻するだろうと導き出すとともに，その侵攻対象は平漢と粤漢鉄道の打通であると判断していた．国民党の上層部の多くが，日本軍は平漢線の打通を目指していると確信できないでいた時に，毛沢東は既に日本軍がさらにとるだろう行動，すなわち粤漢線の打通まで予測していた．日ソのこの動きは，毛沢東の事前の判断をさらに確かなものとした．そのため，毛沢東はここでやっと，「東条のこの政策は，ますます明確になりつつある」と書いたのである．「ますます」という字句は，この問題の観察と分析において，関連性があっただけでなく，連続性があったことを示している．より重要なことは，毛沢東は日本軍の戦略的行動を予測しただけでなく，同時にまもなく起こる戦局と政局を関連づけていたことである．

　翌日の 4 月 6 日，毛沢東は再度，中共中央北方局と冀魯豫分局に対し，「中

原大戦によって，国共には再び新たに協力する望みがある．既に林伯渠同志
を派遣しており，29日から渝〔重慶〕を訪れて会談する」と打電した[78]．こ
こでの「中原大戦」とは，その後日本軍が河南で起こした侵攻，つまり一号
作戦の第一段階である平漢作戦のことである．毛沢東のこの判断は，語気が
はっきりとしていた．自身の判断が確たるものであったからこそ，中国共産
党は日本軍が侵攻してくるという戦局と国共談判の政局をすぐさま結びつけ，
迅速かつ果断に行動をとり，すぐさま林伯渠を重慶へと派遣し談判を行った
のである．一方で，国民党はこれに対して全く準備ができておらず，そのた
めその後直面した中国共産党による政治攻勢に対して鈍感で，後手に回った
のである．外交における日本軍の妥協を関連づけながら比較することで，日
本軍が中国戦線で軍事行動を行うことを導き出した．このように事物のつな
がりから判断のロジックを組み立てたことは，傑出した戦略家としての政治
と軍事面での眼力を十分に表している．また，各方面への電報の字句から判
断するに，日本軍の起こした攻勢をめぐる毛沢東による一連の判断において，
語気は断定的で，曖昧で半信半疑なところは基本的に見受けられない[79]．日
本軍の戦略的行動に対する蔣介石の判断のためらい，動揺と比較すれば，こ
れは十分に両者の性格面での差異を反映している．この問題における国共の
二人の指導者の言動を比較すれば，二人の戦略眼の高低を明白に見出すこと
ができる．同時に，二人の政治指導者としての性格の特徴もまた，一目瞭然
である．

4.　対処能力不足と十分な事前準備——日本軍による作戦
　　開始後の国共の判断と対応

　1944年4月17日夜，日本軍第37師団は黄河の対岸から攻勢を開始し，河
南の中牟県を主力で侵攻した．ここに至って，長きにわたって準備されてき
た一号作戦が正式に発動したのである．当日の侵攻前の状況に対して，日本

軍の作戦日誌内では，「4月17日夜，中牟一帯は漆黒の闇に閉ざされ，寂として声なく，河岸の草が江上を渡る風にそよいでいた」と記している[80]．一号作戦の序幕を切って落とす重要な緒戦であったにもかかわらず，国民党軍の動きは驚くべきものだった．作戦に参加した日本軍大佐の折田の回想によれば，「当面の敵は，何等なすところなく退却する状況で，中牟方面で二日も前から攻勢を開始したのは，少し見当はずれであったとさえ思われた」という[81]．国民党軍が会敵するとすぐさま敗走したのは，日本軍の作戦目的と侵攻対象が不明だったこともある．このような日本軍の侵攻対象に対する判断ミスは，国民党の潰敗をある程度加速させた．

　日本軍が作戦を開始して一週間後の4月24日，前線にいた蔣鼎文は軍令部に対して，日本軍は平漢線を打通しようとしているとの意見を具申した．しかし，軍令部は日本軍の兵力不足と守備任務の交替における欠員を理由に，これを否定した[82]．29日，日本軍が平漢路を打通しようとしているとの情報が，フランスから軍令部第二庁にもたらされた．しかし，軍令部は日本軍の防御兵力の配置や世界の戦局の展開を根拠に，「平漢路を打通しようとする兆しは未だない」と考えた[83]．日本軍が河南近辺に侵攻して約半月後の4月30日，その平漢線打通という目的が既に火を見るよりも明らかであったにもかかわらず，軍令部長の徐永昌は，「敵が平漢鉄道を打通〔回復〕する理由はとくにない」と考えていた[84]．河南の大部分が陥落し，日本軍が湖南への侵攻を開始した5月，何成濬は日記において，「その目的は結局粤漢路の打通なのか．あるいは長沙から西進し，常徳などの地点を脅かそうとしているのか．まったく分からない」と依然としてわけも分からずに記している[85]．既に述べたように，日本軍は湘桂作戦を実施する際に，常徳付近に軍隊を終結させることで，日本軍は常徳を攻撃しようとしていると国民党軍に思い込ませようとしていた．その結果，何成濬はこれに繰り返し騙されたのである．しかし，まもなくして，日本軍の過熱した動きに直面すると，国民党最高指導者の蔣介石は理解し始めていたようである．5月14日，蔣介石は第九戦区司令長官の薛岳と第七戦区司令長官の余漢謀に打電して，日本軍は平漢線を打通

した後,「必ず次は粤漢路に侵攻し,南北の交通を打通しようとする.戦略的優勢を強化するためであり,それが発動される時期はそれほど遠くない」と伝えた[86].しかし,蒋介石はまもなく,「このような情報は,敵による一種の対抗的宣伝の幻惑として作用しているようであり,平漢と粤漢の両路を打通するかは,再度確実な情報を待った上で確かめるべきである」とも判断し,同時にこれは日本軍の「精神戦」と考えていた[87].5月末,蒋介石は,「豫〔河南〕での戦いが終わらないうちに,湘〔湖南〕での戦いも起こった.敵は平漢路を打通するとともに,東アジアの大陸での決戦の基礎を確立すべく,その軍勢は粤漢路の打通を必ず企てるだろう」と判断していた[88].しかし,6月初頭になると,蒋介石は再度,「その企てに粤漢路を打通しようという野心は全くない」と判断していた[89].一方で7月には,蒋介石は再度,「粤漢路を打通しようとの敵の意思は,未だなお死んでいない」と判断した[90].このように,日本軍が平漢線と粤漢線のどちらを打通させるにしても,これに対する蒋介石の判断は堅忍不抜ではなく,絶えず揺れ動いていたのである.いわゆる戦略とは,長期的なビジョンであり,動揺してはならない.日本軍の戦略に対する蒋介石の判断は,明らかにこの原則に反していた.

　日本軍が湖南に侵攻した後の6月中旬には,その湘桂路を打通しようとする意図は既に明白であった.しかし,徐永昌はこの時再度,次のような判断ミスを犯したのである.「敵は今回豫西と湘鄂の各地を侵攻しているが,ウオッチャーはみな,平漢と粤漢路の二本の打通を狙っており,湘桂線を鎮南関まで打通しようとしていると言っている.〔中略〕私の判断によれば間違いなく,依然としてわが野戦軍を打ち負かすか,わが軍の反攻と転用を防止することを狙っているだけである.というのも,二本や三本の街道を攻めてこれを確保しようとするならば,相手もまた,このような大量の兵力を動員することは難しいに違いないからである」[91],と.日本軍が兵力不足に陥っているとの見立ては,国民党軍の上層部が判断ミスを犯した主な原因の一つである.6月14日,国民党軍令部第一庁は,日本軍は衡陽を通って桂林に入ろうとしていると判断したが,一方で,部長の徐永昌は,「湘を攻めて既に20

日ほどになるが，広州において敵は未だ動きを見せずに様子見している．そのため，深く攻め入る意図は，敵には全く無いようである．むしろ，軍事行動に対応すべく，われらの反攻軍を集中的に攻撃し，時間をつぶしているだけである」と考えていた[92]．6月18日，蔣介石は将校たちを招集し，戦局を検討させた．日本軍の侵攻先について，徐永昌は以下のように記している．

> 昼頃，〔重慶の〕曾家岩で会議があった．為章は，敵は必ず衡陽を攻め落として桂林に入るだろうと考えていた．私が考えるに，敵の兵力が不足しているため，わが方が力強く抵抗しさえすれば，未だ桂林に入ろうと試みはしないだろう．〔中略〕敵には深く攻め込む意図はなく，過日〔14日〕の観察を例として挙げたところ，〔中略〕蔣閣下は私を熟視したが，敵への攻撃に努めることに同意した[93]．

　為章は，当時の軍令部次長の劉斐である．徐の記述は，日本軍は衡陽に向かったあと桂林に入ろうとすると劉斐が判断していたが，徐永昌は依然として日本軍の兵力不足を理由にこれを否定するとともに，6月14日に得た根拠を挙げたのである．一方で，「蔣閣下は私を熟視した」というように，蔣介石が徐永昌に極めて意味ありげな視線を注いでいた．徐永昌のその後の記述から判断するに，蔣介石は徐永昌の判断に賛同していなかったのである[94]．日本軍が一号作戦を発動する前から作戦開始後数カ月後まで，情報収集と分析を担当した軍令部長の徐永昌の判断は，ずっと間違っており，正確ではなかった．このことに蔣介石にはきっと強い不満があったのだろう．蔣介石が時局を討論する際に，徐永昌の動きを見つめていたことも，頗る意味のあることである．しかし，事態はこれでは全く終わらず，徐永昌の日本軍に対する判断はある種の「落とし穴」に陥っていたようであり，そこから抜け出すことはなかった．日本軍が数回にわたり衡陽を攻撃した後の7月中旬，徐永昌は依然として黄山軍事会議において，「敵が近ごろ戦略を変更していない限り，第九戦区が一段落した後，敵は必ずわが第六戦区に向けて攻撃を継続する」

と述べていた[95]．言い換えれば，徐永昌は，日本軍は衡陽を攻めた後，その次に広西に攻め込まず，反転して第六戦区にあたる湖北を攻撃すると考えていたのである．その戦略的予測能力は，ここから理解できよう．

　日本軍の戦略的な目標と侵攻対象に対する判断ミスのために，国民党は急いで応戦せねばならず，疲弊してしまった．つまり，こちらを見ればあちらがおろそかになり，応戦過程において多くの場合全く準備ができていなかったのである[96]．その他にも自身の構造的な問題のために，国民党は一号作戦の全期間中敗走を続けていた．洛陽と衡陽で激しく抵抗した以外に，他の場所での日本軍との戦闘において，基本的には敗走を続け，戦局全体への対応は基本的に後手に回ったため，有効な抵抗や反攻を行うことはできなかった．しかし，戦局が展開し日本軍の侵攻が絶えず深まっていったにもかかわらず，当時の国民党上層部はむしろ楽観的な判断を行うようになった．熊式輝はこれについて，「委員長官邸での軍事会議に出席した．湘の状況は好転しており，後ろの二方面から攻撃を受け，交通でも困難を抱え，太平洋全体での状況も逆転しつつあるため，日本軍は既に，撤退を選ばざるを得ない苦境に陥っている」と記している[97]．つまり，国民党上層部の判断によれば，日本軍は戦線を拡大しすぎたために，側面を疎かにするとともに補給に難を抱えていた．また，連合国が太平洋戦線で勝利を続けて進軍しているため，日本軍は必ず自ら撤退するだろうというのである．そのため，戦局に対応し軍を温存するために，当時の副参謀総長の白崇禧は蔣介石に対して，繰り返し次のように具申していた．

　　消耗戦の戦略によって戦争を指導し，どこかの戦区の要請に応じて主力を大幅に消耗させないようお願いいたします．というのも，どの戦区の立場に立ったとしても，たくさんの部隊を増強するよう必ず希望することになりますが，大本営の立場に立てば，大局を総合的に計画しなければならず，局所での勝利を勝ち取るために兵力を大幅に消耗してはならないからです[98]．

　8月，白崇禧は再度蔣介石に対して，次のように打電した．「わが軍の最高
戦略は消耗戦です．中国，インド，ビルマの道路が開通するまで，どのよう
に現有の兵力をうまく運用すべきか．連合国の共同反攻を待つべきです．結
局，どのようにして重慶，昆明，西安，桂林といった要地を確保すべきか．
より長期間支援を得ることです．委員長殿もよく知っていると思います」[99]，
と．このような考えは，国民党内では決して例外ではなかった．陳誠もこれ
について，「敵が来ないことに賭けて同盟国の勝利を待つという考えは，今日
の危機を作り出した最大の悪癖である」と批判していた[100]．国民党は確か
に軍事力を温存して同盟国の勝利を待つという考えを持っていたようであり，
これもまた，日本軍の一号作戦に対処する一つの方法となったのである．
　中国共産党側では，戦闘前に日本軍の侵攻方面を予測することに成功して
いた．そのため，日本軍の攻勢が生む政局の変化に続いてどのように対応し
たかが，中国共産党の戦略眼と迅速かつ果敢な政策執行能力を同様に示して
いる．日本軍が侵攻を開始してまもなく，当時の中国共産党軍事委員会総参
謀部は中共中央に対して，敵の後方に向かって進軍し，攻勢作戦を仕掛け，
日本軍に対して局所的な反攻を行うよう提案した．反攻の具体的な提案は，
以下の通りである．第一に，八路軍晋冀魯豫軍区は主力の一部で河南の敵占
領区に対して攻撃を行い，河南に新たな抗日根拠地を設置する．第二に，新
四軍第一師団は主力の一部で長江を渡り，第十六旅団を支援し，蘇浙辺区に
抗日根拠地を復活させ，設置する．第三に，湘鄂の境界へと展開し，湘鄂辺
区に抗日根拠地を設置する[101]．敵の反攻作戦に対して，河南，湖南と蘇浙
といった地区へと展開するのは，初歩的かつ全面的な戦略的布陣と言える．
その後の歴史の展開から判断するに，総参謀部のこの提案は中共中央によっ
て受け入れられたようである[102]．そのため，日本軍が攻勢を開始してから
三日目の4月22日，毛沢東は次のように滕代遠と鄧小平へと打電し，楊得
志，蘇振華，黄敬ら中国共産党の前線の将校へと転電した．「日本軍による平
漢鉄道打通作戦において，その一部は既に中牟から渡河した．〔中略〕日本軍
が南方を侵攻して後方がおろそかになっているのに乗じて，わが軍は将来豫

西に工作拠点を設置できるよう，豫北地方で工作を行うべきである」[103]，と．
河南の別称は中原であり，古くから争われてきた土地である．日本軍が作戦
を開始してたった数日のうちに，中国共産党は河南に展開するという戦略的
布陣を決定していた．つまり，日本軍が空白を作ったのに乗じて豫北に展開
し，さらにこれによって豫西に展開する準備も行っていたのである．戦略的
布陣から見れば，これは空間だけでなく，時間の問題でもあった．河南に展
開するという中国共産党の戦略的布陣が，迅速かつ果断だったことは否定し
得ない．

　一方で，国民党側では，河南での潰敗以外に，最高指揮官の蔣介石は日本
軍の攻勢を受けて半月後に初めて，次の判断を下した．「河南での戦闘は今も
なお続いているが，敵軍には後退の兆しは見られず，その平漢路を打通する
という目的は既に極めて明白になっている．どのようにして敵のこの企てを
打ち破るかが，今日の第一の問題である」[104]，と．

　河南に展開するという戦略的任務を指示するために，5月11日，中共中央
は前線の将校に対して，次のように打電している．

　　敵は既に大挙して河南を攻撃しており，目的は平漢線を打通し，潼関路
　　以東を支配化に置くことにある．今のところ敵が撤退することはなさそ
　　うだ．〔中略〕目下，われわれは各方面で国民党を刺戟するのを避けるべ
　　きである．そのため，八路軍，新四軍の各部隊は，国民党側との摩擦を
　　避け，大局を妨げることを避けるべく，当面は決して河南に向かって進
　　軍すべきではない．

　状況の展開と結びつけながら，中国共産党は河南に展開するという任務を
すぐさま実行した．注目に値するのが，国民党が対日作戦に専念できるよう，
国民党の態度に注意を向けていたことである．つまり，八路軍や新四軍の名
前で河南に進軍するのではなく，できる限り日本軍が占領している後方に根
拠地を拡げるべきだというのである．展開したのも単に人民の武装部隊であ

り，国民党との摩擦をできる限り避けていた．この問題をめぐって，5月18日，中共中央は再度，「国民党を刺激することを避け，これに安心して作戦を行わせるために，わが軍は現在大挙して黄河以西に展開すべきではない．〔中略〕しかし，現在，わが軍は水東支隊を用いてできる限り四方へと展開し，段階的に自身の根拠地を拡大すべきである．傀儡政権の軍を攻撃することを主眼とし，国民党軍に対する作戦は避ける」ことを強調した[105]．ここから，中国共産党はこの問題において比較的抑制的に振舞っていたことが分かる．

　5月17日，聶栄臻は延安から晋察冀軍区に打電し，「豫での戦闘は今まさに最高潮であるが，敵の意図は平漢の打通だけにとどまらないようである．平漢線全体での戦略から判断するに，おそらく続いて粤漢を打通する必要があるだろう」．そのため，前線の八路軍に「敵の後方の空白を利用して敵に後退させる」よう要求した[106]．日本軍が平漢と粤漢線を打通しようとしているとの判断は，中共中央であれ地方の将校であれ，基本的には共通認識になっていたようである．6月23日，陳毅と劉少奇は延安から新四軍の張雲逸，饒漱石ら将校に対して，「目下，敵の全般的な戦局の中心は，粤漢路の攻略にある．長沙は陥落し，衡州もまた防衛できないだろう．〔中略〕第五師団は今後河南へと展開することにして，中原に集結するという戦略的任務を完了すべきである」と打電した[107]．中国共産党はこの時，日本軍が粤漢路を打通しようとするだろうと判断していた．この電報は同様に，中国共産党の戦略的布陣はすべて，戦局の展開に基づいて制定されていたことを示している．ここに至って，「河南に展開し，中原に集結する」という戦略が，正式に形作られたのである．7月，日本軍は衡楊への侵攻を開始した．事前の判断と同様に，粤漢線の打通という日本軍の意図は極めて明白だった．そのため，中共中央は，湖南と華南に展開するという戦略を再度立て始めた．7月9日，陳毅は新四軍に対して，「第五師団の任務は，北に向かって河南に展開し，南に向かって湘鄂贛辺に展開することである」と打電した[108]．数日後の7月15日，中共中央は再度時局を分析し，次のような具体的な戦略を立てた．「中原は占領され，長沙，耒陽は続々と放棄された．現在粤漢にいる敵は南北から

攻めてきており，まもなく合流するだろう．また，敵には湘桂の打通という
意図もあり，そのため華南の多くの部分が敵の手に落ちるだろう．華南の人
民を救うという責務は，国民党に望むことはできず，わが党と華南の広範な
民衆に頼らざるを得ない」[109]．日本軍が湘桂線を打通しようとしているとい
うこの時の中国共産党の判断もまた，極めて正確だった．ここで，中国共産
党は再度戦局と戦略的布陣を関連づけて，華南に展開するという戦略的布陣
を予め行っていたのである．

　華南に展開するという戦略を定める際，7月25日に中国共産党は再度，「敵
の内閣が更迭されたとはいえ，敵軍は粤漢路の打通を必ず続ける．そのため，
湘と粤の両省の敵後方での工作と桂林への撤退を準備する必要性は依然とし
てある」と指摘している[110]．「敵の内閣が更迭された」というのは，7月22
日に日本の首相である東条英機が辞任し，小磯国昭がその後任となったこと
を指している．中国共産党は，日本の内閣の更迭によって一号作戦が停止す
ることはないと判断していたため，攻勢の継続に備えて，広東と湖南といっ
た華南に展開するという戦略を準備していた．この判断もまた正確だった[111]．

　時局の展開に鑑みて，戦略的布陣を総合的に判断すべく，中共中央は国際
と国内の情勢を分析した後，日本軍が一号作戦を発動して以来の戦略的布陣
をまとめた．1944年11月7日，華中局は新四軍の前線の各将校に対して，次
のように打電した．

　　ここ数カ月，国際と国内の政局はともに大きくまた明確に展開している．
　　〔中略〕国民党の軍隊はこれからも必ず，ひどい挫折を味わうだろう．平
　　漢と粤漢路の東側はまもなくすべて占領され，敵の後方になるだろう．
　　〔中略〕このような形勢に鑑みて，われわれは次のように分析し，判断す
　　る．華中での工作対象と人員配置について，われわれは新たな計画と考
　　えを出さなければならない．〔中略〕一刻も早く，河南に展開し，中原を
　　確保し，東南に展開し，蘇浙を確保するという任務を速やかに完了する．
　　これは，将来における連合国の反攻への協力だけでなく，蔣介石の反共

内戦の陰謀を粉砕することに対しても，決定的な意味を有するだろう．

　1944 年以来の展開に関する華中局のこの戦略は，中共中央の同意を得た[112]．以上のように，総じて言えば，一号作戦に対処する中で中国共産党が採った戦略的布陣はすべて，日本軍の戦略的行動に対する判断やそれによって形成された政局の展開に基づいていた．換言すれば，中国共産党がこの時全面的な戦略的布陣を行うことができ，さらには，「河南に展開し，中原に集結し」，華東と華南に展開するという大きな戦略的布陣を行うことができたのは，かなりの程度日本軍の戦略的行動に対する予測の成果である．

お わ り に

　一号作戦は，多くの戦略目標を有し，日本軍が全力で計画を立案し，準備した戦略的攻勢であった．日本軍の一連の戦略的なあるいは戦術的な秘匿措置と反ファシスト戦争全体の戦局の好転のために，一般の人々にとって，日本軍が再度中国戦線で戦略的攻勢を起こすことを予測するのは難しかった．日本軍が侵攻を始めてからすぐでさえ，日本軍の戦略的な目標と侵攻対象を把握することは難しかった．そのために，一号作戦に対する検討を，応戦側の国共両党の戦略的思考や戦略的危機への対応能力を測る重要な尺度とすることができたのである．言い換えれば，一号作戦は国共両党の上層部の戦略眼と政策執行能力を観察する上で，優れた事例を提供しているのである．

　一号作戦を総覧すると，作戦開始前であれ作戦中であれ，中国共産党は傑出した戦略的予測能力，高度な戦略的危機への対応能力と戦略的好機の把握能力を示した．中国共産党は情報を得た後，すぐさま判断を行って政策を形成するとともに，これを基層の部隊へと伝え，これを根拠に戦略的展開の方針を定めていた．政策の決定と実行においても即断即決であり，上下の風通しが良かった．一方で，国民党は各種の情報に対する判断と分析の能力を欠

いていたため，中央であれ地方であれ，正確な判断を下すことができなかっ
た．情報の把握と判断について，国民党軍内でも今回の作戦での失敗を検討
した際，まずその原因を「情報が不正確で，判断が誤っていた」ことに帰し
ていた[113]．情報の伝達においても優柔不断で，上下の風通しが悪かった．当
時前線で戦闘を指揮した将校である丁治磐はこれについて，「わが国の軍には
中間の指揮機構が多すぎて，命令が遅いだけではなく，情報が多すぎて通り
が悪く，下の意見を聞かなかった」と評している[114]．一号作戦において国
共両党が示した異なる性質は，両党の二人のリーダーにもはっきりと表れて
いた．毛沢東は戦略的予測を行う際には正確かつ堅忍不抜で，戦略を決める
際には迅速かつ果断であった[115]．毛沢東の時局に対する判断と問題処理の
態度について，長年秘書を務めた胡喬木は，「躊躇や優柔不断なところは全く
なかった」と認めている[116]．対照的に，蔣介石はなかなか決断できず，揺
れ動いており，優柔不断であった[117]．蔣介石自身も後年，国民党の敗北を
反省した時，多くの問題を自身の「ぐずぐずして決められない」ところに求
めている[118]．軍事作戦での問題においても，蔣介石とともに作戦に参加し
たことのあるソ連からの顧問であるアレクセイ・ブラガダータフ（Aleksei
Vasilevich Blagodatov）は，「彼は軍事的な常識を理解していたものの，実践が
明らかにしたように，彼は勇猛果敢な軍事指揮官ではなく，戦闘において，
彼は優柔不断であった」と評している[119]．そのため，ある程度において，両
党のリーダーの戦略的思考と戦略眼や性格も，また両党がこの作戦に対応す
る際に示した異なる性質を規定していたのである．

　日本軍の意図と作戦目的に対する判断が不明瞭だったために，一号作戦の
全期間において，政治面でも軍事面でも，国民党は終始受動的な立場にいる
ことを余儀なくされた．対照的に，中国共産党は毛沢東の指導の下で，日本
軍の戦略意図と行動を戦闘前に予測することに成功していた．さらに，敵に
対して機先を制し，戦局の展開を根拠に，迅速に全面的な戦略的布陣を展開
した．ある程度，中国共産党はこの正確な戦略的な予測能力と布陣によって
はじめて，自身を発展させ成長させることができたのである．また，一定程

度，国共間の軍事バランスを変え，さらには日中戦争末期の中国の政局を変えたのである．日中戦争末期における国共の軍事バランスの変化や戦後の国共政争の結果について，ここからもその兆しがうかがえる．そのため，戦後の国共間の政争や内戦を研究するためには，1944 年の中国共産党の戦略的布陣を振り返らなければならないのである．中国共産党が全面的な戦略的布陣に成功できたのは，日本軍の侵攻という政局とは直接関係があるものの，それはかなりの程度，中国共産党が日本軍の戦略的行動を予測することができたことによる部分が大きいのである．

　戦略の問題について，当時米軍将校で中国に勤務していた，中国戦区参謀長のウェデマイヤー（Albert Coady Wedemeyer）は，世界各地の戦場での作戦経験に基づいて，後年次のように述べている．

　　軍事的戦略と外交政策は，最後まで切り離せないものである．学術的にも実践においても，もし両者を機能させようとするならば，それを切り離さずに処理することである．〔中略〕いわゆる戦略の範囲は必ず拡大するだろう．軍人が独占する領域や重要な仕事というだけではなく，それはまた同時に政治家の仕事でもあるだろう．そのため，戦略は一種の芸術であり，また科学だとも言える[120]．

　一号作戦における国共両党の動きから，戦略家としての国共両党の二人の指導者の戦略眼の高低を明らかに見て取れる．毛沢東は軍人と政治家として，日ソ漁業条約のような外交問題から，日本軍の戦略を連想し，軍事的戦略と外交政策を関連づけた．それだけでなく，この戦略的思考の方法によって，一号作戦の戦局，国共談判の政局や中国共産党とアメリカの間の外交を関連づけて，全面的な戦略的布陣を決めた．このような思考と問題を見る角度は，1944 年に毛沢東が行った戦略の決定を貫徹していた．ウェデマイヤーが言うところの「戦略は一種の芸術である」とは，おおよそこのようなものだろう．一方で，国民党の最高指導者の蔣介石は，1944 年に国内の軍事，政治と外交

という複数の変奏からなる局面に直面した．この時期における蔣介石の振舞いは，国民党内部から見れば，確かにリーダーとして合格であり，一定の戦略眼と「政治家」としての雰囲気を備えていたと言えよう．1944 年，王世杰は，「政府中枢で政務に当たる人々の中では，政治家としての振舞いを備えた人は蔣閣下以外には誰もいない」と述べていた[121]．日中戦争期全体での政治と外交における，「戦略家」としての蔣介石の戦略眼は，確かに称賛に値する[122]．蔣介石はかつて，「両国の戦争において，最終的な勝敗のカギとなったのは戦略と政略である．もし戦略と政略が失敗したのならば，戦術と兵器がどれだけ優れていたとしても，最終的には必ず失敗する」と述べている[123]．しかし，軍事的戦略においては，蔣介石の戦略的思考は相対的にはかなり緩慢としていた．敵対していたものの，蔣介石を比較的よく知っていた周恩来は，「戦術家というよりも，蔣介石はやはり戦略家であった．彼の政治的嗅覚は軍事的嗅覚に比べてより利いていた」と評している[124]．しかし，毛沢東と比較して，蔣介石は一段劣っていたことは明らかである．歴史は人，とりわけ重要な歴史的人物が創造するものである．国共両党の二人のリーダーの戦略眼や政治指導者としての性格の特徴から判断するに，戦後の国共間の政争と内戦において，中国の命運の天秤がどちらに傾くかは，ここからも見て取れるのである．とりわけ興味深いのが，1948 年，国共の争いの結末が明らかになり始めた時，蔣介石は毛沢東の戦略的思想を専門的に研究しており，感服していたのである．ただ，もはや時既に遅しであった．彼は日記に，「毛沢東という『匪賊の首領』が著した戦略的問題を研究したところ，甚だ興味深いものであった．早くに研究しなかったことをただ後悔するだけである」と記している[125]．

1949 年に国民党が台湾に撤退してまもなく，蔣介石は日記に，「この六年間，人頼みでぐずぐずしており，遠慮がちで無頓着であり，視野は狭く決断力もなかった．そのため，国家はバラバラになり，人民は深く苦しんでいる」と記している[126]．蔣介石は国民党の敗退の原因を分析して，自身に「視野は狭く決断力もなかった」としている．蔣介石がこの日記を書いた日時から

逆算するに，ここでの「この六年間」とは，1944 年からのことである．蔣介石はその失敗を，自身の「遠慮」，「決断力の欠如」，「狭い視野」に帰している．蔣介石の自己診断は，1944 年に一号作戦に対処した際の振舞いに符合している．つまり，「遠慮」と「決断力の欠如」は，彼の性格における優柔不断な部分を示しており，「狭い視野」は，戦略眼のことである．一方で，中国共産党では，1945 年 5 月，一号作戦が終了してまもなく，毛沢東は中国共産党第七回全国代表大会において，1944 年の活動を総括している．彼はその中で，「予測がなければそれは指導ではなく，指導には予測が必須である」と述べている[127]．この話はもともとスターリンが述べたものだが，毛沢東はこの重要な時にこれについて具体的な解釈と総括を行っている．彼が言うには，予測とは，「地平線に少し出て来たばかりの時，少し頭を出したばかりの時，少量であったり普遍ではなかったりする時であっても，その将来の普遍的な意味を見出すことができる」ことである．そのため，「予測がなければ指導もなく，指導がなければ勝利もない．そのため，予測がなければすべてない」という[128]．1944 年全体を総覧すると，中国共産党は長年の国民党や日本軍に抑圧された状態から抜け出し，全面的な戦略的布陣を受動的ではなく能動的に行えるようになった．さらには，国共の政争において徐々に優勢を占めるに至ったのである．これはかなりの程度，毛沢東をトップとする中国共産党の指導者の戦局や時局に対する理解と予測によるものである[129]．ここにも，毛沢東をトップとする中国共産党の指導者の傑出した戦略眼や，全局面を制御下に置いて全面的な戦略的布陣を行う能力が十分に表れている．同様に，この時既に非常に成熟した政党としての様態を備えていた中国共産党が，日中戦争末期の中国政治の表舞台に躍り出ることを予示していた．この成熟しているという特徴は，戦後の中国政治の構造に影響を与え，同時に戦後の中国の命運をも決定することになる．

付記　本文は中国湖南省社会科学基金の主要プロジェクト「抗戦時期中国共産党在湖南的活動与発展研究」（22JD016）の段階的成果である．

1) 「一号作戦」は，中国国内では一般に「豫湘桂戦役」と呼ばれる．しかし，両者はその内外の両面で大きな違いがある．具体的には，姚江鴻（2020）『転折的年代1944：日軍対華一号作戦与抗戦末期的中国政治』（中国社科院研究生院博士論文）を参照されたい．

2) 防衛庁防衛研修所戦史室編（1968）『湖南の会戦』（戦史叢書 一号作戦 第2）東京：朝雲新聞社，50頁．

3) 現在，一部の学者は既に，一号作戦の影響に注意を払っている．例えば，原剛（2006）「一号作戦：実施に至る経緯と実施の成果」波多野澄雄，戸部良一編『日中戦争の軍事的展開』東京：慶應義塾大学出版会；Hans van de Ven (2018) *China at War: Triumph and Tragedy in the Emergence of the New China 1937-1952.* Cambridge: Harvard University Press.

4) 羊棗（1944）「敵寇的動向」（『広西日報』5月3日）．

5) 国民文庫刊行会（1939）『国訳漢文大成』（第2巻第2輯）東京：国民文庫刊行会，498頁．

6) 例として，王奇生（2004）「湖南会戦：中国軍隊対日軍「一号作戦」的回応」（『抗日戦争研究』第3期）．このほかに，台湾の学者である劉熙明は戦術の角度から，つまり情報の収集と分析などの側面から，一号作戦の第一段階である平漢作戦における国民党軍の動きに対して分析を行っている．劉熙明（2010）「国民政府軍在豫中会戦前期的情報判断」（『近代史研究』第3期）．

7) 鄧野は両者を関連づけているが，それは単に国共会談の背景を簡単に紹介するためである．そのため，具体的な検討は行っていないが，筆者にとって参考となった．鄧野（2002）「聯合政府的談判与抗戦末期的中国政治」（『中国社会科学』第5期）を参照されたい．

8) 五相会議決定「国家総動員強化ニ関スル件」1938年10月28日，外務省編纂（2011）『日本外交文書』（日中戦争・第1冊）東京：六一書房，401頁．

9) 中共中央文献研究室，中央档案館編（2011）『建党以来重要文献選編：1921-1949』（第21冊）北京：中央文献出版社，327頁．

10) 傅孟真「我替倭奴占了一卦」（『大公報』（重慶版）1944年7月9日）．

11) アメリカの情報機関の観察によれば，1944年の一号作戦の発動前に，「日中の100マイルの戦線はこの数年間，ほとんど平和な状態にあった」という．Lyman P. Van Slyke Editor (1968) *The Chinese Communist Movement: A Report of the United States War Department*, California: Stanford University Press, p. 88, 97.

12) 林蔚，蘇聖雄編（2019）『林蔚文抗戦遠征日記』台北：開源書局，1941年1月4日．

13) 浦江清（1999）『清華園日記：西行日記』北京：生活・読書・新知三聯書店，1943年2月6日．

14) 当時，第一線で兵を率いていた国民党の将官である丁治磐は，1944年初頭の日記において，「委座〔蔣介石〕は時局に対して，極めて楽観的である」と記し

ている．中央研究院近代史研究所編（1995）『丁治磐日記』（第 4 冊）台北：中央研究院近代史所，1944 年 2 月 22 日.

15)　中国社会科学院近代史所訳（2013）『顧維鈞回憶録』（第 5 冊）北京：中華書局，201 頁.

16)　軍令部「軍令部編敵情週報」『国防部史政局和戦史編纂委員会委档案』1944 年 3 月 7 日，南京：中国第二歴史档案館所蔵，档案号：787/5482.

17)　Rana Mitter (2013) *China's War with Japan, 1937-1945: The Struggle for Survival*. London: Allen Lane, p. 319.

18)　中国第二歴史档案館編（1993）『中華民国史史料長編』（第 63 冊）南京：南京大学出版社，77 頁.

19)　秦孝儀編（1981）『中華民国重要史料初編：対日抗戦時期』（第 2 編第 1 冊）台北：中国国民党中央委員会党史委員会，502 頁.

20)　『蔣介石日記』（手稿）米国：スタンフォード大学フーヴァー研究所所蔵，1944 年 4 月 9 日.

21)　中国第二歴史档案館編（1995）『抗日戦争時期国民党軍機密作戦日記』（下）北京：中国档案出版社，1639 頁.

22)　胡静如（1994）『灰烬余掇拾』（下）台北：龍文出版有限公司，317 頁.

23)　1944 年初頭，国民党の中級将校であり，日本軍の戦略を専門的に研究した経験を持つ王晏清は，この問題について陳誠に対して次のように報告書を提出している．日本軍は「大陸に沿って固く守り，平漢路，粤漢路，湘桂路と越桂辺区の公路を打通する」可能性があるという．また，「わが国の対策が上述の各種の状況に対応するためには，危険と混乱を避けられるよう，われわれは敵を抑え込む様々な措置を講じなければならない」とも提起した．しかし，この問題は国民党上層部から全く注目を集めることはなかった．王晏清「王晏清函陳誠概述世界之軍事形勢対太平洋方面敵軍今後所採取之戦略」『陳誠副総統文物』1944 年 3 月 27 日，台北：国史館所蔵，典蔵号：008-010202-00075-011.

24)　真田穣一郎（1944）「太平洋戦争における戦争指導について」『真田穣一郎少将陳述要旨』東京：防衛省防衛研究所戦史研究センター所蔵.

25)　復員局「一号作戦に関する研究準備」1949 年 8 月，JACAR（アジア歴史資料センター）Ref.C11110624300，支那方面作戦記録 支那派遣軍の統帥（防衛省防衛研究所）.

26)　前掲文書.

27)　真田穣一郎『真田穣一郎少将日記』東京：防衛省防衛研究所戦史研究センター所蔵，1944 年 1 月下旬.

28)　防衛庁防衛研修所戦史室編（1967）『河南の会戦』（戦史叢書 一号作戦 第 1）東京：朝雲新聞社，14 頁.

29)　大本営陸軍部「一号作戦企図秘匿要領」1944 年 2 月 1 日，森松俊夫監修（1994）『「大本営陸軍部」大陸命・大陸指総集成』（第 9 巻）東京：エムティ出版，359 頁.

30)　日本軍が侵攻を開始してから 2 カ月以上後にやっと，中国国内の世論は，「日
　　　倭は通常とは異なり，事前に全く宣伝を行わず，鄭州を陥落させてからやっと，
　　　東京の新聞は対華作戦の野心を露わにした」ことに気づいた．西民（1944）「論
　　　敵寇攻勢的新階段」（『群衆』第 9 巻第 20 期）1944 年 6 月 30 日．

31)　防衛庁防衛研修所戦史室編（1968）前掲書，66 頁．

32)　前掲書，66 頁．

33)　苟吉堂編（1947）『中国陸軍第三方面軍抗戦紀実』南京：中国陸軍第三方面軍，
　　　228 頁．苟吉堂は河南会戦において，第一戦区副司令長官の湯恩伯の参謀処長を
　　　務めていた．

34)　蔣介石前掲日記 1944 年 4 月 22 日．

35)　支那派遣軍と一号作戦の関係については，別稿で議論したい．

36)　Charles F. Romanus, Riley Sunderland (1956) *The China-Burma-India Theater:*
　　　Stilwell's Command Problems, Washington: Office of the Chief of Military History,
　　　Dept. of the Army, p. 529.

37)　Rana Mitter., *op.cit.*, p. 322.

38)　呂芳上編（2014）『蔣中正先生年譜長編』（第 7 冊）台北：国史館，519 頁．

39)　蔣介石「蔣中正電商震日軍向粤漢路進攻速加強第十四航空隊實力挽危局」『蔣
　　　中正総統文物』1944 年 5 月 30 日，台北：国史館所蔵，典蔵号：002-020300-00018-
　　　037．

40)　中国人民解放軍歴史資料叢書編審委員会編『八路軍 文献』（中国人民解放軍歴
　　　史資料叢書）北京：解放軍出版社，958 頁．

41)　Headquarters U.S. Army Forces, Far East (USAFFE) & Eighth U.S. Army,
　　　Army operations in China: January 1944-August 1945. Berkshire: Books Express
　　　Publishing p. 43.

42)　中共中央文献研究室，中央档案館編前掲書（第 21 冊），49 頁．

43)　王焔編（1998）『彭徳懐年譜』北京：人民出版社，288 頁．

44)　楊迪（2008）『抗日戦争在総参謀部：一位作戦参謀的歴史回眸』北京：解放軍
　　　出版社，183 頁．作者の回顧によれば，葉剣英はこの会議での議論の結果を中国
　　　共産党中央軍事委員会へと報告したという．

45)　1943 年には既に，中国共産党軍事委員会作戦部は，日本軍は平漢あるいは粤
　　　漢鉄路を打通しようとするだろうとの判断を下していた．この情報と意見は「目
　　　前敵軍動態判断」にまとめられ，内部刊行の『作戦室週報』に掲載され，中国共
　　　産党中央委員会と中央軍事委員会の参考に供された．中国人民解放軍軍事科学院
　　　編（2007）『葉剣英年譜：一八九七－一九八六』北京：中央文献出版社，393 頁．

46)　中央統戦部，中央档案館編（1986）『中共中央抗日民族統一戦線文件選編』北
　　　京：档案出版社，689 頁．

47)　何慶華蔵，沈雲龍注（1986）『何成浚将軍戦時日記』（上冊）台北：伝記文学出
　　　版社，1944 年 2 月 25 日．

48)　蔣介石「蔣中正条論周至柔与陳納徳研究各戦区発動夏季攻勢時空軍如何配合作戦」『蔣中正総統文物档案』1944 年 3 月 5 日，台北：国史館所蔵，典蔵号：002-020300-00025-036.

49)　軍令部「軍令部第一庁一処編第一戦区戦報摘要」『国防部史政局和戦史編纂委員会档案』1944 年 3 月 7 日，南京：中国第二歴史档案館所蔵，档案号：787/6219.

50)　中国第二歴史档案館編（1995）『抗日戦争時期国民党軍機密作戦日記』（下）北京：中国档案出版社，1639 頁.

51)　前掲書，1589 頁.

52)　中央研究院近代史所編（1991）『徐永昌日記』（第 7 冊），1944 年 3 月 4 日．情報が多すぎる上に，あまりにも正確すぎたことは，真偽が入り混じる中で，かえって国民党軍の判断ミスを招くことになった．『国防部史政局和戦史編纂委員会档案』南京：中国第二歴史档案館所蔵，档案号：787/3093.

53)　中央研究院近代史所編前掲日記，1944 年 4 月 6 日.

54)　軍事委員会「軍委会作戦情報及指導部署等文電」『国防部史政局和戦史編纂委員会档案』1944 年 3 月 22 日，南京：中国第二歴史档案館所蔵，档案号：787/3093.

55)　The Ambassador in China to the Secretary of State (1944), *United States Department of State Foreign Relations of the United States: Diplomatic Papers, 1944. China Volume VI*, p. 43.

56)　Chennault to Stilwell, Stilwell Personal Papers, Box6 Folder 31, The Hoover Institution of Stanford University. 斉錫生（2012）『剣抜弩張的盟友：太平洋戦争期間的中美軍事合作関係』（下）北京：社科文献出版社，528 頁.

57)　軍事委員会「軍委会作戦情報及指導部署等文電」『国防部史政局和戦史編纂委員会档案』1944 年 3 月 21 日，南京：中国第二歴史档案館所蔵，档案号：787/3093.

58)　何慶華蔵，沈雲龍注前掲書，1944 年 4 月 7 日.

59)　中央研究院近代史所編前掲日記，1944 年 4 月 30 日.

60)　秦孝儀編前掲書（第 2 編第 2 冊），622 頁.

61)　軍令部「軍令部編敵情週報」『国防部史政局和戦史編纂委員会档案』1944 年 3 月 31 日，南京：中国第二歴史档案館所蔵，档案号：787/5482.

62)　3 月 4 日，彼は日記において，「敵は黄河鉄橋を修復しており，平漢路を打通することを必ず意図している」と書いていた．3 月 8 日，彼はまた，「敵の平漢路に対する作戦は，もし黄河鉄橋の修復を待つのならば，必ず 5 月下旬だろう」と記していた．しかし，日本軍の侵攻目的に関して，それは武漢地区の部隊の撤退を試みているからだと蔣介石は考えていた．そのため，蔣介石はこの時，宜昌や武漢への反攻を未だに準備していた．蔣介石前掲日記 1944 年 3 月 4 日，3 月 8 日，3 月 18 日上星期反省録を参照されたい．ここから，日本軍の戦略的行動に対する蔣介石の判断は堅忍不抜ではなく，絶えず揺れ動いており，自身の判断や結論を変更し続けていたことが分かる．この点は蔣介石自身の優柔不断な性格と関連していた.

63) 防衛庁防衛研修所戦史室編（1969）『広西の会戦』（戦史叢書 一号作戦 第3）東京：朝雲新聞社，53-54頁.

64) 中共句容県委党史資料征集研究委員会編（1987）『汪大銘日記（1939-1945）』句容：句容印刷廠，1944年4月10日.

65) 軍令部「軍事委員会軍令部第二庁1944年度工作計画」『軍事委員会档案』1944年1月21日，南京：中国第二歴史档案館所蔵，档案号：761/382.

66) 宮内庁編（2017）『昭和天皇実録』（第9冊）東京：東京書籍，321頁.

67) 小林幸男（1985）『日ソ政治外交史』東京：有斐閣，298-300頁.

68) 「蘇日両交渉：北庫頁島油権譲蘇漁業条約延長五年」（『大公報』1944年4月1日）.

69) 兪国林編（2018）『鄭天挺西南聯大日記』北京：中華書局，1944年4月6日.

70) 陳新林，呂芳上總編輯（2019）『陳布雷従政日記』台北：民国歴史文化学社有限公司，1944年4月1日.

71) 蔣介石前掲日記，1944年3月反省録.

72) 軍事委員会参事室は，漁業問題に関する日ソ交渉に比較的注目していたが，日本軍の戦略と結びつけるような見方は確認できない．軍事委員会「軍事委員会参事室著日蘇漁業問題」『軍事委員会档案』1944年4月6日，南京：中国第二歴史档案館所蔵，档案号：761/138.

73) 朱振声編（1982）『李漢魂将軍日記』台北：聯芸印刷公司，1944年4月15日.

74) 蔡盛琦，陳世局編（2015）『胡宗南先生日記』（上）台北：国史館，1944年4月11日.

75) 傅錡華，張力注（2012）『傅秉常日記：1943-1945』台北：中央研究院近代史所，1944年3月31日.

76) 日本軍が攻勢を始めてから半月以上過ぎた後，傅秉常は日記において，「中国からの来電によれば，敵は6万の兵をもちいて，平漢路の鄭州一帯を猛攻している．平漢を打通することで，その後粤漢に同様に全力を注ぐつもりである．〔中略〕私は日ソ条約の成立時点には予測していたが，不幸にして当たってしまった．わが国が受ける痛苦はさらに激化するので，とても不安に思っている．私はここに至っても何も成し遂げていないため，ますます私は辞任したくなっている」と記している．ここから判断するに，傅秉常の意見は国民党の上層部から受け入れられなかったようである．傅錡華，張力注前掲日記，1944年5月1日.

77) 中共中央文献研究室，中央档案館編前掲書（第21冊），141頁.

78) 前掲書，147頁.

79) 毛沢東の時局に対する判断や問題を処理する態度について，胡喬木は，「少しのためらいや優柔不断もなかった」と認めている．『胡喬木伝』編写組（1994）『胡喬木回憶毛沢東』北京：人民出版社，95頁.

80) 防衛省防衛研修所戦史室編前掲書（1967），173頁.

81) 前掲書，187頁.

82) 軍事委員会「軍委会作戦情報及指導部署等文電」『国防部史政局和戦史編纂委員

会档案』1944 年 4 月 26 日，南京：中国第二歴史档案館所蔵，档案号：787/3093.

83)　軍令部「軍令部第二庁情報」『国防部史政局和戦史編纂委員会档案』1944 年 4 月 26 日，南京：中国第二歴史档案館所蔵，档案号：787/3093.

84)　中央研究院近代史所編前掲日記，1944 年 4 月 30 日.

85)　何慶華蔵，沈雲龍注前掲日記（上冊），1944 年 5 月 29 日.

86)　蔣介石「蔣中正電薛岳日軍打通平漢路後必攻粤漢路務積極準備」，「蔣中正電余漢謀日軍將在廣州大舉増援企圖打通粤漢路務積極準備」『蔣中正総統文物』1944 年 5 月 14 日，台北：国史館所蔵，典蔵号：002-020300-00014-105，002-020300-00014-106.

87)　軍事委員会「軍委会作戦情報及指導部署等文電」『国防部史政局和戦史編纂委員会档案』1944 年 5 月 15 日，南京：中国第二歴史档案館所蔵，档案号：787/3093.

88)　蔣介石前掲日記，1944 年 5 月 31 日，本月反省録.

89)　前掲日記，1944 年 6 月 3 日.

90)　前掲日記，1944 年 7 月 15 日.

91)　中央研究院近代史所編前掲日記，1944 年 6 月 3 日.

92)　前掲日記，1944 年 6 月 14 日.

93)　前掲日記，1944 年 6 月 18 日.

94)　6 月 26 日，蔣介石は侍従室第一処主任の林蔚とともに戦局を検討し，「敵が湘桂，ベトナムとの交通路や粤路と珠江水路を打通した後の対策を立てるよう命じた」．蔣介石前掲日記，1944 年 6 月 26 日．そのため，蔣介石は，日本軍が湘桂路と粤漢路を打通しようとしていると考えていた．この判断はおおよそ正しかった.

95)　中央研究院近代史所編前掲日記，1944 年 7 月 16 日.

96)　Hans van de Ven, *op.cit.*, p. 182.

97)　『熊式輝日記』（手稿本）米国：コロンビア大学図書館所蔵，1944 年 7 月 9 日.

98)　白崇禧（1944 年 6 月 14 日）「白崇禧呈蔣中正以日軍打通大陸鐵路攻勢擬具戦略部署意見及請抽調部隊入川鎮懾龍雲」『蔣中正総統文物』台北：国史館所蔵，典蔵号：002-080103-00050-026.

99)　白崇禧（1944 年 7 月 26 日）「白崇禧電蔣中正守衛衡陽戦略管見」『蔣中正総統文物』台北：国史館所蔵，典蔵号：002-020300-00014-112.

100)　林秋敏，葉恵芬，蘇聖雄編（2015）『陳誠先生日記』台北：国史館，1944 年 6 月 24 日，上星期反省録.

101)　楊迪前掲書，182 頁.

102)　当時の軍事委員会総参謀部第一局の主要な任務の一つは，日本とその傀儡政権の軍隊を分析することであった．「この仕事は緊張感があり，毎日前線から多くの電報が届いた．我々はすべてを随時処理し，各地各方面の状況を分析した結果を整理し，軍事委員会と中央へと報告しなければならなかった」という．伍修権（1984）『我的歴程』（1908-1949）北京：解放軍出版社，154 頁.

103)　中共中央文献研究室編（2005）『毛沢東年譜：1893-1949』（中巻）北京：中央文献出版社，509頁.

104)　蔣介石前掲日記，1944年4月29日，上星期反省録.

105)　中共中央文献研究室，中央档案館編前掲書（第21冊），257頁.

106)　「晋察冀抗日根据地」史料叢書編審委員会編（1991）『晋察冀抗日根据地』（第3冊）北京：中共党史資料出版社，245頁.

107)　中央档案館編（1992）『中共中央文件選集』（第14冊）北京：中共中央党校出版社，259頁.

108)　劉樹発編（1995）『陳毅年譜』北京：人民出版社，432頁.

109)　中共中央文献研究室，中央档案館編前掲書（第21冊），404頁.

110)　前掲書，431頁.

111)　一方で，同じ時，国民党のリーダーである蔣介石は，「今日，敵の首相である東条英機が辞職を発表した．これは敵国が現状を維持できず崩壊しつつあることを表すものであり，こちらのさらなる勝利は否定し得ない」と判断していた．蔣介石前掲日記，1944年7月20日．つまり，東条内閣の下野は日本がまもなく崩壊することを意味していると，蔣は考えていた.

112)　中共中央文献研究室，中央档案館編前掲書（第14冊），404頁.

113)　胡静如前掲書（下），316頁.

114)　中央研究院近代史研究所前掲日記，1944年9月17日.

115)　毛沢東について，胡喬木は，「毛主席は厳しく，政策を決定したなら執行しなければならなかった」と語っている．簫楊編（2012）「胡喬木談毛沢東与張聞天」（『炎黄春秋』第8期）32頁.

116)　『胡喬木伝』編写組前掲書，95頁.

117)　蔣介石について，当時軍人でありその後歴史家となった黄仁宇は，はじめて蔣介石と会った時，「蔣介石の態度は俊敏ではなく，堅忍不抜でもなかった．彼の動作は緩慢で，苦心していた．彼の演説には冒険精神がなく，想像力も欠いていた」と評している．蔣介石と毛沢東について，黄仁宇は，「私は歴史家として，蔣介石と毛沢東はともに偉人だと信じている．彼らはともに独自勢力を形成し，自身の方法を用いて歴史が彼らに課した最も困難な状況に対応した．これにより，自身の非凡な才能を発揮しているのである．方法は異なるものの，彼らの勇気はともに中国の知恵と力を示している」と評している．黄仁宇，張逸安訳（2007）『黄河青山：黄仁宇回憶録』北京：生活・読書・新知三聯書店，250，267頁.

118)　蔣介石前掲日記，1948年3月24日.

119)　勃拉戈達托夫，李輝訳（1982）『中国革命紀事』，北京：生活・読書・新知三聯書店，123頁.

120)　Keith E. Eiler編，王暁寒ら訳（1989）『魏徳邁論戦争与和平』台北：中正書局，39頁.

121)　林美莉編輯校訂（2011）『王世杰日記』（下冊）台北：中央研究院近代史研究

所，1944 年 6 月 27 日.

122)　詳細は，鄧野（2019）『蔣介石的戦略布局（1939-1941)』（北京：社科文献出版社）を参照されたい.

123)　秦孝儀主編『先総統蔣公思想言論総集』（第 15 巻）台北：中国国民党中央委員会党史委員会，9 頁.

124)　埃徳加，斯諾著，党英凡訳（1983）『紅色中国雑記（1936-1945)』北京：群衆出版社，73 頁.

125)　蔣介石前掲日記，1948 年 2 月 27 日.

126)　前掲日記，1949 年反省録.

127)　中央文献研究室編（1993）『毛沢東文集』（第 3 巻）北京：人民出版社，394 頁.

128)　前掲書，394 頁.

129)　毛沢東について，長年その秘書を務めた胡喬木は次のように評している．毛主席の優れたところは，「表面的な現象を通じて物事の本質を捉え，時局を冷静に評価し，物事の変化と展開を予測し，情勢に応じてすべての力を調整して動員し，量的変化から質的変化へと物事を転換することに長けていたところである」．『胡喬木伝』編写組前掲書，471 頁.

第 **II** 部

戦　　　後

第6章

池田勇人の対中観についての試論

喬　林　生

（飯嶋佑美　訳）

は じ め に

　池田勇人は大蔵省出身の現代日本の著名な政治家として，戦後の日本政治の第一線で長く活躍し，日本の戦後体制の重要な創始者の一人であった．「トランジスターのセールスマン」として知られた池田は，首相在任中に「国民所得倍増計画」という日本の経済大国化のための主な推進策を打ち出し，世間の人々に「経済宰相」という深い印象を残した．

　1960年代前半，すなわち国交正常化以前の日中関係をめぐる国際舞台で，それまで池田は中国本土にも台湾にも訪れたことがなかったが，東西を行き来し，日本の対中意思決定を直接主導し，活発な「外交官」としての役割を積極的に果たした．池田時代の日中関係が新たな発展を見せたことは言うまでもなく，池田が積極的な役割を果たしたことは一定の評価に値する．しかし，当時の池田の対中観を詳細に研究してみると，そこには多重の政治的意図があり，一見矛盾したイデオロギー的方向性さえ見て取れ，「二つの中国」政策への変わらぬ追求が日中関係の発展に否定できない悪影響を及ぼしたこ

とがわかる.

　本稿は，近年日本外務省や関係機関によって公開された多くの外交史料や内部資料を解読することによって，池田の対中観の真相と日本側の政策目的を分析し，政治家評価における主観的で恣意的な糾弾や純粋に感傷的な賞賛という単純な輪廻から脱却し，日中関係の研究と理解を深めることを目的とする.

1.「対中自主論」の真相

　池田は政権に就くと，米国に緊密に追従し中国に敵対的であった岸信介内閣の政策を一変させ，「対中自主」を高らかに宣言し，対中政策について一定の「自主性」(自律性)を示した.

　1960年7月19日，池田は組閣後の記者会見で，「中共政策は米国と必ずしも同じ態度をとる必要もあるまい」[1]と公言した.このことからも，池田が意図的に米国と距離を置いていたことは明らかである.日中関係の緩和と貿易の発展に伴い，1962年5月12日，池田内閣は対中貿易に後払い方式を採用することを閣議決定した.米国の警戒と反対を前に，池田はしばしば側近たちに「アメリカに協力すべき点は協力したし，そろそろアメリカもオレのいうことをきいてもよいだろう」と語っていた.その後6月2日，大阪で行われた参院選の街頭演説で，池田はさらに「日本の(対中)貿易政策は，あくまで日本自身で決めるべきではないか.かりに米国からいろいろいってきてもわれわれは信じるところに従ってやる.いままでがむしろ消極的だったと思っている」[2]と述べた.同年11月の「LT貿易協定」調印後，米国の記者が池田に共産主義との闘いと対中貿易に矛盾はないのかと質問した.池田は米国の硬直した政策を率直に批判し，「アジアにおける『スターリン主義』の阻止は，日本が中国との貿易を遮断することとはまったく別の問題だ」「西欧は矛盾を感じていないし，日本もそうだが，アメリカだけが矛盾だと考え

ているようだ」[3] と述べた.

　長らく「対米協調派」であった池田が，なぜ「対中自主」政策を推進したのか．この背景には深い政治的・経済的背景があり，その一つの重要な考慮要素は長期的な視点から中国本土との関係を構築するということである.

　第一に，池田は自民党政権と国内秩序を安定させるために，国民の反米感情を鎮める手段として「対中自主」を利用した．米国に追従して「日米安保条約」を強引に成立させた岸信介は，大きく盛り上がりを見せた「反安保」運動によって追放された．日本の国民は米国の干渉と支配に強く反対し，日中国交正常化の実現を要求し，真に独立自主の平和国家の樹立を求めた．未曾有の安保闘争の余韻が残る時期に壇上に上がった池田は，国内の政治的分断を繋ぎ止め，治安を回復し，選挙に勝って保守政権の統治を確実なものとするために，岸信介の「親米」外交路線を修正し，一定の「対中自主」を示さなければならなかった.

　第二に，日本の「対中自主」政策が，対米外交への自律性を高める最も効果的な方法の一つであり，日本外交の枠組みを構築する重要な支点であったことは間違いない．池田の主席秘書官であった伊藤昌哉の回想録にある対談から，この問題の所在をうかがい知ることができる．1961年1月以降，池田の訪米予定を知った宮沢喜一は，伊藤に次のように尋ねた．「総理は，アメリカ行きを考えているのかね」「どうもそうらしいです」「それはいいのだけれど，中共政策の自信もなくて行くのかい．それじゃ参勤交代みたいじゃないか」「総理大臣になって，アメリカの考え方を聞くのもそう悪いことじゃないんじゃないですか．むこうもケネデイにかわったことであるし……」．伊藤は口ではこのように答えたが，心の中では宮沢は見る目があり，問題点を見抜いていると思っていた[4].

　池田は，対中政策を通じて外交の自律性を高めようと考えただけでなく，日本経済の急速な発展と国力の増強に伴い，さらに大きな外交的「野望」を抱いていた．1961年11月，インドを訪問した池田は，「非同盟運動」を提唱していたネルーに対し，「……日本は，一見対米追随と見えるような外交を行

うことになっている．しかしながら，日本の外交は向米一辺倒ではなく，ア
ジアの一国としてアジア・アフリカ諸国との提携も大いに考えている」[5]と
述べた．さらに，1年後の1962年11月にヨーロッパ6カ国を訪問した際，秘
書官の伊藤が指摘したように，池田には野心的な計画があり，それは「自由
主義諸国は，北米（アメリカとカナダ），ヨーロッパ，それに日本およびアジア
の三本の柱が中心となるべきであって，日本と米国との結びつきが，そのま
ま日本とヨーロッパの結びつきにおきかえられるとき，世界平和を維持する
道がひらかれる」[6]と表明した．池田は，「日米欧の三本柱」を築くという野
心的な計画の一環として，当面の「日中問題」から着手する必要性を十分に
認識していた．

　第三に，より重要なのは，日中関係を切り開き，「対中自主」外交を展開し
たことは，池田が長期的な視点から行った戦略的選択かもしれないというこ
とだ．1963年5月7日，池田は来訪した国民党の張群総統府秘書長に以下の
ように言った．

　　　「中国本土は，国民政府時代には経済状態があまりにも惨めでしたが，
　　　中共になってからはだいぶよくなっています．だから政権が安定してい
　　　るのです．」[7]

　したがって，中国の国力の増大と国際的地位の上昇を考慮し，池田は「日
本が最後に中共を承認する国にならねばならない」とし，さらに「池田は，
やがてはそれが実現できる」と信じていた[8]．

　さらに池田は，国際的かつ地域的な安全保障上の主要問題に対処するため，
中国本土との関係改善も望んでいた．1964年4月，ベトナム戦争へのアメリカ
の大規模な軍事介入に先立ち，池田はニクソン副大統領に以下のように明言
した．

　　　「南ベトナム問題にせよ，米国と中共の相互理解なくしては解決不可能

である．この地域の平和と安定をもたらすためには，中共と話し合いを
しなければならないし，米国もそれを知るべきだと思う．」「米国が現在
のようにかたくなる態度を中共に対して示している限り，アジアに真の
平和と安定をもたらすことは出来ない．米国がソ連に示したような寛容
と忍耐をもって中共に接してもらいたい．米国と中共が仲良くやってい
るということは不可能であろうが，全然交渉していないというのは危険
である．」[9]

　加えて，多国間外交のバランスという観点から，池田は日本の将来にとっ
て適当な余地を残しておくことを考えなければならなかった．冷戦の最前線
にいた日本は，冷戦が解消され，中国と米国という二大国に挟まれた後の外
交状況も考えなければならなかった．池田は，中国と米国が厳しく対立して
いるにもかかわらず，その裏ではポーランドのワルシャワで（1958 年までは
ジュネーブで）大使レベルの交渉を長年にわたって行っていたことをよく知っ
ていた．日本が取り残されるのではないかという危機感が終始つきまとった．
それは，「朝海の悪夢」という言葉からも明らかだ．この話は誇張ではある
が，当時の日本側のある種の心境を正確に反映している．米国の「二枚舌外
交」により朝海浩一郎元駐米大使の懸念が現実となったことは，結果的に歴
史が証明している．

　第四に，池田が中国に対して歴史的な好意や戦争の罪悪感を抱いていた可
能性は否定できないが，他方で，池田はこのいわゆる「特別な関係」を日本
の「自主」政策を追求するための盾として利用してきた．古代における日中
間の長い友好交流の歴史と，近代における日本の中国侵略の歴史は，両国外
交にとって避けては通れない深い歴史的背景である．1960 年 1 月，岸信介内
閣で通産大臣を務めていた池田は，「日中両国は悠久な歴史を持っていると
ころから深い関係があり日中関係の打開に努めなければならない」とし，「そし
て日中関係の行き詰まりを打開するにはまず日本側から始める必要がある」[10]
と述べている．同時に，日中接近の動きに対する米国の懸念から，池田首相

は1961年6月に訪米し，ケネディ大統領との会談の中で「日本人の中国に対する気持ちは地理的，歴史的な関係もあり，更に戦争によって迷惑をかけたことも加わって米国と異なり親近感を有している」[11]とし，米国側が日中の貿易再開の動きを理解することを望むと強調した．

　しかし，池田のいわゆる「対中自主論」は，常に米国との協調，あるいは米国追従を基本路線とする慎重かつ限定的な「自主」であり，米国の東アジア戦略の政策的枠組みから切り離されたものではない．組閣後の記者会見では，まさに自律性を追求する傾向を示したのと同時に，中立的態度を厳しく批判し，米国などと「手をつなぐ」方針を表明していた．彼は以下のように指摘した．

　　「私は6，7年も前から中共と仲良くしてゆくようにいっている．しかし，なかなかうまくゆかない．外交は中共政策だけではなく自由国家群の信頼を高めることがまず大切だ．それには日本の内政をよくしなければならない．自由国家群に信頼されるとともに，中共にバカにされない，あやつられない国になることが必要だ．」

　記者から「外交政策には親西欧と中立とがあるが，中立政策をどう考えるか」と質問された際に，池田は語気を強めながら「私は中立政策をとらない．自由国家群と手をつないでゆく」[12]と答えた．矛先は，日本社会党が提唱した「非武装中立」路線だった．

　もともと池田政権発足後，積極的な対中政策を標榜する外務省アジア局中国課は，日中間における大使級の協議や閣僚級の相互往来を提案した．しかし対米関係を考慮した池田は時期尚早と判断し，この提案を受け入れなかった[13]．池田は，外務省の公式な外交ルートだけでなく，米国政府関係者に対しても，中国との政治的接触を求めているのではなく，米国の冷戦戦略の枠内で民間貿易を行い，対中外交を推進しているに過ぎないことを繰り返し強調している．

　1962 年 10 月 2 日，池田は来訪したマーフィー元駐日大使に対し，日本は中国共産党の意向をよく承知しており，日中貿易が大幅に増加することは不可能で，米国政府が憂慮しないことを望むと述べた[14]．池田の訪米前に日本の外務省当局が策定した政策案の中には，米国と「一致」した立場を維持することがさらに明確に示されていた．

　アジア局の「対中国共産党方針（案）」（第 1 案，1961 年 3 月 3 日）は，「中国の国連代表権問題」と「日中関係」について詳しく述べた後，「対米関係」については，「米国に対しては，以上の方針を予め通報するとともに，国連総会における審議棚上げ案については，その提出を思い止まるよう説得し，かつ今後とも密接な連絡協議を保持するものとする」と指摘している[15]．

　1961 年 3 月 17 日に外務省アメリカ局参事官が提出した政府文書「日本の中国政策」にも，以下の通りに明記されている．

　　⑴　長期的目標
　　……日米の中国政策は，台湾を自由世界に止めつつ中共との交流を拡大するという基本線では一致している．しかし全く異なるのは，米国が中共と先鋭に対立し，国府が米の軍事的庇護下にあるのに対して，日本は中共を刺激する行動をとることが内外事情よりできず，国府に対しても強い影響力を持たないことである．従ってその中国政策は低姿勢とならざるを得ない．今後さらに米側と話合うべき基本的問題である．
　　⑵　当面の施策
　①　国連総会について，投票を棄権するとしても事前に米側の立場と調整を図る．
　②　中共との人事交流，接触面の拡大をはかる（米国への事前通報を行って）[16]．

　このことから，池田の「対中自主」とは，貿易上で米国と「協調」するだけでなく，政治上でも米国の大政方針に忠実に追随するものであったことが

わかる.

2.「日中貿易推進論」の限界

　池田が対中外交を推進できるスペースには限りがあり，政治的には米国と
「一致」する必要があったが，「自主」の追求は主に貿易に反映され，「政経分
離」の原則の下で，日中間の民間貿易はある程度促進された.

　1960 年 7 月，池田は組閣後に中国との「文化・経済交流の積極的発展」に
意欲を示した. 8 月 27 日，周恩来は訪中した日中貿易促進会の鈴木一雄専務
理事との会談で「日中貿易三原則」，すなわち政府間協定，民間契約，個別的
配慮を提案し，日中関係改善のための「政治三原則」を改めて表明した.「政
治三原則」とは，第一に，日本政府は中国を敵対してはならない，第二に米
国に追随して「二つの中国」の陰謀に関与してはならない，第三に日中関係
の正常化の方向への発展を妨げてはならないということであった[17]. 11 月 15
日，日中の関係企業は貿易再開のための第 1 号の契約に調印し，2 年半中断
していた日中貿易は「友好貿易」という形で急速に復活し，発展した.

　1960 年 12 月 19 日，池田は衆議院予算委員会での発言で，さらに明確に以
下の通りに指摘した.

　　「政府間の貿易協定というのが，中共承認という格好でゆくのならば，
　これは私は今踏み切るわけには参りません. しかし，外交関係を正式に
　回復するということでなしに，具体的に貿易を強化していく，あるいは
　国際慣例でありますように，その国を承認しなくても，特定に事項，郵
　政，気象等々におきまして，お互いに話し合いを進めていくということ
　につきましては，私はやぶさかではない. そこで問題は，中共を承認す
　るかどうかという問題にからまない程度の問題につきましては，私は両
　国間の話し合いを進めていってもいいんじゃないか，貿易ならば，日中

間におきましては積み重ね方式でいくのが望ましいのじゃないかと考えているのでございます.」[18]

1961 年 1 月 30 日, 池田は第 38 回国会での所信表明演説で,「ソ連を初めとする共産圏諸国との友好関係の増進, なかんずく, 日中関係の改善をはかることもきわめて重要であります. 中国大陸との関係改善, 特に貿易の増進は, わが国としても歓迎するところであり, 本年はこの問題への接近がわれわれの一つの課題であると思います」[19] と強調した. 同年 4 月 10 日, 池田はバーター制度の廃止を命じ, 1961 年の日中貿易は前年の 2 倍以上になった. 1962 年春, 池田は親友の著名な実業家である岡崎嘉平太に, 大規模な貿易方式があるかどうか, よく考えてほしいと言った[20]. 同年 5 月には池田自らが議長を務めて最高輸出会議を開催し, 日中貿易は後払い制とすることを決定した. 6 月末には岡崎が新たな日中貿易拡大案, いわゆる岡崎構想を策定した. 岡崎構想は池田の賛同を得て, その後の「LT 貿易」の基本骨格となった. 岡崎構想の全文は以下の通りである.

　　日中貿易を今後漸次正常の軌道にのせ, 且増進をはかる為めテストケースとして差当たり左の方式の取引を中国側と交渉する
　　一, 差当たり中国側が希望する硫安等肥料, 農薬（場合によっては鉄鋼も）を輸出し, その見返りに大豆, 水銀, 製鉄用石炭, 鉄鉱石, 漢薬等中国側の出し易いものを輸入する
　　輸入は二年乃至三年の延払とする
　　二, 日本側輸出者に対しては日本輸出入銀行で金融する
　　三, 日本側は輸出と輸入の間の交易及必要な場合には価格の調整をするため一つのグループを結成し, 中国との取引はこのグループ名で行う（所謂友好商社に限らぬ）
　　中国側もこのグループを取引の相手とする
　　四, 輸出入価格は国際価格 FOB で定めるのを原則とするが, 必要の

場合には之に異なる価格とし，グループ内で輸出入の物資について調整
する

　　五，延払として輸入する物資はこのグループが国内で販売して輸出代
金又は輸出入銀行への決済に充てる

　　六，此方式による取極を日本側グループ代表者と中国側公司との間に
文書を以て契約し，日本側は松村謙三氏を契約の立会保証人とする

　　このテストケースが成功したら之に倣って両国間の貿易を拡大し，日
本側一般商社メーカーに及ぼし，従来の硬着した局面を打開する.[21)]

　第一に，中国市場をめぐる西欧諸国との競争も，池田が「日中貿易促進」
を積極的に唱える大きな動機となった．イギリスとフランスが中華人民共和
国を承認したことで，中国本土と西欧諸国との貿易は拡大を続けていた．日
本の経済界は，中国本土の市場がヨーロッパ諸国に奪われないか不安視して
いた[22)]．池田は友好的な商社や業界関係団体の提案を受け入れ，対中貿易に
後払い方式を導入し，「欧州と足並みをそろえる」原則に基づいて対中貿易を
推進することを決定した．

　第二に，対中貿易の促進は，日本国内の政治的相違を埋める現実的な手段
でもあった．安保闘争の結果，日本の政界では保守勢力と革新勢力が対立し，
保守政党内でも分裂が発生していた．知識人階層も保守政党から離れ，その
影響で国民の間では動揺が広がっていた[23)]．社会党に代表される革新勢力は
日中国交回復を積極的に主張し，中国問題は日本の国内政治でも主要な争点
となっていた．「低姿勢」を貫く池田は，安保闘争の後遺症を払拭するため，
国内的には国会を正常化し，民主政治を内部で固めるとともに，対外的には
「経済外交」を展開し，「所得倍増計画」の実現を推進しようとしていた．そ
の結果，対中貿易の再開・拡大は，この段階での「一石二鳥」の現実的な選
択肢となった．

　第三に，貿易ルートを通じて中国の実情を理解し，その上で両国間の政治
関係の発展を促進することがある．1958年の日中国交断絶後，日本政府は中

国本土と新中国の対日政策に関する深刻な情報不足を痛感していた．1962 年
11 月，ヨーロッパを訪問した池田は，フランスのシャルル・ド・ゴール大統
領との会談で，「日本としては，中共の実情及び実体を明白に把握するため政
治上の問題を別として経済的にある程度の交流を中共と行いたいと思う．こ
れは米国はあまり好まないかも知れないが，中共の法的承認の問題とは別で
ある」[24] と述べていた．この後，池田はフランスのクーヴ・ド・ミュルヴィ
ル外相と会談し，アジア問題について深く議論した．池田は，中印国境紛争
が「大きな事態には発展しない」と考えており，中国を直接的な脅威と見な
すべきではないとし，「中共の実情を知り共産圏対策をたてるため，すなわ
ち，経済よりも政治の面において少しづつ貿易を進める考えである」とし
た[25]．つまり池田は中国との貿易を推進する政治的意図を明らかにしたので
ある．

　同時に池田は，日中貿易チャンネルを利用して，中国本土との政治関係を
改善するために米国をさらに取り込もうと考えていた．1963 年，ケネディと
の首脳会談の際，池田は米国に対し，米中間のジャーナリストの相互派遣を
通じて両国関係を改善することを提案し，日本は仲介役となることを厭わな
いとした．ケネディはその年の 11 月に暗殺されたが，池田は計画を断念しな
かった．翌年 4 月，松村が中国を訪問した際，池田は松村に対し内々に周恩
来に米中記者交換について話してほしいと依頼していた．しかし，周恩来は
これには極めて消極的で，真正面から取り合わず，「今回は中日間の記者交換
にとどめましょう」とのみ答えた[26]．このことからも明らかなように，池田
は貿易活動の政治的効果を重視しながらも，国民政府を承認するという政治
的制約を超えることはしなかったのである．

　第四に，「中国を教化」し，「中ソを離間」させることは，池田の中国との
経済・貿易活動の政治的目的でもあった．1950 年代後半，中国は「大躍進」
や人民公社，社会主義総路線などの左傾化政策の誤った指導の下で，経済は
深刻な困難に見舞われていた．その結果，1961 年 1 月の中国共産党第八期中
央委員会第九回全体会議では，国民経済の「調整，強固，充実，向上」とい

う八字方針を正式に決定し，対外的には独立自主，覇権主義反対という外交方針を堅持し，平和を愛する国々との友好協力を推進した．

　1963年9月，池田はライシャワー駐日米国大使に対し，貿易は中国に今日の世界の現実を教える最良の手段であり，自由主義世界の対中貿易戦略を根本的に見直す必要があると述べた[27]．1964年4月，池田は来日したフランスのクーヴ・ド・ミュルヴィル外相に「中共貿易はおこなうべきだ．これによって中国の民衆に自由経済の正しさを教えなければならない」[28]と再度強調した．同月10日，池田はさらにニクソン米副大統領に日本の「模範を示すあるいは教化する役割」を説明した．池田の主張は，吉田茂の中国「逆浸透」の思想を一定程度受け継いだものとも言える．池田は以下のように言った．

　　　「漢民族は経済観念の豊かな民族であり，ゆくゆくは，共産主義より民
　　　主主義の方が秀れていることを知ることができるのではないかと考える．
　　　その点で，日本が中共と貿易することは教育的な意味があると思うし，
　　　米国も右のような考え方を理解し，又世界における指導者としての立場
　　　からもあまり排他的になっては困る．」[29]

　「中国とソ連の離間」は，池田が対中貿易を推進する重要な政治的戦略目的であった．1960年代に入り，中ソ関係が悪化するにつれ，社会主義陣営は揺らいだ．「経済は外交の武器になり得る」と確信する池田は，経済的利益の観点だけでなく，中国との貿易に国際政治的な意味も付与した．1962年11月にヨーロッパを訪問した際，池田はドイツのアデナウアー首相との会談で次のように述べた．

　　　「日中貿易問題は日本にとって国内的にも国際的にも極めて重要な問題
　　　である．吉田元総理は数年前から自由諸国が対中共貿易を促進すること
　　　はソ連・中共間の離反を齎すこととなるとの考えを持っており，西欧諸
　　　国の主要政治家に対しこの考えを伝え，その実現に努力したが，ダレス

の反対によって実現しなかったと聞いている．自分は中共問題について
は概ね吉田元総理と同意見であって，この際，中共に対し弾力的態度を採
れば中共が自由陣営に一歩近づくことは十分有得るものと思っている．」[30]

　池田の「日中貿易推進論」の方針の下，日中貿易は回復と発展を見せ，「LT
貿易」の確立，常駐機関の設置，ジャーナリストの相互派遣が実現した．し
かし，この種のいわゆる「半官半民」貿易は，性質的につまるところ「民間
貿易」である．

　1962年10月17日，高碕達之助が協定調印のために中国に赴く前，福田一
通産大臣が政府を代表して高橋と会談し，口頭と書面で「統一見解」を伝え，
今回のミッションは民間の性質のものであり，政治的な問題などを議論しな
いように改めて強調した[31]．池田は常に「政経分離」の原則の下，中国本土
との民間貿易を展開してきた．「LT貿易」協定調印後の翌年10月18日，池
田は第44回国会での所信表明演説でもこの点を強調し続けた．

　　　「中国大陸との間にも，昨年来正常な民間貿易が進展しつつあります
　　　が，これは，あくまで政経分離の原則に立つものであります．もとより，
　　　わが国と正常な外交関係にある国民政府との関係に改変を加えようとす
　　　るものでないことはもちろん，今後国民政府との関係を一そう緊密にい
　　　たしたいと存じておるのであります．」[32]

　中国と日本が比較的スムーズに「LT貿易」を実現できたのは，実際には中
国側が妥協し，より現実的で柔軟な態度をとったからである．中国側は「政
治三原則」を表面上では堅持し，実際には「政経分離」の原則を黙認した．
「LT貿易」の調印に先立ち，松村は1962年9月に訪中し，共同で「周恩来・
松村会談紀要」を発表した．そして大部分で日中間は政治的な「コンセンサ
ス」に達した．その内容は以下の通りである．

「周恩来総理と陳毅副総理は自民党顧問松村謙三氏と 16，17，19 日の
3 日間にわたって友好的かつ率直な会談を行った.

　中国側は政治 3 原則，貿易 3 原則，政経不可分の原則を堅持することを
重ねて表明するとともに，これらの原則は引き続き有効であると認めた.

　双方は，貿易をさらに促進し，発展させたいとの願いを表明した.

　双方は漸進的かつ積み重ねの方式をとり，政治関係と経済関係をふく
む両国の関係の正常化をはかるべきであると一致して認めた.」[33]

　日本側は政治的原則についてのコメントを避け，民間貿易の発展について
のみ合意した. そして「LT貿易」調印の日，陳毅国務院副総理兼外交部部長
は日本の記者に以下のように述べた.

　「今度の協定は民間協定とも政府間協定ともいえる. なぜなら中国側の
当事者は政府の責任者であり，日本側も自民党の責任者，業界代表も日
本政府と密接なつながりを持っているからだ. これをさらに広げ，政府
間貿易にする困難は中国側にはない. この困難は二つの中国を作る陰謀
を米国が持ち，日本も蔣介石と外交関係を持ち，これをたち切れないと
ころにある. この点は私たちは十分理解できる.

　まとまった貿易の覚書と取決めの数字は限られている. しかし松村氏
は，経済の積上げを通じて政治の積上げを行い，両国の正常化に向かっ
ていくといった. これはけっこうなことである.」[34]

　明らかに，中国と日本では「LT貿易」の認識に隔たりがあり，解釈も異
なっている. 常駐機構やジャーナリストについては，外交官として扱われず，
国旗を掲揚できず，政治活動もできず，テレビやラジオに出演できず，核兵
器禁止会議などにも出席できず，その活動は民間貿易の範囲に厳格に限定さ
れている.

　中日貿易が民間貿易の範囲に限定されていたために，後払いの条件や日本

輸出入銀行からの融資の適用範囲が厳しく管理され，中日間の正常な貿易の規模や対象が限定されていたのである．また，民間貿易の位置付けのため，中日貿易は日本の内外の政治的干渉や妨害を受けており，第二次「吉田書簡」はその端的な例である．これは大日本紡績のビニロン機器輸出，日立造船の万トン級の貨物船などの輸出の契約不成立に直結した．民間貿易による政治への「譲歩」は，池田の「日中貿易論」あるいは対中「経済外交」の限界を露呈した．

3.「一つの中国論」の表看板

「一つの中国論」が池田の口先の外交辞令にしか過ぎないのに対し，「二つの中国論」は池田の中国観の本意である．「二つの中国論」あるいは「一つの中国，一つの台湾論」という主張は，日本の前任の数代の首相と根本的に異なるものではなく，池田はさらに積極的な「セールスマン」としての役割を果たした．

　首相就任後，池田は1960年10月21日の第36回国会で，「中国大陸との関係につきましては，相互の立場を尊重し，内政不干渉の原則に基づいて，漸次これを改善していくことが望ましいと考えます．特に，従来中絶状態にありました日中貿易に再開の機運が生まれることは，もとより私の歓迎いたすところであります」[35]と公言した．池田は「互いの内政不干渉」を口実に，米国に追随して中国の国連代表権に関する「重要な問題」議案を積極的に提起した．これは中華人民共和国の国連における正当な議席の回復を妨害し続けることを目的としていた．実際，池田は「一つの中国論」の看板を掲げ，徐々に「二つの中国」を製造するための準備を進めていたのである．

　中華人民共和国の成立後，中国は中央政府が中国全土を代表する唯一の合法的な政府であると宣言し，国民党政府を追放して中国の国連における合法的な議席を回復するよう国連に要求した．しかし国連は，米国主導で，1951

年に中国の国連代表権問題についての「討論延期提案」を採択した．1960年代に入ると，独立を果たしたアジアやアフリカの途上国が相次いで国連に加盟したため，中国の国連における正当な議席の回復を支持する国が増え，1960年10月にはこの提案は8票の僅差で可決され，否決まであと1歩という状況であった．提案が否決されれば，台湾の国民党政府は国連から除名される可能性があり，日本は中華人民共和国を承認するか否かを含む一連の中国政策にどう対処するかという問題に直面することになる．

　米英両国が「討論延期提案」を堅持するか，それとも中国本土と台湾の「二つの国家」を国連の中国議席を継承する「後継国家」とする案を採用するかを協議している最中，1961年6月，池田とともに米国を訪問した日本の小坂善太郎外相は，ラスク米国務長官に「重要問題」議案を提示した．すなわち，中国の国連における合法的な議席回復を「重要問題」とすることで，可決には総会の3分の2以上の賛成が必要となるのである．ラスクはその場で快諾した．この提案は，小坂が外務省幹部を召集し，ほぼ昼夜を分かたず秘密裏に約4ヵ月に及んで協議したのち，最終的に島重信審議官（後の外務次官）が起草した二つの提案のうちの一つであった[36]．

　さらに，「重要問題」議案を成立させるために，池田は，アフリカ諸国の支持と引き換えにモンゴルの国連加盟に同意するというケネディの考えに積極的に応じた．モンゴルの国連加盟に断固反対し，モンゴルを独立国家と認めない蒋介石を説得するため，池田は秘密裏に蒋介石に自ら書簡を送り，モンゴルの国連加盟に対し拒否権を行使しないよう求めた．これは，蒋介石がモンゴルの国連加盟に同意する上で決定的な役割を果たした[37]．同年12月の第16回国連総会で，日本は米国など5カ国と共同提案を行い，「重要問題」議案は採択された．中国の国連における合法的な議席の回復はさらに10年間延期された．

　この時，池田は中国本土との経済・文化交流を推進することだけを考えており，中華人民共和国を直ちに承認する用意はなく，「中国承認」は彼が提唱した「二つの中国論」を前提とした長期的な目標であった．1961年6月の訪

米時，池田はケネディ大統領との会談で，「台湾は決して共産側に手渡しては
ならない」，日台間に平和条約がある以上，現時点で中国共産党政権を承認す
ることは困難であり，国内の世論も承認問題に理解を示さないだろうと明言
した．したがって，「自由陣営の多数は台湾を確保することを希望しており，
一方国府，中共ともに一つの中国を強く主張しているから国連において国府
の席を確保することができれば中共は国連に入ってこないのではないかと
思う」[38] とした．

　さらに池田は，「二つの中国」の形成を目指しつつ，中国本土の合法的な議
席回復を阻止しながら「台湾地域の国家化」を段階的に推進し，積極的かつ
現実的な対策を立てると強調した．彼は以下のように考えていた．

　　　「6 億の住民が国連に代表されていないことは非現実的と思う.」「なお
　　　蔣介石が続く限りは安心して差支えないと思うが，その後継者としては
　　　蔣経国が最も有望であるとの説があるが，彼が蔣介石の後を継いだ場合
　　　にはその生い立ちから考えて国共合作に走る可能性があることを恐れる
　　　次第である．台湾の人口 900 万のうち 700 万は本島人であり，彼等は平
　　　和と自由を望んでいる．棚上げ案によって一時を糊塗するのは策を得た
　　　ものではないと考える．むしろ台湾の地位を固めるために積極的な措置
　　　をとるべきであると思う.」[39]

　6 月 26 日，池田は続けてカナダを訪問した．カナダのジョン・ディーフェ
ンベーカー首相との会談で，ディーフェンベーカーは「中共は国連に入れる
べきであり，ただし台湾の独立は保障されねばならない」と述べた．池田は
「日本は前述のとおり国府，中共の双方に対しそれぞれ特殊な関係にあり，二
つの中国論を国内ではいえない立場にある．カナダ辺りがイニシアティブを
とってくれれば最もよいのではないかと思う」と答えた[40]．その後，同年 11
月に渡欧した池田は，フランスのシャルル・ド・ゴール大統領との会談で改
めてこう述べた．「日本としては二つの中国と言えば中共と台湾双方を怒らせ

るだけなのでこのようなことを主張するわけにはいかないが, 永い将来について, 行く行くは, 現実の問題として二つの中国的な解決が必要になるかと思う」[41].

実際, 池田訪米の3カ月前の3月17日, 外務省米国局参事官はすでに「日本の中国政策」と題する文書を策定していた. その内容は池田の主張を裏付けるものだった. その内容は次のようなものである.

「1. 長期的目標
日本の国際環境の安定化をはかるため, 中共と外交関係を樹立するとともに, 台湾は自由世界に止めることを対中国政策の目標とする.
(1) 日米安保体制維持が前提. 中国政策は民主主義国家としての基本的立場に立つものであることは申すまでもなし.
(2) 台湾の分離, すなわち「二つの中国」は中共の対日三原則と正面衝突する. それゆえ公言はしない性格のものとなるべきである.
(3) 日本の公式の立場は「中国に二つの政権が存在するから, 隣接国家としてこの現実の事態に順応し, その国際関係を処理するものである」というラインになる. 「日本のおかれた特殊な立場よりそのとるべきコースも他の関係国とは異なるものとなる.」
(4) 台湾分離の具体的施策として米国は, 国府から台湾人の政府への漸進的移行を考えており, 国連信託統治, 国連管理下の人民投票などは非現実的かつ危険と考えている. いずれにせよ対米協議が必要. 台湾を自由世界に留めておけるのは, 米の軍事力のみ……」[42]

国連代表権問題で台湾を政治的になだめた池田は, 1962年に中国本土との通商交渉を精力的に進め, 「LT貿易協定」に署名した. 続けて1963年8月, 池田は各方面からの圧力に抗して, 倉敷レイヨンの設備一式を中国本土に輸出することを推進した. これらの日本の「大陸接近」は国民党政府の反発を招いた. 同年9月の池田による「本土への反抗はほとんど夢物語」といった

発言や，10 月 7 日の「周鴻慶事件」が蔣介石の怒りを買い，台湾は駐日大
使・高官を呼び戻し，日本からの物資購入を停止するなど，日台関係は急速
に悪化した．そのため，日台関係の緩和と蔣介石をなだめるため，同年 10 月
30 日，池田は小野伴睦副総裁を台湾に派遣し，蔣介石の生誕祭に際して国民
政府に事情を説明させた．1964 年 1 月 21 日，池田は第 46 回国会衆議院本会
議の施政方針演説で中華民国との外交関係を再確認し，「左右逢源」について
説明した．

　　「伝統的に親善関係にある中華民国政府との間に，最近紛議を生じたこ
　とはまことに遺憾であります．中華民国政府とは友好的な外交関係を維
　持しつつ，中国大陸との間には，政経分離のもとに，民間ベースによる
　通常の貿易を行なうことがわれわれの方針であることもすでに明らかで
　あります．私は，中華民国政府が，一日も早くわが国の真意を了解する
　ことを希望してやまないものであります．
　　中国大陸が，わが国と一衣帯水の地にあり，広大な国土に六億余の民
　を擁しておることは厳然たる事実であり，一方，中共政権に関する問題
　は，国連等の場における世界的な問題であります．私は，これらの認識
　のもとに，国民諸君とともに，現実的な政策を慎重に展開していきたい
　と思います．」[43]

続く 1 月 23 日の衆議院本会議での答弁で，池田は再びこう述べた．

　　「中共の問題でございますが，これまたさきの演説で申し上げましたご
　とく，アジアの平和，世界の平和のために，われわれは世界世論の動向
　によって慎重に対処しなければなりません．すでに御承知のごとく日華
　条約がございます．われわれが中華民国を正式の政府として認めておる
　この事実を忘れてはならないのであります．こうして，また，施政演説で
　申し上げましたごとく，中共の政権が存在する事実も認めております．」[44]

意見を統一して国会答弁に対応するため，1964年3月，池田は「対中国の基本政策」に関する政府および自民党の「統一見解」をそれぞれ示し，3月5日に政府は「中共問題に関する外務省の統一見解」を発表した．

　「（1）対中国基本政策　政府としては国府との間に正規の外交関係を維持しつつ，中国大陸との間には政経分離の原則のもとに貿易をはじめとする事実上の関係を維持してゆくことがもっとも現状に即してわが国の利益を維持し得る政策であると考える……

　（2）中共の侵略性　……

　（3）国連における中国代表権問題と中共との国交正常化問題　中国代表権問題は国府と中共のどちらが中国を代表するかという単純な形式問題ではなく，アジアひいては世界の平和に関連する重要問題なので，十分に実質的な審議を加えて世界世論の納得のゆく解決策を見出すべきであるというのがわが国の基本的態度である……」[45]

　3月26日，自民党は「中国問題に関する自民党の統一見解」を発表し，上記の考えを繰り返し，中国共産党の「一つの中国」政策を認めることには賛成できないと強調した．

　「（1）わが党の対中国政策の基本は，国民政府とは正規の外交関係を維持し，中共とは政経分離の原則の下に民間の経済，文化の交流をはかる．

　（2）国連における中国代表権問題は世界世論の動向を見きわめたうえ，国家的利益にもとづいて既存の条約を尊重し慎重に対処する．

　（3）社会党，共産党のいう「一つの中国」は国府を否認し，中共を唯一の正統政府と考え，これと平和条約を結び国交をせよというもので，これには当然国府との国交断絶を意味し，党としては賛成できない．

　（4）中共の思想的対日工作には十分な警戒を要する．

　（5）政経分離の原則にもとづき，民間ベースによる日中貿易の推進，

拡大をはかる.

(6) 社会党や共産党のいう「日中国交回復」は日華平和条約と日米安保条約の破棄をねらう国内かく乱工作である.」[46]

さらに1964年2月23日,池田は吉田茂元首相に親書を託し,個人的な立場で台湾を訪問させた.吉田は蒋介石と3回会談し,中華民国を「一つの中国」として正統的に位置付ける政治的認識を再確認しただけでなく,台湾に対して具体的な経済的譲歩も行った.帰国後,吉田茂は池田の承認を得て,吉田が蒋介石と会談した内容を確認する書簡を張群に送り,この書簡は「吉田書簡」,すなわち「第二次吉田書簡」として知られるようになった.「吉田書簡」は主に2通あり,1通目は4月4日付で,「中共対策要綱」の内容に同意するものであった.「要綱」の具体的な内容は以下の通りである.

「一,中国大陸六億ノ民衆ガ自由主義諸国ト平和的ニ共存シツツ,此諸国トノ貿易ヲ拡大シテ,世界ノ平和ト繁栄ニ寄与出来ル様ニスル為ニハ,中国大陸民衆ヲ共産主義勢力ノ支配ヨリ解放シ,自由主義陣営内ニ引キ入レルコトガ肝要デアル.

一,右目的ノ為,日本,中華民国両国ハ具体的ニ提携協力シテ,両国ノ平和ト繁栄ヲ実現シ,自由主義体制ノ具体的模範ヲ中国大陸民衆ニ示スコトニ依リ,大陸民衆ガ共産主義政権ヨリ離反シ,共産主義ヲ大陸カラ追放スル様,誘導スルコト.

一,中華民国政府ガ中国大陸内ノ情勢,其他,世界情勢ノ変化ニヨリ,客観的ニ見テ,政治七分軍事三分ノ大陸反攻政策ガ成功スルコト確実ト認ムル時ハ,日本ハ大陸反攻ニ反対セズ,之ニ精神的道義的支持ヲ与フルコト.

一,日本ハ,所謂二ツノ中国ノ構想ニ反対スルコト.

一,日本ト中国大陸トノ貿易ハ民間貿易ニ限リ,日本政府ノ政策トシテ,中国大陸ニ対スル経済的援助ニ支持ヲ与フルガ如キコトハ,厳ニ之

ヲ慎シムコト.」

　5月7日付の2通目の書簡は，日本から中国本土へのプラント輸出停止を確認するものだった．その内容は以下の2点であった.

　　「（イ）中共向けプラント輸出に関する金融を純粋の民間ベースによることについては，貴意に副い得るよう研究をすすめたい.
　　（ロ）いずれにしても本年中には，日本輸出入銀行を通ずる大日本紡のビニロン・プラントの対中共輸出を認める考えはない.」[47]

　「吉田書簡」を受け取った台湾当局は，6月26日に魏道明を新しい「駐日大使」として派遣した．7月3日には大平正芳外相が訪台した．張群も8月12日に訪日し，池田は8月20日の会談で，中共が国連に加盟しても，日本は当然承認できないと付け加えた[48]．
　池田が中華民国政府を唯一の合法政府とみなす「一つの中国論」を口先だけで堅持するのは，池田の政経分離の原則，すなわち「政治は台湾」と「経済は中国本土」という路線の現れであり，内外の認識と圧力に基づく現実的な判断であることは言うまでもない.
　第一に，対米協調あるいは対米追従政策をとる池田の行動は，米国の台湾支持という戦略的枠組みから出ることはない．米国は，台湾を支持し中国本土を封鎖する中で，池田が中国本土との通商関係を進め，事実上の「二つの中国」政策を実施しようとすることをある程度容認していたが，日本が通商を利用して政治関係を進めることを警戒し，日本が中華人民共和国を承認することも防ごうとしていた．1962年9月26日，ワシントンD.C.の日米協会で行われた講演で，ハリマン米極東担当国務次官補は「共産側は政治的譲歩を求めてくるだろう．日本はこの危険をさとり，貿易を政治目的に利用されないようしてほしい」と公に日本に念を押した[49]．特に，1964年1月にフランスが中華人民共和国を承認したことに対して，米国が「遺憾の意」を表明

する中，同月来日していたラスク国務長官は日本に圧力をかけ，日本の大平
外相に対し，「重要問題」案は依然として有効であり，台湾の国連における地
位の維持と中国本土の立場の非承認を堅持し続けたいと明確に伝えた[50]．

　第二に，前述したように，台湾も中国本土も「二つの中国論」に強く反対
している．池田は，日本が台湾と外交・経済関係を持っていることや，西側
陣営の一員としての戦略的立場から，日本と中国本土との関係に反対する国
民政府に配慮しなければならなかった．いわゆる「蒋介石恩義論」について
は，池田はパキスタンのアユブ・カーン大統領との会談の中で言及したこと
があるが[51]，大きな要因とは考えない方がいいだろう．

　また，「二つの中国論」は中国本土の提唱する「政治三原則」と背反するも
ので，池田は基本的に長期的な視点から中国本土を理解しており，例え中国
本土を承認するとしても，それは「二つの中国論」を前提にして考慮するも
のであり，当時は台湾と国交を断絶して中華人民共和国の「一つの中国論」
の意図を承認するつもりはなかった．中国の極左思想の下での中国の内政・
外交政策や，貧しく後進的な社会経済状況を前にして，池田は現状維持を支
持している．1964 年 1 月 29 日，池田は衆院予算委員会で，「ドゴール大統領
の中共との国交を始めたことにつきましては，世界的にいろいろ議論のある
ところであります．国内的にも議論は必ずしも統一しておりません．私のた
だいまの考えでは，直ちに中共を承認するということは，大英断でなしに大
暴断だと考える．非常なむちゃなやり方だ」と述べた[52]．

　第三に，「台湾をなだめる」ことは，池田が政局を安定させ，再選を目指す
ためにも必要であった．緊迫した日台関係は，池田に対抗する自民党内の「親
台派」の声を高めた．岸信介，佐藤栄作，賀屋興宣を中心とする「親台派」
は，台湾支援を画策する一方で，池田政権打倒のために反池田勢力を集める
という積極的な行動に出た．1964 年 7 月の自民党総裁選挙での再選を目指し
て，池田は政権内の親台湾勢力を押さえ，党内の反池田勢力がこの状況を利
用するのを防ぐため，日台関係の緩和に踏み切らざるを得なかった．

おわりに

　要するに，池田は政治的あるいは経済的な手段として中国本土と台湾の均衡を図り，「一つの中国論」を掲げながら，事実上の「二つの中国論」の実現を目指していたのである．「一つの中国論」は体裁に過ぎず，「二つの中国論」こそが池田の中国観の核心であり，本心なのであった．「対中自主論」も「日中貿易推進論」も，その中心は「二つの中国論」である．「対中自主論」は主に「日中貿易促進論」に反映され，「日中貿易推進論」の限界は中華人民共和国の政治的承認であるが，これはまさに池田の「中共に対する戦略的承認と戦術的非承認」を具体化したものである．池田の台湾に対する「一つの中国論」の主張も，政治的な「二つの中国」を実現するための台湾の「民族自決」と「台湾地区の政権化」が目的である．しかし，池田の「二つの中国論」は，従来の日本政府のそれと根本的に異なるものではなく，また，出口を見出せないものであったことが歴史的に証明されている．「二つの中国論」から中華人民共和国を認める「一つの中国論」に考え方を変えなければ，解決策はないのであった．

付記　本稿は 2022 年天津市哲学社会科学の重点研究項目（TJZZ22-001）の研究成果の一つである．

1) 石川忠雄，中嶋嶺雄，池井優編（1970）『戦後資料　日中関係』日本評論社，183 頁．
2) 古川万太郎（1981）『日中戦後関係史』原書房，202 頁．
3) Embassy Tokyo to Secretary of State, Dec. 6, 1962. No. 1394, RG84, TE, Box 85, NA.
4) 伊藤昌哉（1985）『池田勇人とその時代』朝日新聞社，153 頁．
5) 「第 2. 池田総理，ネール首相第一次会談要旨」『池田総理アジア諸国訪問』第 2 巻，外務省外交史料館，リール A' 0537.
6) 伊藤昌哉（1966）『池田勇人・その生と死』至誠堂，153 頁．
7) 伊藤前掲書，175 頁．
8) 伊藤前掲書，178 頁．

9)　アメリカ局北米課「池田総理・ニクソン前副大統領会談記録」1964 年 4 月 10 日，外務省外交史料館，リール A' 0401.

10)　石川忠雄，中嶋嶺雄，池井優編前掲書，183 頁.

11)　「第 1 節　池田，ケネデイー第 1 回会談」1961 年 6 月 20 日，外務省外交史料館，リール A' 0362.

12)　石川忠雄，中嶋嶺雄，池井優編前掲書，183 頁.

13)　アジア局中国課「対中共政策（案）改訂」1961 年 1 月 8 日，外務省外交史料館.

14)　「自由アジア東京大会出席者招請状況報告」，外務省外交史料館，CD-16，04-598-12.

15)　アジア局「対中共方針（案）」1961 年 3 月 3 日，外務省外交史料館，リール A' 0356.

16)　米参「日本の中国政策」1961 年 3 月 17 日，外務省外交史料館，リール A' 0356.

17)　「周恩来が手渡した鈴木・周会談記録」(8 月 27 日貿易三原則を含む)（1960 年 9 月 10 日)，石川忠雄，中嶋嶺雄，池井優編前掲書，259-260 頁.

18)　『第 37 回国会参議院予算委員会会議録』第 3 号，1960 年 12 月 19 日，4 頁.

19)　「池田内閣総理大臣の施政方針に関する演説」『第 38 回衆議院会議録』第 3 号，1961 年 1 月 30 日，2 頁.

20)　日中経済協会（1975）『日中覚書の 11 年』日中経済協会，39 頁.

21)　「岡崎構想」1962 年 6 月，外務省外交史料館，CD-16，04-598-1.

22)　吉村克己（1985）『池田政権 1575 日』行政問題研究所，191 頁.

23)　吉村前掲書，31 頁.

24)　欧亜局「池田総理訪欧の際の中国問題に関する会談要旨」1962 年 11 月，外務省外交史料館，リール A' 0363.

25)　同上.

26)　古川前掲書，218 頁.

27)　Tokyo to SecState, Sep. 23, 1963, No. 942, Box 3958, SNF 1963, RG 59, NACP.

28)　伊藤前掲書，175 頁.

29)　アメリカ局北米課前掲書.

30)　欧亜局前掲書.

31)　Reischauer to Rusk, October 17, 1962, CDF, 493.9441/10-1762, RG59, NA.

32)　「第 44 回国会衆議院本会議会議録」第 3 号，1963 年 10 月 18 日.

33)　石川忠雄，中嶋嶺雄，池井優編前掲書，269 頁.

34)　石川忠雄，中嶋嶺雄，池井優編前掲書，271 頁.

35)　「第 36 回衆議院本会議会議録」第 3 号，1960 年 10 月 21 日，国会会議録検索システム.

36)　小坂善太郎（1981）『あれからこれから：体験的戦後政治史』牧羊社，162-163 頁.

37)　『朝日新聞』1961 年 12 月 2 日，1 版.

38)　「第 1 節　池田，ケネデイー第 1 回会談」1961 年 6 月 20 日，外務省外交史料

館，リール A' 0362.

39)　同上.

40)　外務審議官「国連中国代表権問題に関する池田総理・デイーフェンベーカー加首相会談に関する件」1961 年 6 月 26 日，外務省外交史料館，リール A' 0362.

41)　欧亜局前掲書.

42)　米参前掲書.

43)　「第 46 回国会衆議院会議録」第 3 号，1964 年 1 月 21 日，1-2 頁.

44)　「第 46 回国会衆議院会議録」第 4 号，1964 年 1 月 23 日，4 頁.

45)　石川忠雄，中嶋嶺雄，池井優編前掲書，296 頁.

46)　石川忠雄，中嶋嶺雄，池井優編前掲書，298 頁.

47)　「吉田元総理から張羣秘書長あて返翰」，外務省外交史料館，CD-6，02-915.

48)　「池田総理・張群秘書長第 2 回会談要旨」1964 年 8 月 20 日，外務省外交史料館，リール A' 0395.

49)　経済局東西通商課「最近の日中貿易問題に関する米政府筋の見解について」1962 年 10 月 7 日，外務省外交史料館，リール E' 0212.

50)　MemCon, Jan. 26, 1964, Box 250 [1 of 2], NSF, Lyndon B. Johnson Library, Austin, Texas, US.

51)　「池田総理・アユーブ・カーン大統領会談要旨」1961 年 11 月 18 日，外務省外交史料館，リール A' 0357.

52)　「第 46 回国会衆議院予算委員会会議録」第 2 号，1964 年 1 月 29 日，13 頁.

第7章

日本人の中国観試論

——大学での観察からの予備的考察——

土 田 哲 夫

は じ め に

2022 年は日中国交正常化 50 周年,2023 年は日中平和友好条約締結 45 周年と,この数年来,日中関係は大きな節目を迎えた.この間,日中の経済関係及び人的往来は大きく発展してきた.日本にとって中国は輸出入とも最大の貿易相手国であり,貿易総額の国別構成比(2022 年)では,20.3 % と第 2 位(アメリカ合衆国(以下「アメリカ」)13.9 %)以下の国々を大きく引き離している[1].

また,日中間では人の往来も盛んで,日本人の海外居住先(2022 年 10 月)では,中国はアメリカの 418,842 人に次ぐ第 2 位の 102,066 人であり[2],また日本人の海外留学先(2020 年)でも,中国はアメリカ(11,785 人)に次ぐ第 2 位で 7,346 人であった[3].

他方,中国人は日本在留外国人の中では最大で 4 分の 1 を占め[4],また在日外国人留学生はコロナ禍でだいぶ減り,2022 年 5 月 1 日現在 231,146 人であるが,国籍別では中国が 103,882 人(44.9 %)と半数近くを占め,第 2 位のベトナム 37,405 人(16.2 %),第 3 位のネパール 24,257 人(10.5 %)など他の

国，地域を大きく引き離している[5]．また，来日外国人観光客はコロナ禍による変動が大きいので，その前の 2019 年の数値をみると，合計 31,882,049 人で，出身国・地域別では，最大は中国からで 9,594,394 人（30.1%），第 2 位は韓国 5,584,597 人（17.5%），第 3 位は台湾 4,890,602 人（15.3%）であった[6]．

このような日中間の経済的相互依存の深化，人的往来の頻繁さ，そして隣国間の安定的関係の重要性にもかかわらず，近年の日中関係は不協和音が目立っている．また，国民感情のレベルにおいても，相互のイメージの悪化，とりわけ後述するような日本世論の対中好感度の低下は，日中関係の将来にとって憂慮すべきものとなっている．このような日中両国民の対外イメージについては社会的にも注目され[7]，また世界の中国イメージについての精緻な比較研究も行われている[8]．

筆者は日中関係の現状分析ではなく歴史研究を専門とするものであるが，日中学術交流の中で日本人の中国観について中国側研究者に話しをする機会を得た[9]．本稿は，その際の報告と議論を基礎に，日本人の中国観について，歴史的変化をふまえ，学生の対外意識調査，中国語選択の動向など大学での観察に基づき，初歩的検討を試みるものである．

1.　世論調査データからみる中国イメージの再検討

(1)　日本世論の中国イメージ──1978 年以来の変化の趨勢

最初に，内閣府政府広報室「外交に関する世論調査」（2023 年 2 月発表）から，日本人の対外意識，特に中国観の推移と現状を確認しておきたい．「外交に関する世論調査」は旧総理府の時代から政府機関が社会調査の方法に基づき抽出したサンプルに対して継続的に調査し，その結果を公表しているものであり，きわめて信頼性が高いものとされ，これまでも多くの研究や報道で利用されている．

まず，主要国に対する好感度を比較する．表 1 は，アメリカ・ロシア・中

表 1　主要国に対する好感度（2022 年 10 月調査）　単位（%）

国	F（どちらかというと）親しみを感じる	N（どちらかというと）親しみを感じない	F-N（好感度）2022 年	2021 年
アメリカ	87.2	12.4	74.8	77.4
ロシア	5.0	94.7	-89.7	-73.3
中国	17.8	81.8	-64.0	-58.4
韓国	45.9	53.7	-7.8	-25.4

注：F は「親しみを感じる」と「どちらかというと親しみを感じる」の比率の合計．
　　N は「親しみを感じない」と「どちらかというと親しみを感じない」の比率の合計．
　　F-N はその差でみた好感度．比較のため，右に 2021 年の数値を併記した．
出典：内閣府政府広報室「外交に関する世論調査」（2022 年 10 月 6 日～11 月 13 日実施），有効回収数 1732（郵送法），2023 年 2 月 13 日発表．https://survey.gov-online.go.jp/r04/r04-gaiko/index.html

国・韓国に対する「親しみを感じる」と「どちらかというと親しみを感じる」の回答の合計比率（%）を好意的回答 F，「親しみを感じない」と「どちらかというと親しみを感じない」の回答の合計比率（%）を非好意的回答 N とし，F-N で各国の好感度を比較したものである．これをみると，アメリカに対する好感度が突出していること，ロシア・中国へは好感度が低く，特にロシアはこの 1 年間で 16.4 ポイントも下落したことがわかる．明らかにロシアの対ウクライナ戦争の影響である．中国も 5.6 ポイント減少したが，他方韓国に対する好感度は前年度よりも 17.6 ポイント上昇した．

　次に，日本の世論の中国への好感度の変化について，2022 年 10 月の「外交に関する世論調査」から検討しよう．図 1 は，同調査報告に掲載された図であり（年号表記），表 2 はその数値のほか F-N（好感度）を計算して掲げたものである（西暦表記）．

　このデータの始発点は 1978 年，すなわち日中平和友好条約締結（1978 年 8 月 12 日）の年であり，中国では中国共産党第 11 期 3 中全会が開催され（同年 12 月 18～22 日），鄧小平の主導による「改革・開放」政策が本格的にスタートした年でもある[10]．

　この頃，1978～80 年代，図のように日本人の 7 割前後が中国に好意的であり，1980 年調査では 78.6% が「（どちらかというと）親しみを感じる」と親

図1　日本世論の中国への好感度の変化（1978〜2022年）

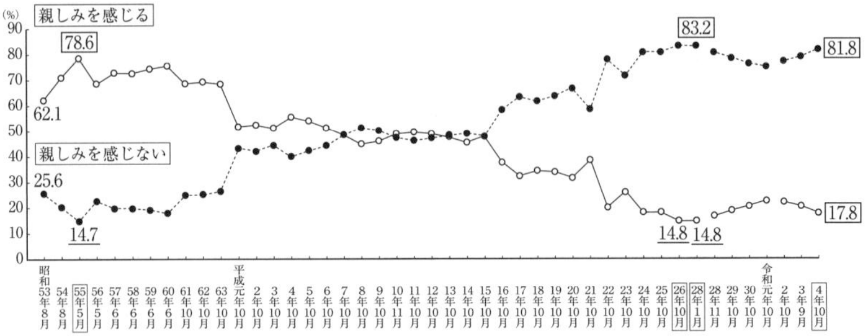

出所：内閣府政府広報室「外交に関する世論調査」 2023年2月13日発表. 2022.10.6-
　　　11.13調査，有効回収数1732（郵送法）https://survey.gov-online.go.jp/r04/r04-
　　　gaiko/index.html

近感を示し，好感度を示すF-Nは63.9であり，どちらも最高の数値である．
次に好感度が高いのが1985年で，F（親近感）は75.4%，F-Nは57.6である．
1988年でも「（どちらかというと）親しみを感じる」回答は68.5%，F-Nは42.1
だったが，1989年10月「（どちらかというと）親しみを感じる」は51.6%に落
ち，「（どちらかというと）親しみを感じない」の回答が43.1%に急増し，F-N
は8.5に急落した．明らかに1989年6月の天安門事件（第2次）の影響であ
る．天安門事件はアメリカなど世界各国の中国イメージの急落をもたらして
いた[11]．それでもこの時期，日本国民はなお半数ほどが中国への親近感を示
しており，欧米ほどこの事件で極端に中国イメージが悪化に転じたとまでは
いえない．

　1990年代から2003年までは好意的評価と非好意的評価がだいたい拮抗す
る状態が続いた（Fは45.0-55.5%，Nは39.9-51.3%，F-Nは-6.3-15.6）．それが，
2004年以降，N「（どちらかというと）親しみを感じない」が常に，また大幅に
F「（どちらかというと）親しみを感じる」を凌駕するようになった．すなわち，
2004年にはF「（どちらかというと）親しみを感じる」比率は37.6%，N「（ど
ちらかというと）親しみを感じない」比率は58.2%，F-N（好感度）は-20.6,
2010年のF（好意的評価）は20.0%，N（非好意的評価）は77.8%，F-N（好感
度）は-57.8，2014年にはF（好意的評価）は14.8%，N（非好意的評価）は

表2　日本世論の中国に対する親近感，好感度の推移　単位（%）

年月	F[1]	N[1]	F-N
1978 年 8 月	62.1	25.6	36.5
1979 年 8 月	70.9	20.3	50.6
1980 年 5 月	**78.6**	**14.7**	**63.9**
1981 年 5 月	68.3	22.6	45.7
1982 年 6 月	72.7	19.9	52.8
1983 年 6 月	72.5	19.8	52.7
1984 年 6 月	74.4	19.2	55.2
1985 年 6 月	**75.4**	**17.8**	**57.6**
1986 年 10 月	68.6	24.8	43.8
1987 年 10 月	69.3	25.1	44.2
1988 年 10 月	68.5	26.4	42.1
1989 年 10 月	51.6	43.1	8.5
1990 年 10 月	52.3	42.2	10.1
1991 年 10 月	51.1	44.4	6.7
1992 年 10 月	55.5	39.9	15.6
1993 年 10 月	53.8	42.2	11.6
1994 年 10 月	51.3	44.2	7.1
1995 年 10 月	48.4	48.4	0
1996 年 10 月	45.0	51.3	-6.3
1997 年 10 月	45.9	50.2	-4.3
1998 年 11 月	48.9	47.4	1.5
1999 年 10 月	49.6	46.2	3.4
2000 年 10 月	48.8	47.2	1.6
2001 年 10 月	47.5	48.1	-0.6
2002 年 10 月	45.6	49.1	-3.5
2003 年 10 月	47.9	48.0	-0.1
2004 年 10 月	37.6	58.2	-20.6
2005 年 10 月	32.4	63.4	-31.0
2006 年 10 月	34.3	61.6	-27.3
2007 年 10 月	34.0	63.5	-29.5
2008 年 10 月	31.8	66.6	-34.8
2009 年 10 月	38.5	58.5	-20.0
2010 年 10 月	20.0	77.8	-57.8
2011 年 10 月	26.3	71.4	-45.1
2012 年 10 月	18.0	80.6	-62.6
2013 年 10 月	18.1	80.7	-62.6
2014 年 10 月	**14.8**	**83.1**	**-68.3**
2015 年 1 月	**14.8**	**83.2**	**-68.4**
2016 年 11 月[2]	16.6	80.7	-64.1
2017 年 11 月	16.8	80.5	-63.7
2018 年 10 月	18.7	78.5	-59.8
2019 年 10 月	20.8	76.4	-55.6
2020 年 10 月[3]	22.7	74.9	-52.2

注：1）　Fは「親しみを感じる」と「どちらかというと親しみを感じる」の合計
比率，Nは「親しみを感じない」と「どちらかというと親しみを感じな
い」の合計比率を示す.

2）　うち 20 歳以上（原表中の注記）.

3）　令和元〔2019〕年 10 月までは，調査員による個別面接聴取法で実施
しているため，令和 2 年 10 月以降との単純比較は行わない.（原注）

出典：内閣府政府広報室「外交に関する世論調査」（2022.10）表 7, 2023.2.3 発
表. https://survey.gov-online.go.jp/r04/r04-gaiko/index.html

表3 最近の日本人の中国に対する態度（2020〜22年） 単位（％）

調査年月	F（どちらかというと）親しみを感じる	N（どちらかというと）親しみを感じない	F-N（好感度）
2020.10	22.0	77.3	-55.3
2021. 9	20.6	79.0	-58.4
2022.10	17.8	81.8	-64.0

出典：内閣府「外交に関する世論調査」令和2（2020）年度，同令和4（2022）年度 https://survey.gov-online.go.jp/r02/r02-gaiko/index.html https://survey.gov-online.go.jp/r04/r04-gaiko/index.html

83.1％，F-N（好感度）は -68.3 と極度に悪化し，翌 2015 年には F（好意的評価）は 14.8％，N（非好意的評価）は 83.2％，F-N（好感度）は -68.4 と最低記録を更新した．この2年を底とし，2020 年の F（好意的評価）は 22.7％，N（非好意的評価）は 74.9％，F-N（好感度）は -52.2 とわずかに持ち直したようだが，直近の3年間をみると（表3），中国への親近感はきわめて低く，非好意的評価が高く，好感度はきわめて低くなっている．（前掲表2の注3にあるように，厳密には調査法の変更のため，2020 年 10 月調査以降はその前の調査結果と直接の比較はできないが，ここでは大まかな傾向を示すことを目的としているので，2022 年 10 月の調査の結果も記した．）

　以上のような世論調査データは明らかに悲観的なもののようである．だが，日本での中国観はこのように悪いイメージが定着したといえるのだろうか．またこの先，改善する見込みはないのだろうか．さらに検討していきたい．

(2) 日本世論の中国イメージ──戦後史の中で再考する

　人びとの外界に対するイメージは不安定なものであり，その時々の情勢の影響を受けやすい．日本人の中国イメージも同様であり，これまでもその時々の政治や国際情勢，そしてメディア報道の影響を受け，時期的にも大きく変化してきた．ここでは，戦後日本の中国観の変化とこれに関連する政治情勢についてみていきたい．

　資料としては，戦後の 1950 年代から 70 年代初めまでのメディア，政府，研究機関等による各種世論調査をまとめた，NHK 放送世論調査所編『図説

戦後世論史』（日本放送出版協会，1975 年）を用いる．

　同書収録のデータによると，戦後初期，1950 年代には「日中国交回復」への賛否に関し，賛成は 1952 年には 57%，1954 年には 70%，1960 年には 75% にのぼり，半数から 4 分の 3 もの人が賛成と回答している[12]．1950 年代には，日中間の政治的な断絶にもかかわらず，民間有志による日中交流，貿易促進の熱心かつ粘り強い取り組みが行われたが[13]，それはこのような国民意識にも支えられていたのだろう．

　もっとも，中国に対する「好き・嫌い」では，1960 年代には「中共」は「嫌い」だという者が多数を占めている．すなわち，時事通信社の調査によると，1960 年には，「中共」への好き嫌いを問われると，「好き」は 4%，嫌いが 36% と意思表示をした者の大多数が「嫌い」であり，1967 年には「好き」が 2%，「嫌い」が 42% とさらに悪化し，戦後もっとも不人気な国であったソ連への否定的態度を凌駕した[14]．当時の中国は文化大革命の最中であり，その混乱と文化の破壊，過激な主張が多くの日本人にも違和感，嫌悪感を与えたのであろう．

　なお，この調査で，中国ではなく「中共」という語が用いられたこともそのような感情を増幅したと考えられる．戦後日本は，1952 年に日華平和条約により台北・中華民国政府を中国正統政府と認め，中華人民共和国とは長く国交をもたず，その間，公式には後者を中国ではなく「中共」と呼んだが，「中国」という呼称には隣国，古い歴史，文化などがイメージとして喚起されるのに対し，本来「中国共産党」の略称である「中共」でもって中国を呼ぶのは，「共産中国」Communist China という言い方に近く，その共産主義性，革命，「危険さ」のイメージを喚起するものであったからである．

　だが，1972 年にはこの状況は転換する．1972 年 8 月には「中国」は「好き」という答えが 11% で「嫌い」の 9% を越え，翌 1973 年には「好き」が 14% と「嫌い」（6%）の 2 倍を超えた[15]．もっとも，1960 年代にも「好き・嫌い」を合わせても 4 割強であり，それ以外の回答や「わからない」という回答が多かったようだが，70 年代には「好き・嫌い」を明確に表明したのは

2割に留まり，急激な情勢の変化に多くの国民がついていけず，態度を保留していた可能性がある．

(3)　日本世論の中国イメージ——1972年の転換

　1970年代初頭，日本の中国イメージが急速に好転した理由は明白である．

　すなわち，中国は1969年の中共9全大会以後，文化大革命の混乱を収拾して安定に向かったかのような外観を呈し——実際は激しい権力闘争が続いていたが——，また1970年代初めには国交を樹立する国々が増加し，ついで1971年10月25日には国連総会での中国代表権決議可決により，中国は原加盟国，常任理事国として国際連合に参加し，以後華々しく国際舞台に登場するようになった．これは，「中国」の再認識と日中関係の再構築を求めるものであった．前述の時事通信社の調査でも，1971年11月以降，「中共」ではなく「中国」が用いられている．日本国内では中国は人気となり，中華人民共和国との関係改善を期待し，支持する者が次第に増えていった．1972年の米中和解（71年7月キッシンジャー訪中，72年2月ニクソン訪中，米中首脳会談）により，政財界でも日中国交正常化を求める声は日増しに強まった．

　以上のような，日中関係を巡る国際情勢，政治情勢のほか，この時期，日本人の対米イメージが急に悪化していたことも，上記のような中国観の変化に影響を与えたと考えられる．

　すなわち，1960年代から70年代初め，アメリカに対する「好き・嫌い」の調査の結果は，1960年には「好き」が47%，「嫌い」が6%で，日本人は圧倒的にアメリカ好きだったのが，65年には「好き」は39%に低下し，さらに71年には26%，73年には18%と急落した．この1973年にはアメリカは「嫌い」という回答も13%に達している[16]．

　対米イメージの悪化は，アメリカのベトナム戦争介入の長期化，戦争激化によりアメリカは侵略戦争を行う国だと広く認識され，それは戦後日本の基本的価値観である平和主義と相容れないものであったことが大きな要因であった[17]．日米安全保障条約への反対は，1960年の激しい安保改定反対運動とは

異なり，70 年頃には国民全体には広がっていないが，この頃はアメリカのド
ル防衛策や日米貿易摩擦に伴う対日要求が政財界及び国民の不満を招いてい
たことがあるだろう．

　また，これから日本が仲よく（協力）すべき国はどこかという質問に対す
る回答は，1966 年にはアメリカが 40%，中国は 10% であったが，70 年 11 月
にはアメリカ 42%，中国 21% と中国が倍増し，71 年 12 月にはアメリカ 28%，
中国 33% と米中が逆転するに至っている[18]．これは，「これから」関係を改
善すべき相手という意味であり，必ずしも中国が長期的な友好国としてアメ
リカよりも選ばれたとはいえないが，いずれにせよ中国との関係改善を求め
る声が日本国民の間に広がっていたことがわかる．

　かくして，1972 年 7 月 7 日に田中角栄内閣が成立すると，最重要課題とし
て日中国交に取り組み，同年 9 月には田中首相，大平正芳外相らが訪中して，
9 月 29 日に「日中共同声明」を発表し，一挙に日中国交正常化をなしとげ
た[19]．同年 10 月にパンダのカンカンとランランが「日中友好の使者」とし
て寄贈され上野動物園に来ると，公開後は空前のパンダ・フィーバーとなっ
た[20]．また，1978 年 8 月 12 日には日中平和友好条約が締結され，また同年
12 月には中国で本格的な「改革開放」がスタートした．改革開放の初期，中
国側では谷牧副総理が主導し，外資導入による経済開発路線が推進され，また
日本政府も財界も ODA の供与や技術支援など中国との経済協力に努めた[21]．

　その後，歴史教科書問題などの摩擦はあったが[22]，1970 ～ 80 年代，日中
間ではおおむね政治関係は安定し，経済関係は発展し，留学など文化交流も
少しずつ進展した．1980 ～ 81 年に 12 回にわたって放映された NHK 特集「シ
ルクロード」はブームとなり，喜多郎の音楽と雄大な自然とエキゾチックな
街や人の姿を映し出す映像は，多くの国民に中国大陸への憧憬の念をもたら
した[23]．1970 ～ 80 年代は戦後史の中でも特別な日中友好の時代であり，そ
の時期の世論調査にみられる日本人の対中国好感度の非常な高さは，特別な
時代状況を反映したものであり，今日，それを基準に近年の対中国イメージ
の低下を嘆いても意味はないだろう．

2.　好感度アンケートからみる若者の中国観

(1)　若い世代はより柔軟な見方

　次に，日本人の対中国イメージの悪化という一般的理解に対し，より詳しく世代別のデータをみることから再検討してみたい．

　先に引用した内閣府の世論調査では性別，世代別のデータも発表されており，それをみるとアメリカ，ロシアに対する好感度は性別，世代別の違いが小さいのに対し，中国に対する好感度では世代別の相違がかなりあることをみて取れる（韓国に対する態度では，世代別の相違とともに性別の相違も大きいが，ここでは論じない）．表4に近3年の日本人の中国に対する親近感データについて被調査者全体と18～29歳の年齢層（青年層）を比較して示す．

　このように内閣府の世論調査データによれば，中国に対する日本人の好感度は全体的に低迷しているものの，世代的な違いもかなりあり，青年層は中国に対してより柔軟ないし好意的であるとみられる．すなわち，中国に対してF「（どちらかというと）親しみを感じる」という回答は被調査者全体としては，2020年22.0%，2021年20.6%，2022年17.8%と下がっているが，青年層については2020年34.3%，2021年41.5%，2022年28.0%と常に10ポイン

表4　日本人の中国に対する態度　全体と青年層*の比較（2020～22年）　単位（%）

調査年月	F（どちらかというと）親しみを感じる	N（どちらかというと）親しみを感じない	F-N（好感度）
2020.10 全体	22.0	77.3	-55.3
同　青年層	34.3	65.7	-31.4
2021. 9	20.6	79.0	-58.4
同　青年層	41.5	58.4	-16.9
2022.10	17.8	81.8	-64.0
同　青年層	28.0	72.0	-44.0

　注：*青年層は18-29歳の年齢集団とする.
　出典：内閣府「外交に関する世論調査」2020年度，2021年度，2022年度　https://survey.gov-online.go.jp/r02/r02-gaiko/index.html　https://survey.gov-online.go.jp/r03/r03-gaiko/index.html　https://survey.gov-online.go.jp/r04/r04-gaiko/index.html

ト以上高くなっている．2021年調査で青年層の4割余りが「親しみを感じる」と回答しているのは突出しているが，翌年はまた28.0％に下がっており，青年層は中国に対して他の年齢層よりも好意的だが，評価は変わりやすい特徴があるとみることができる．

　青年層がより中国に親近感をもつ理由は何だろうか．2022年9月の『朝日新聞』にきわめて興味深い記事が載せられた．同記事によると，若い人たちにとって，中国は子どもの頃からすでに発展した国で，地理で習うさまざまな世界ランキングでも1位または上位を占めている．特に中国のITなど先端科学・産業，ゲームなどの発展振りに魅力を感じている．また，小学校から大学に至るまで，学校その他で中国出身の人たちとは普通に交流しており，国家間関係にとらわれることなく，いまの中国をそのままに受け入れている，ということのようである[24]．

　上記記事で紹介された学生の中国への見方については，大学で教育にあたっている者としておおむね同感である．以下では，筆者が大学の授業で不定期に行っている学生のアンケート・データと，中国語学習者の動向から，青年学生たちの外国（地域）に対する好き・嫌いの態度をみてみたい．

(2)　大学生の対外イメージ調査より

　筆者が中央大学経済学部で担当する講義科目「アジア史I」では，毎年ではないが，授業初回の学生アンケートの一部として外国（地域）に対する好き・嫌いの態度を調べている．表5は，2018年4月の調査結果である（2018年4月11日実施，レスポンスカードに直接記入し回答，有効回答数194，水曜1時限，履修者は主として1・2年生）．

　これからみると，学生たちはアメリカ及び台湾に対しては8割前後が「（どちらかといえば）好き」とするが，ロシア・中国・韓国に対する好意度はこれより劣り，「（どちらかといえば）好き」が半分前後，「（どちらかといえば）嫌い」がおよそ3分の1で，そのうち中国は「（どちらかといえば）好き」が49.0％，「（どちらかといえば）嫌い」が38.7％で対象国・地域の中で最低であったが，

表 5　中央大学学生の対外好感度調査結果（2018 年 4 月）　単位（%）

対象	F	N	N.A.	F-N	全国 F	全国 F-N
アメリカ	83.5	5.7	10.8	77.8	75.5	53.1
ロシア	52.6	34.5	12.9	18.1	17.7	-61.1
中国	49	38.7	12.4	10.3	20.8	-55.6*
韓国	52.1	35.1	12.9	17.0	39.4	-18.6
台湾	77.3	10.3	12.4	67.0	–	–

＊　青年：F 36.1 F-N -27.2

注：F は（どちらかといえば）好き，N は（どちらかといえば）嫌い，N.A. は無回答・その他の回答の比率．F-N は上記数値から計算した好感度．全国は全国民対象の外交に関する世論調査結果を示す．

出典：中央大学経済学部「アジア史Ⅰ」履修者への筆者調査．全国の部分は，内閣府「外交に関する世論調査」（2018 年 10 月調査）https://survey.gov-online.go.jp/h30/h30-gaiko/index.html

　それでも好感度 F-N は 10.3 とプラスの値となっている．比較のため，右側に内閣府調査による全国の対外好感度データをつけたが，学生たちはどの国に対しても全国民平均よりも好意的に回答していることがわかる．また，中国についてのみ同じ内閣府調査の青年層の数値をデータを付けたが，対象学生たちはこれよりもはるかに好意を示している．

　なお，大学や学部によるバイアスがあるかもしれないので，2018 年 4 月に早稲田大学政治経済学部で担当していた「地域研究（東アジア史）」での同様の調査の結果を表 6 に示す（2018 年 4 月 12 日実施，レスポンスカードに直接記入し回答，有効回答数 41，履修者は 3・4 年生）．その結果は以下の通り．

　回答数が少ないものではあるが，早大生は中国に対して，「（どちらかといえば）好き」が 41.5%，好感度 F-N は -2.4 であり，中央大学経済学部調査ほどではないものの，内閣府調査の全国民データ，青年層データよりもずっと好意的であった．いずれにせよ，2018 年度の調査で，学生たちの中国への親近感，好感度が高かったことは印象的であり，20 歳前後の青年層がこのようであるならば，今後時間の経過とともに中国に対する態度はよりよい（好感度が高い）方向に変わっていくのではと期待を抱かせるものであった．

　次に，これから 5 年後の 2023 年 4 月に中央大学経済学部「アジア史Ⅰ」で行った同様の調査の結果を表 7 に示す（2023 年 4 月 14 日，レスポンスカードに

表6　早稲田大学学生の対外好感度調査結果（2018 年 4 月）　単位（％）

対象	F 好き	N 嫌い	無回答・その他	F-N
アメリカ	73.2	17.1	9.8	56.1
ロシア	56.1	31.7	12.2	24.4
中国	41.5	43.9	14.6	-2.4
韓国	46.3	41.5	12.2	4.8
台湾	68.3	22.0	9.8	46.3

注：F は（どちらかといえば）好き，N は（どちらかといえば）嫌いの回答
比率.
出典：早稲田大学政治経済学部「地域研究（東アジア史）」履修者への筆者調査.

表7　中央大学学生の対外好感度調査結果（2023 年 4 月）　単位（％）

対象	F	N	N.A.	F-N	全国*F	全国 F-N
アメリカ	93.4	4.0	2.6	89.4	87.2	74.8
ロシア	30.9	65.4	3.7	-34.5	5.0	-89.7
中国	41.9	54.0	4.0	-12.1	17.8	-64.0
韓国	66.5	30.2	3.3	36.3	45.9	-7.8
台湾	91.2	4.4	4.4	86.8	–	–

＊　F（どちらかといえば）好き　N（どちらかといえば）嫌い　無回答・その他
青年：F 28.0 F-N -44.0
注：比較のために掲げた全国民調査データは，本稿執筆時点で直近となる
2022 年 10 月調査の数値を用いる.
出典：中央大学経済学部「アジア史Ⅰ」履修者への筆者調査，及び　内閣府「外
交に関する世論調査」（2022 年 10 月調査）　https://survey.gov-online.
go.jp/r04/r04-gaiko/index.html

直接記入し回答，有効回答数 272，金曜 3 時限，履修者は 1～4 年生）.

　これからみると，アメリカ，台湾への好感度がさらに上昇した一方，ロシアのイメージは大幅に悪化し，3 分の 2 近くが「（どちらかといえば）嫌い」と表明した. また，中国についても好感度が低下し，「（どちらかといえば）嫌い」が過半数を越えた. 他方，韓国は好感度が大幅にあがり，「（どちらかといえば）好き」がほぼ 3 分の 2 になった. これらは，明らかにこの数年来の情勢，ロシアのウクライナ侵略戦争，中国の強大化と西側との関係緊張，韓国の大統領交代後の日韓関係緩和などの国際情勢に影響を受けたものであろう. もっとも，学生たちは中国に対してなお「好き」が 4 割を超えており，内閣府調査データの示す国民全体及び青年層全体よりもはるかに高い好意を示している.

以上から観察されるのは，学生たちは外国（他地域）に対して国民平均よりも全般的に好意的であり，中国に対してもはるかに好意度が高いことである．

このような差異の要因として考えられるのは，まず内閣府調査の青年層が「18〜29歳」と幅広いのに対し，調査対象大学生は18〜22歳とその中でもより若い年齢層であり，社会の既成観念に対してより自由であるということ，また経済学部生は日中の政治関係よりは経済関係，また中国の経済力などに関心が強いことであり，これらの要因から中国に対してより好意的な回答が多かった可能性がある．また，調査を実施した科目は「アジア史Ⅰ」や「地域研究（東アジア史）」であり，内容は中国近現代史だと講義要項で公表しているので，対象学生は平均的学生よりもアジアや中国に関心や親近感をもっている可能性も考えられる[25]．

なお，このような国や地域名をあげてそれに対する「好き・嫌い」を答えさせる単純な質問調査に対しては，国に対する見方とその国の人々に対する見方は異なるので一概に答えられないとか，「中国人は好きだけれども，国としての中国は嫌い」（早大生，2018年度）という，もっともな意見も出された．その結果，回答をしなかったり，「好き／嫌い」の二分法に抵抗を感じつつも強いて回答してくれた人もいたと思われるが，それらは，学生たちの，国家に左右されず，人間同士の関係として相手と付き合おうという柔軟な態度を示しているものと評価できる．

3. 大学生の第2外国語選択からみる若者の中国観

(1) 外国語学習からみた大学生の中国観

次に，大学生の外国語学習，選択状況から彼らの中国観を検討してみたい．

歴史的に海外のすぐれた学術・文化を摂取して発展してきた日本では，漢文（中国語古典文），オランダ語，英語など外国語は知識人にとって不可欠の教養であり，その外国語を媒介として学習される学術は漢学，蘭学，英学な

いし洋学と呼ばれた．また，戦前の高等教育では先進国の科学・学術を摂取して，自国の近代化に役立てることが重視され，特に旧制高校では英語やドイツ語（選択によりフランス語）の集中的訓練が行われた．

　戦後の新制大学では，旧制高校よりは時間数が大幅に縮減されてはいるが，通常，1・2年次において英語と第2外国語が選択必修とされた[26]．

　第2外国語はドイツ語，フランス語，ロシア語，中国語などから1言語を選ぶことになっており，英語が学術やビジネスにおける国際共通語として広く学習されるのに対し，これら第2外国語は一般的に特定の国家，民族語とみられているため（実際には必ずしもそうではないが，高校生から大学1年生の一般的イメージとして述べている），大学入学時の青年たちにおけるその言語を用いる国への評価，人気度を一定程度反映していると考えられる．

　なお，大学新入生の第2外国語の選択は，入学試験の合格発表後の3月頃，入学手続き時に行うことになっている大学が多いと思われるが，入試の出願時に選択するところもある．また，推薦入学，附属進学などの場合はもっと早い時期に選択する場合もある．大学入学より早い時期に選択する場合は，新入生本人のその言語・使用国に対する評価だけでなく，父母など家族や高校の教員，先輩などの影響も大きくなると考えられる．

　以下では，日本の大学1年生の第2外国語選択の現況を，東京大学教養学部（2022年）と中央大学経済学部（2023年）のデータで示す（年度はアクセスできた最新のもの）．前者は戦前の東京帝国大学の伝統を受け継ぎ，今でも「最高峰の大学と考える人は多い」[27]国立大学で，文系・理系を含むすべての1・2年生が教養学部に所属するので，同大学1年生の全体の傾向をみることができる．2022年度の同大学1年生（留学生等特別選考入学者も含む入学者総数）は3,127人である[28]．後者は通常「MARCH」と呼ばれる私立の中堅大学の1つで[29]，経済学部は1年生総数1,097人というマンモス学部である[30]．

　選択可能な言語は前者はドイツ語，フランス語，ロシア語，中国語，スペイン語，朝鮮語，イタリア語の7つ，後者はドイツ語，フランス語，中国語，スペイン語，朝鮮語の5つである．

図2　東京大学1年生の第2外国語選択（2022）

履修者数（2022年データ，単位：％）

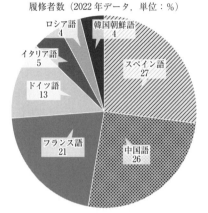

出典：東京大学消費生活協同組合受験生・新入生応援サイト2023「英語学習・第2外国語について」https://text.univ.coop/puk/START/utcoop/language/daini.html

図3　中央大学経済学部1年生の第2外国語選択（2023）

選択希望者比率（2023年度，単位：％）

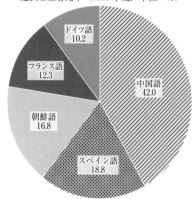

出典：筆者所有資料に基づき作成

　これによると，2022年度東大1年生の第2外国語選択で第1位はスペイン語（27％），これとほぼ拮抗して第2位が中国語（26％），ついでフランス語（21％），ドイツ語（13％），以下はぐっとさがってイタリア語（5％），ロシア語（4％），朝鮮語（4％）の順となっている．スペイン語，中国語が人気であるのは全国的な傾向であるが，他大学と比べて，選択可能な言語が7つと多いこと，またフランス語の履修者が多いが，朝鮮語はかなり少ないことなどが特徴といえる．前年度（2021）の選択者比率も上記とほとんど変わりがない[31]．

　ついで，2023年度中央大学経済学部1年生の第2外国語（同学部では「初修外国語」と呼称）選択をみると，図3のように中国語が圧倒的に多く，42.0％を占め，ついでスペイン語（18.8％），朝鮮語（16.8％），フランス語（12.3％），ドイツ語（10.2％）となっている（第1希望者の比率．実際はクラス定員，開設クラス数の関係により第2希望言語に振り分けることもある）．各言語の順位はこの数年変わらないが，比率は多少の変動があり，中国語は2021年度49.5％，22年度46.8％，23年度42.0％なので，4割以上という高水準が続いているもの

の，この数年は減少気味といえる．他方，朝鮮語は 2021 年度 11.9％，22 年度 14.8％，23 年度 16.8％と着実に伸びている．これらは，近年の新型コロナ感染症の拡大と観光・留学交流の断絶，日中関係の緊張，日韓関係の好転や K-POP の流行など時事情勢と学生たちの文化的嗜好などを反映しているものだろう．

　大学生の第 2 外国語選択はそれぞれの時期の状況とそれへの認知を反映してきた．次に，上記両大学・学部の第 2 外国語選択の変遷について可能な限り長期的データにあたり，中国語選択者の歴史的変容過程とその原因を検討したい．

(2)　東京大学 1 年生の中国語選択──少数精鋭から多数派へ

　東京大学については，1949 年から 1979 年まで，すなわち中国語履修者がごく少数だった時期からようやく増加し始めた時期までのデータをみることができる．この時期の東大 1 年生の中国語選択者の比率を図示すると，図 4 の通りである．

図 4　東京大学 1 年文科中国語選択比率（1949 ～ 79 年）　単位（％）

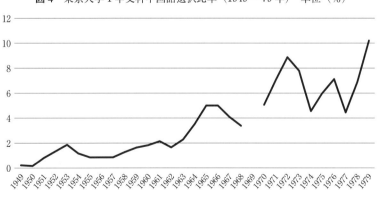

注：1980 年代までは第 2 外国語で選択可能なのはドイツ語，フランス語，ロシア語，中国語の 4 言語．ただし中国語は文科（文科 I, II, III 類，すなわち文系）のみ選択可能だったので，文科学生数に対する比率を表示した．なお，1969 年度は入試中止で新入生がいないため，数値を欠く．
出所：「E クラス略年表（1949-79）」［1979 年］（個人所蔵）に基づき作成．

　この時期，中国語は文科（文系）のみ履修可能で，文科学生数は 949 ～ 1,370
人である．まず，旧制第一高等学校から新制東京大学の教養学部に改組され，
第 2 外国語で中国語を選択したクラスが設置された 1949 年には，選択者はわ
ずか 2 人（比率 0.2%）であった．1950 ～ 60 年代は中国語は履修者数 10 人程
度の少数派の語学であった．ただ単に少数であっただけでなく，欧米先進国
でもなく，日本と国交もなく，社会主義国であった中国の言語をわざわざ選
ぶ者は変わり者か，政治意識が高い者が多く，中国語クラスは東大駒場で独
特の雰囲気をもち，また学生運動の拠点となったといわれる[32]．また，この
頃のごく少数の中国語選択者の中から，戦後日本の指導的な中国研究者が輩
出した[33]．

　1970 年には中国が国際連合での代表権を認められ，国際社会に華々しく登
場したが，この年の選択者はなおわずか 69 人（5.0%）に過ぎない．1972 年に
は初めて 100 人を越えて 122 人（8.9%）となり，1978 年には 95 人（6.9%）と
なった．この頃，東大は入学試験出願時に第 2 外国語を選択していたので，
1972 年入学生の選択行動は，72 年 9 月の日中国交正常化より前の 71 年末か
ら 72 年初め頃の状況の影響を受けたであろう．また，1978 年 8 月の日中平
和友好条約締結や同年の中国での近代化政策の展開の影響は，翌 1979 年度入
学生の第 2 外国語選択動向に現れたことだろう．1979 年には中国語選択者は
140 人（10.2%）とこれまでで最大となった[34]．この 1979 年度は新入生の中
国語選択者が初めてロシア語選択者（文理計 87 人）を越えた年で，当時「中ソ
対立」の時期でもあり，中国がソ連に勝った，と関係者の間で話題となった[35]．

　その後，1980 年代にはさらに中国語履修者が増え，90 年代には文系だけか
ら理系学生も選択可能に変更され，履修者は倍増した．1999 ～ 2015 年の東
大 1 年生の中国語履修者比率を示すと，図 5 の通りである．

　中国語履修者は，2000 年には 748 人（全体の 22.7%），2011 年には 937 人
（29.8%）と 1,000 人近いピークに達した．この時期，1 年生全体に対する中国
語履修者比率は 2 割台で推移しているが，文科Ⅰ, Ⅱ類（主として法学部・経済
学部進学）では平均して 3 割を超え，2007 年には 38% に達している[36]．つい

図 5　東京大学 1 年生の中国語履修者比率（1999 ～ 2015 年）　単位（%）

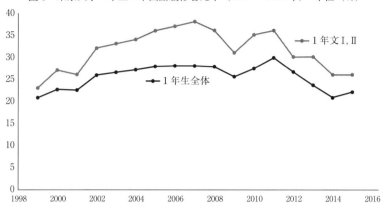

注：1 年文 I，II は，主に法学部に進学する文科 I 類と主に経済学部に進学する文科 II 類
　　合同のクラスで，学部全体よりも中国語履修者比率が高いので別個に表示した.
出所：楊凱栄他（2018）「東京大学教養学部前期課程の中国語教育」（代田智明監修『戦後
　　日本の中国研究と中国認識—東大駒場と内外の視点』風響社），98, 101 頁のデータ
　　に基づき，作図.

で，2017 年には中国語の比率は 22%[37]，2021 年，2022 年にはともに 26% と
なった[38]．中国語は 2000 年代以降，多くの学生が履修する多数派語学に発
展し，定着したといえるだろう．

　ある東大受験生向けサイトでは，東大生による解説として第 2 外国語の選
択では中国語が「おすすめ」だとし，①単位を落としにくい，②中国語話者
が世界で一番多い，③中国はアメリカに並ぶ経済大国だ，の 3 つの理由をあ
げる[39]．第 2，第 3 の理由は，外国語の実用性を求める一般的なものといえ
るし，多くの学生は第 1 も考慮するだろうが，特に東大生が第 1 点（単位，成
績）を重視し，公然と記すのには彼ら特有の理由もある．そもそも東大生は
厳しい受験競争をくぐり抜けて入学しており，成績重視の気質があり，さら
に 1，2 年次の成績で 3，4 年次の学部・学科への進学が決まる「進振り」制
度が存在するため，入学後もよい成績獲得の志向が強い（特に理科 I，II 類では
競争が厳しい）．そのような中で中国語は比較的やさしく，よい成績を取りや
すい，少なくとも単位を落としにくいとみられるのが，選択の重要な理由と
なっているのだろう．

（3） 中央大学経済学部１年生の中国語選択──最大・定着

　次に，中央大学経済学部１年生の中国語選択者の比率の変化（1996〜2022年）を図６で示す.

　すなわち，中央大学経済学部第２外国語中国語選択者は，1996年が選択希望者326人（全学生に占める比率38.5％）だったが，2005年には509人（50.3％），2011年540人（55.1％）と半数を超え，ついで2014年には急減して324人（33.1％）となり，その後また復調して2022年には539人（46.8％），2023年には445人（42.0％）となった. 中国経済の発展や日中交流の拡大は中国語履修者の増加要因，日中の政治関係の緊張は減少要因となる. これは東大１年生の場合と同様である.

　中央大学経済学部では，中国語はこの20年以上にわたり，平均して４割以上，時には５割を超える学生が選択，履修し，英語に次ぐ外国語として定着している. 同じ経済学専攻を含む東大文科Ⅰ, Ⅱ類学生の場合（前掲図5）よりも平均して10ポイント以上，履修（希望）者比率は高い. 中国語を選択した１年生に選択の理由を尋ねると，「中国は経済が発展している」，「将来性が

図6　中央大学経済学部１年生の中国語選択比率の変化（1996〜2023年）　単位（％）

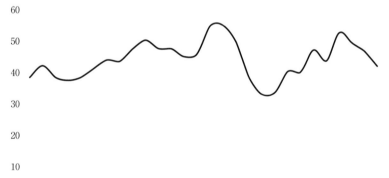

　注：第１希望の言語を示す. 実際はクラス収容人数の制限があるため，第2，第3希望
　　　に振り分けることもある.
　出所：筆者所有資料に基づき作成.

ある」, 中国語は「仕事で役に立ちそう」だから,「漢字なので親近感がある」
などの答えが多い. また, 父親から「これからは中国だ」,「中国語はどんど
ん重要になる」と言われたとか, 兄弟や先輩から中国語がお勧めだ（楽勝だ？）
と言われた, などという他者の勧めをあげる者もいる. 中国語を媒介として
何かを学ぶという回答はなく, 他方,「話せるようになりたい」,「将来仕事で
使えるようになりたい」という答えが多く, 学生たちの多くが, 近代科学や
文化を学習するための手段とか, 学識・教養を高めることができる「教養語」
としてではなく, ビジネスやコミュニケーションに役立つ「実用語」として
中国語を評価して, 選択していることを示している.

　このほか, 最近は, 選択理由として, 高校で習ったことがある（ので学習が
容易だと期待する）, とか中国に親族がいるとか, 親の仕事の関係で中国滞在
経験があるというものも増えつつある. 日中間の人的交流の進展を反映した
ものだろう. また, ゲームやアニメ, 音楽, ファッションなど中国のポップ
カルチャーに興味がある, はまっているというものも現れている. かつて,
1990 〜 2000 年代頃, 日本のポップカルチャーが東アジア各国・地域で一世
を風靡したが[40], いまや方向は逆転し,「韓流」のみならず, さらに「華流」
も日本の若者の一部に影響を及ぼすようになったことの反映であろう[41].

お わ り に

　日本人の中国イメージは, それぞれの時期の状況の影響を受けて大きく変
動してきた. 1970 〜 80 年代には, 日本人の中国に対する好意度は非常に高
かったが, この時代は特別な時代とみるべきであり, それを基準にその後の
対中国感情の悪化を論じるのはあまり歴史的ではなく, また均衡を欠く議論
と思われる.

　また, 世論調査では国民全体の対中国観の悪化が明らかであるにしても,
青年層は中国により好意的な評価を示しており, その傾向は全国的な世論調

査だけでなく，また筆者が実施した授業でのアンケート調査でも明らかであった．また，大学1年生の第2外国語の選択においても，中国語は全体の約4分の1（東京大学全体）から4割強（中央大学経済学部）が履修するきわめてメジャーな語学になっており，履修理由からは，中国経済の発展振り，中国の将来性が青年たちに評価されていることが窺われる．

　青年層は，社会の既成観念から自由であり，外国，海外諸地域に対してもより開かれた態度を示すことが多いが，同時に，不定型な気分にも左右されやすく，このような対外イメージ，評価も変化しやすい．そこでは，政治，外交関係，経済，人的交流，文化，コミュニケーションなどさまざまな変数が関わっているだろう．

　米中の覇権競争という国際政治の構造が変わらず，また日本政府が日米同盟と自由主義経済秩序の維持を対外関係の基本原則とする中で，日中関係の好転や「友好」関係の再現は短期的には難しいかもしれない．だが，中長期的には日中間の経済関係の緊密化や国境を越えたコミュニケーションや人的交流の拡大という趨勢は変わらないだろう．今後，いくつかの起伏の波を乗り越えつつ，相互の国民感情も次第に落ち着き，改善され，日中関係は全体的により安定した関係に進むことが期待される．また，日本の大学の教壇に立つ者として筆者は，学生たちに対し，中国をその長い歴史の展開をふまえてみるべきこと，現在の政治状況にのみとらわれずに，経済・社会・文化・地方を含む複合的な視点から認識するべきことを語りかけ，次世代の日中関係の発展に資することができたらと考えている．

　付記　本稿は，2022年度中央大学研究促進期間の活動成果の一部である．

　　1)　輸出先の上位3か国は，①中国19.4％，②アメリカ合衆国18.6％，③韓国7.2％，輸入では，①中国21.0％，②アメリカ合衆国9.9％，③オーストラリア9.8％となる．財務省貿易統計，令和4年分（確々報），2023年3月10日発表，https://www.customs.go.jp/toukei/shinbun/trade-st/2022/202228g.xml#pg2　本章所引のウェブサイトはいずれも2023年8月30日最終アクセス（注31，38のサイトについては記載日の通り）．

2)　永住及び長期滞在者を示す．外務省「海外在留邦人調査統計」，https://www.mofa.go.jp/mofaj/toko/tokei/hojin/index.html

3)　OECD 等の集計で，主として長期留学が対象．文部科学省「「外国人留学生在籍状況調査」及び「日本人の海外留学者数」等について」2023 年 3 月 7 日，https://www.mext.go.jp/a_menu/koutou/ryugaku/1412692_00003.htm

4)　日本在留外国人総数 2,961,969 人．国籍別の上位 3 か国は，①中国 744,551 人（25.1%），②ベトナム 476,346 人，③韓国 412,340 人である．法務省在留管理庁 2022 年 6 月末公表，https://www.moj.go.jp/isa/publications/press/13_00028.html

5)　日本学生支援機構（JASSO）2023 年 3 月発表，2022（令和 4）年度外国人留学生在籍状況調査結果，https://www.studyinjapan.go.jp/ja/statistics/zaiseki/data/2022.html

6)　日本政府観光局発表，https://www.jnto.go.jp/statistics/data/visitors-statistics/

7)　2005 年から始まった言論 NPO による調査とその分析結果の社会的発信は，この問題の重要性を広める上で大きく貢献している．工藤泰志編（2008）『中国人の日本人観　日本人の中国人観─三年連続で実施した日中共同世論調査から明らかになった』東京：言論 NPO 参照（以下，出版地東京は記載を略す）．最近の調査結果として，参照：言論 NPO「第 18 回日中共同世論調査結果」2022 年 11 月 29 日発表，https://www.genron-npo.net/world/archives/14334.html

8)　園田茂人（2020）『アジアの国民感情─データが示す人々の対外認識』（中公新書）中央公論新社，園田茂人，謝宇編（2021）『世界の対中認識─各国の世論調査から読み解く』東京大学出版会，徐涛，鈴木隆（2022）「日本・中国国民の対外イメージと「国民感情」」（李春利編『不確実性の世界と現代中国』日本評論社，第 7 章所収）など．筆者も，土田哲夫（2017）「「台頭」中国の国際イメージ」（滝田賢治編『21 世紀国際政治の展望』中央大学出版部　159-193 頁）において，2015 年頃までのデータをまとめて考察を試みている．

9)　土田「日本人の中国観試論─青年・学生の選好からの考察と展望」2022 年 12 月 14 日，清華大学日本研究中心「中日国交正常化 50 周年記念系列」講演（オンライン）．

10)　小島麗逸編著（1988）『中国の経済改革』勁草書房．最近の研究として，益尾知佐子（2010）『中国政治外交の転換点─改革開放と「独立自主の対外政策」』東京大学出版会，加茂具樹，飯田将史，神保謙編（2011）『中国　改革開放への転換─「一九七八年」を越えて』慶應義塾大学出版会．

11)　Wynne P. Waller and Marianne E. Ide (1995), "China and Human Rights", *Public Opinion Quarterly*, vol.59 no.1, pp. 133-143.

12)　朝日新聞・総理府調査．NHK 放送世論調査所編（1975）『図説　戦後世論史』日本放送出版協会，183 頁.

13)　日中貿易促進会の記録を作る会編（2010）『日中貿易促進会　その運動と軌跡』同時代社，国分良成他（2013）『日中関係史』有斐閣，第 1 章.

14) NHK放送世論調査所編（1975），前掲書，183頁.

15) 前掲書，183頁.

16) 時事世論調査による．前掲書，179頁.

17) 前掲書，180頁.

18) 朝日新聞調査による．前掲書，183頁.

19) 服部龍二（2011）『日中国交正常化』（中公新書）中央公論新社.

20) 時事ドットコム「パンダ，世代超え人気　初の繁殖に試行錯誤も—来日から50年・上野動物園」2022年10月27日．中国外交におけるパンダ利用については，家永真幸（2022）『中国パンダ外交史』講談社，参照.

21) 李廷江（2016）「中国改革開放初期の政策形成過程における日本人顧問」，土田哲夫編『近現代東アジアと日本—交流・相剋・共同体』中央大学出版部，第11章，参照.

22) 田中明彦（1983）「「教科書問題」をめぐる中国の政策決定」，岡部達味編『中国外交—政策決定の構造』日本国際問題研究所，193-219頁.

23) NHKの中国報道については，長井暁（2009）「テレビは中国をどう伝えてきたか〜NHKの特集番組を中心に〜」（『放送研究と調査』同年1月）参照.

24) 『朝日新聞』2022年9月28日「若い世代ほど中国に親近感　急速な経済成長，「怖い国」から変化」（山根祐作記者）.

25) なお，授業初回のイントロダクションで行った調査なので，担当教員（筆者）の講義内容に影響された可能性はあまりなく，また最近の学生気質からして，教員の専門や好みを忖度して回答する可能性も大きくないと考える.

26) 但し，1991年の大学設置基準の改正，いわゆる「大綱化」以降，第2外国語を削減ないし選択科目化する大学，学部も増えている．岩崎克己（2007）「日本の大学における初修外国語の現状と改革のための一試案」（『広島外国語教育研究』第10号），57-83頁，参照.

27) 橘木俊詔（2018）『学歴入門』（河出文庫）河出書房，75頁．同書75-79頁は，その実際の衰退ぶりも指摘している.

28) 東京大学ホームページ「入学者数・志願者数」令和4年，https://www.u-tokyo.ac.jp/ja/about/overview/e08_01_r4.html

29) 小林哲夫（2016）『早慶MARCH—大学ブランド大激変』朝日新聞出版.

30) 2023年5月1日在籍数．中央大学ホームページ「学部在籍学生数」，https://www.chuo-u.ac.jp/uploads/2023/05/aboutus_overview_head_count_head_count01_2023.pdf?1693128752285

31) 東京大学消費生活協同組合　受験生・新入生応援サイト2023「英語学習・第2外国語について」，https://text.univ.coop/puk/START/utcoop/language/daini.html　2022年12月10日アクセス.

32) この頃のEクラス（中国語クラス）の雰囲気につき，工藤篁（1975）『中国語を学ぶ人へ—創業の詩—』一水社，参照.

33)　代田智明監修（2018）『戦後日本の中国研究と中国認識—東大駒場と内外の視点』風響社．同書所収の写真は後に学界の権威となった研究者の若年の姿を映し出していて，興味深い．戦後日本の中国研究全般については，平野健一郎・土田哲夫・村田雄二郎・石之瑜編（2021）『インタビュー　戦後日本の中国研究』平凡社，及び　小野寺史郎（2021）『戦後日本の中国観—アジアと近代をめぐる葛藤』中央公論社，参照．

34)　「E クラス略年表（1949-79）」［1979 年］個人所蔵．

35)　『東京大学新聞』1979 年 4 月 30 日「中ソ対立？—第 2 外国語選択状況」．

36)　楊凱栄他（2018）「東京大学教養学部前期課程の中国語教育」（代田智明監修前掲書）98, 101 頁．

37)　t-news「前期課程を左右する！？東大の第 2 外国語事情」2020 年 3 月 9 日，https://www.tnews.jp/entries/35186

38)　東京大学消費生活協同組合 受験生・新入生応援サイト 2023「英語学習・第 2 外国語について」，https://text.univ.coop/puk/START/utcoop/language/daini.html 2021 年度については 2022 年 12 月 10 日アクセス，2022 年については 2023 年 8 月 30 日アクセスの結果による．

39)　「東大勉強図鑑」サイト「【2023 年版】東大の第 2 外国語は何がおすすめ？　クラスごとの雰囲気は？東大生が解説！」2023 年 1 月 6 日，https://todaiseitaizukan.com/todai-second-language/

40)　石井健一編（2001）『東アジアの日本大衆文化』蒼蒼社．

41)　華流ファン向けのガイドもいろいろと出版されている．たとえば，エンターテインメント編集部編（2019）『華流ドラマ＆映画ガイド 華流日和』コスミック出版，はちこ（2019）『中華オタク用語辞典』文学通信，など．

第 Ⅲ 部

総　　合

第8章

学問と現実

—— 清華大学日本研究源流考 ——

李　廷　江

は じ め に

　1911 年設立の清華大学は，アメリカの「庚子賠償金」返還金の一部を元に設立された留学予備校が前身である．台湾 中央研究院近代史研究所の蘇雲峰氏は，1996 年刊行の『従清華学堂到清華大学』（清華学堂から清華大学へ）の「自序」冒頭で，まずアメリカの大学に留学し，学位を得た二人の中国人が著書『清華の歴史』に記した言葉を引用した．

　　その起源は実際には庚子〔1900 年〕義和団の乱に由来するものであり……清華大学の設立の基礎となったのは 4 億人の血肉である．……そして，美しい雨〔米国〕が降って以来，米国留学生の力はますます強くなり，将来の中国の運命はほぼ完全にこの米国留学出身者の手に委ねられることになる．清華大学は実際，米国に留学する学生を育成するための製造所である．率直に言って，清華大学は中国の将来の運命と大きな関係がある．中国の将来を憂慮する人々は，清華の過去の歴史を無視して

はならない[1].

　蘇雲峰氏は，上記の言葉を引用した後，次のように記した．

　　21世紀中葉以降の中国の運命は，清華人の期待通りには進まず，中国
　を「平和的に変革」しようとしたアメリカ人たちも大いに失望すること
　になるかもしれない．しかし，清華大学が中国社会にもたらした建設的
　な貢献は，誰も否定することはできない．清華大学と現代中国の関係を
　理解するためには，清華大学の歴史を知る必要がある．[2]

　現在，清華大学は名実ともにアジアにおけるトップ大学の一つと認められ
ている．なかでも清華の人文学研究は，1924年，清華学堂から清華大学に改
称した時期に起源を発し，広く古今東西に通じた学識のある多くの学者を集
め，学術思想，学術スタイル，学術成果のいずれにおいても20世紀の中国学
術史において重要な位置を占めてきた．2014年には，京都大学人文科学研究
所が『清華の三巨頭』と題した研究書をまとめ，王国維，陳寅恪，趙元任の
3大学者の20世紀の中国学の発展に対する貢献と日本の学界に与えた影響に
高い評価を示した[3]．しかし，残念なことに，これまで清華大学での日本研
究は清華人文学の一部として体系的な整理や研究が行われてこなかったため，
その起源と軌跡についてはあまり知られていない．

　20世紀は，中国の学術において伝統から近代への重要な転換期であった．
清華大学の人文学も清華大学の日本研究も，近代中国の学術の独自の発展に
おける重要な一里塚のような存在であった．学問が現実にいかに関わるかは，
古今東西を問わず，学問を追求する人々にとって本質的な問題であり，永遠
の課題と言えるであろう．この問題は大学の歴史とも関連し，学問の研究と
発展とも密接に関連している．

　本章は，清華大学日本研究の起源を学術的な原点並びに背景に遡り，それ
が清華人文学の一部として，どのように確立され，展開していったかについ

て，学術研究と現実との関連から考察しようとするものである．

1.　学術的背景——王国維を中心に

(1)　清華大学の人文学科

　清華学堂が清華大学に改組されたのは 1925 年であったが，清華大学の日本研究の歴史的な背景や学術的な伝統は，20 世紀初頭の中国の状況と清華大学の教育思想と教育方針に根ざしている．

　1925 年 3 月 6 日，校務委員会会議は，「研究院章程」を採択し，「本院は高度の学術を研究し専門人材を育成すること」を趣旨とすると定め，更に「研究院章程縁起」の中で，こう述べた，「学問は無限の事業である．それは人類においては人類と共に終始し，国民においては一国と共に終始し，個人においてはその一身と共に終始するものである．……そして，適切な学力を持つ人々は，入学して学び，専門を研究し，世界文化に貢献しようとする．課題は重大であり，私たちはそれを避けることはできない．また，これはわれらの学校が国家に尽くし，社会に奉仕する微小な意義でもある」[4]．これは，正に清華学堂の学問は現実に密接に関わるべきであるという趣旨でもある．

　1910 年制定の清華学堂章程には，「本学堂は徳を高め，修業を行い，自己を強化し，不断の努力を励行することを教育の方針とする」と規定されている．

　1914 年には，梁啓超が来校して講演し，「清華は東西の偉大な学者が集まり，四方の優れた才能が交わる場であり，彼らは師と友となり，社会と政治を改善する．君子とはまさに清華で学ぶ者のことなのだ」と述べた[5]．後に，この講演は清華独自の人文精神の発展の兆しとされたが，実際には梁啓超が強調したのは，清華で学ぶ者はまず中国に根ざし，その後世界に足を踏み入れ，世界を理解する必要があるということであった．これは清華学堂が清華大学に改組する際の思想と一致していたと言える．

　1923 年 11 月，学校評議会は「清華大学総綱」を採択し，「清華大学は中国

の指導的人材を育成する実験校としての役割を担うことを目指す」と決定した．1924 年 5 月，曹雲祥が学長に就任し，その任期中（1924 年 5 月から 1928 年 1 月）に，中国式の大学への転換が着実に進展した．1924 年 10 月，校務委員会は「清華大学の業務と組織に関する概要」を採択し，教育を中国の現実に実践的に結びつけることを強調し，「一般科において最も重要なのは学生が現代中国と世界との実質的な接点を持つための指導である」とし，大学の教育方針と人材育成方針を明確にした．

　前述の通り，清華大学の日本研究の学術的な起源は，1924 年に清華学堂が大学教育のプログラムを開始し，1925 年に清華大学国学研究院を設立した時にまで遡ることができる．この経緯は大学の設立方針と関連が深く，特に国学研究院の教授に就任した著名な学者たちの学術的な背景とも密接に関連しており，相互に影響を及ぼしてきたと考えられる．

　清華学堂が清華大学に改称されたが，その学術研究の伝統や影響という内在的な側面から深く考えると，清華大学の日本研究の歴史的な学術的背景は，20 世紀初頭の中国の状況と清華大学の教育思想及び教育方針に由来していることが明らかである．

　1910 年の清華学堂の章程では，「本学堂は徳を進め，修業を行い，自己を強化し，不断に努力することを教育の方針とする」と規定された．

　1920 年 11 月 18 日，著名な哲学者バートランド・ラッセルは清華を見学した後，「清華大学は，あたかもアメリカから中国に移された大学のようだ」と大変風刺に満ちた辛辣な感想を残した[6]．それから百年もたった今日においても，ラッセルの名言がしばしば引用されているのは，清華大学がその設立時から今日に至るまで，終始いかに中国に相応しい独立した現代的な大学として建設していくかが大きな課題となっていることを物語っている．

　清華大学の人文学の創立初期の段階では，特に日本研究の講義などは設置されなかった．しかし，形式上は日本研究という科目こそなかったが，日本語教育の専任教員を配置し，専門教育の主要な教授である梁啓超，王国維，陳寅恪，趙元任の四大学者のように，日本留学の経験があり，日本に対する

理解も深い教員が多かった．清華大学設立以前の 1900 年前後と比べて，日本文献の翻訳と研究で既に赫々たる業績を生み出し，国際的にも著名な錚々たるスタッフが集まっていた．即ち，清華大学の人文学では日本研究という組織は作られていなかったが，教員は日本に関する造詣が深く，日々の教育では日本事情をはじめ，日本的な要素と日本的な資源を取り込み，また日本人研究者との交流も活発に行い，早い段階で日本人教員を雇用しており，その後の日本研究の展開に貴重な基礎を築いたということができる．

清華大学の日本研究の学術的な方針をどのように理解すべきだろうか．

1925 年 3 月 6 日，清華大学の評議会は「国学研究院章程」を承認し，ついで呉宓経と梁啓超が協議し，更に陳寅恪の意見を取り入れて「研究院章程の由来」を起草した．その中では，次のように強調している．「学問は無限の事業である．人間においては，終始人間との関係にかかわり，国内では終始国との関係に関わり，個人においては終始自身との関係にかかわっている．」更に，「相当な学歴を持つ者は，院に入学して研究し，世界文化に貢献しようと考える．この仕事は困難で責任が重いが，私たちは国家と社会に微力ながら奉仕するつもりである」と．

同年 9 月 9 日，研究院の開校式が行われた．呉宓は「清華大学における研究院の目的と経緯」と題したスピーチで，教授と講師の中でも重要な点として「欧米と日本の学者が東洋の言語と中国文化の研究で成果を上げたことを深く理解すること」だ，と語った．

校長の曹雲祥も開校の辞で，中国の国魂を見出すことを期待し，「日本の武士道の精神，新イタリアの魂，及び他の国の国魂のように，国魂を見つけ出すことを願っている」と述べた．

同年 11 月 6 日，梁啓超は研究院の学生たちに向けて「読書の方法」について講義し，その主要な目的は，知識の獲得と実用化の両方であり，「知行合一」が学問であると繰り返し説明した．

1926 年 5 月 7 日，梁啓超は清華学生が開催した「国恥記念会」で講演し，「忍耐強く，静かな時間に前進し続けるべきだ」と呼びかけた．

　校歌は汪鸞翔の作詞である．「清華中文校歌の真意」は，「清華に最も適合し，現在最も必要な学問は，東西の文化を融合させることである．歌詞は『東西の文化が集結し，共に栄え，祖国が輝く』，また『立身立言，東西を問わず』と歌っている」と述べている．

　これにより，清華大学の学問の精神と目的が明確に示された．1926 年 6 月 4 日，朱自清が「翻訳事業について清華学生に対して〔告げる〕」を発表し，「何百冊もの名作の優れた翻訳書が存在しなければ，中国の翻訳界に活気が生まれないだろう．一般の人々が西洋文化を正しく理解するためには，必要である」と述べた．

　清華大学国学研究院の四大学者は，それぞれ日本と深いつながりがあったが，とりわけ王国維はそうであった．彼は 1900 年前後に多数の日本語の著作を翻訳し，清華大学設立前後に就任した教員の中で，最も早く，最も多くの日本人学者の著作を翻訳した一人と言われた．

　次に王国維の日本認識の原点及び日本翻訳家としての業績と影響を再検討し，それを手掛かりに，清華大学日本研究の学術の源流を考えてみたい．

(2)　王国維と彼の日本認識

　これまで王国維については，長期間にわたり広い範囲で研究が行われてきた．例えば，王国維と日本との関係については，以下のように論じられている．即ち，王国維が日本の学術思想界から多大な影響を受けたことは確かであり，青年期に形成された彼の思想や人格には，日本の学術成果が非常に重要な役割を果たした．その後，彼が国学の新しい領域を開拓し，輝かしい研究成果を収めたことも，初期における日本の学術の影響とは無関係ではなかった，と説明される[7]．では，王国維の日本認識はどうであったのか，また彼は青年期になぜ日本に傾倒し，終生，日本と切っても切れない関係を保っていたのか．この疑問は，王国維研究において原点とも言える課題であろう．筆者は，先行研究と既成の資料を再検討した答えとして，極端に言えば一つは王国維と日本との出会いに由来することと，もう一つは藤田豊八という日

本人教員に出会い, その指導に恵まれたことによる, と考える.

第一に, 王国維は強い「愛国心」の持ち主で, 青年期より日々, いかにして中国は諸列強の侵略と圧迫に対抗できるかを考えていた. 彼は1877年生まれで, 同時代の多くの中国人青年と同様, 列強による清朝の侵略, 分割に強い危機感を持ち, 変法救国を人生の目標としていた.

1898年, 22歳の王国維は苦しい生活の中にありながらも, その心は常に民族が直面する危機に揺り動かされていた. この時, 友人の許家惺との通信では, 国家の前途と時局の問題が常に二人の間の重要な話題の一つであった. 山東省膠州湾事件の翌年, 清朝政府はイギリスとロシアに借款しようとしたことに対し, 王国維は「〔中国はちょうど〕猪や羊が柵で囲まれているように, いつでも屠殺されそうになっている」と悲しんでいた. 同年3月の手紙で, 彼は, イギリスとロシアは中国の分割を意図していないと言っているが, ロシアは吉林の国境で兵力を増強し, 更に東シナ海に軍艦を派遣し, イギリスの軍艦もそれに続いている. 各国の軍艦が太平洋に集結しているがその意図は不透明で心配している」と記した. そして, 同年5月には中国とフランスの戦争が終わったが, 「分割の局面が既に明確に現れており, どうするべきだろうか! 心の中であなたに伝えたいことはこの10倍以上あるのだが, 筆をとるたびにどうして忘れてしまうのか分からない」と非常な心痛の思いを表明した[8].

第二に, 王国維は1897年, 東文学社に入ったのをきっかけに, 日本との接点ができ, 藤田豊八, 田岡峰雲らから日本語を学びながら, 日本の文献の翻訳を始めようと試みた. 彼は多数の日本人学者と交流があったが, まず藤田豊八との関係を例にして考えてみたい. 王国維は藤田豊八を生涯の恩師として尊敬し, 常に師と仰ぎ, 藤田を通して, 日本の学術, 思想界から多大な影響を受けた. それは, 青年期の王国維の学者としての人格形成に大きく寄与した. ここで, 1899年4月14日, 王国維から『時務報』社長汪康年に宛てた書簡を紹介しよう. やや長文であるが, 書簡の全貌を理解するため, 全文を引用する.

1899年4月14日　穰卿先生へ

　先日，貴公と藤師〔藤田豊八〕の書簡を拝読した．貴公の堂々たる態度に感心し，同時に私たちが通常知っていた貴公の姿勢がまだ十分に伝わっていないことを残念に思った．再び藤師の手紙を読むと，その論理的で実直な言葉から，貴公の意志が届しないことがより明確に理解できた．

　聞く所によれば，藤師は貴公に対して更なる手紙を遺すつもりであり，それを受けて私は一言申し上げることができると考えた．藤師は学問に深く打ち込み，学生たちに知識を伝える情熱を持っており，その姿勢は非常に称賛に値する．新年が始まって以来，藤師は一切の報酬を受けず，毎日午後五時まで講義を行った．それに対し，他の学校の教師たちは通常午後三時で終わる．藤師の行動は中国全体とは異なり，彼の教育への情熱は一般的なものではなかった．しかし，彼が酒に溺れることがあるとすると，小さな欠点であることは否めない．先日の出来事は，知識人の中にも藤師を支持する者がいることを示しており，公にとって為すべきことを示唆している．貴公の前後の二通の書簡は，中国士人の精神を高め，外国人を脅かすためのものである．彼が再び手紙を書くならば，貴公は過ちを引き受けて謝るべきであり，再び争うべきではない．それによって貴公は自身を守り，彼も再び前回の過ちを繰り返すことはないだろう．

　前述のことを理解していただきたく，お伝え申し上げる．事は重大で，現在の中国の才能はまだ充分に発展していないため，すべての事務は才能を借りて運営される必要がある．藤師は大学を卒業し，交友関係は非常に優れた学者たちに限られている．もし彼らとの関係が突如悪化し，彼らが中国での仕事をやめてしまうと，中国の才能が使われなくなる可能性がある．詩に「彼君子兮，噬肯來游」(あの君子は訪れるのか)とある．貴公にはこの言葉を心に留めていただき，お願い申し上げる．以上のことを考慮していただき，どうか安全にお過ごしいただきたく，お願い申し上げる．国維頓首　初五日夜[9]

　　先生が公式の手紙を書いているのをすぐに見ましたが，彼の言葉は非
常に明確で，見逃される可能性のあるギャップがたくさんあった．公的
能力を区別する必要がなければ，すべてが素晴らしい．

　この手紙を通じて，王国維は師 藤田豊八を全面的に擁護し，高い評価を与
えた．彼は，教育者として藤田の学生らに対する姿勢，教育に対する情熱及
び仕事に対する責任感などを一つ一つ挙げ，人格者である藤田の崇高なイメー
ジを生き生きと描写した．それだけではなく，藤田の仕事や個性を理解し，
評価すべきであり，酒に溺れることぐらい大目に見ることから始めれば『時
務時報』の事業をうまく運営できると断言した．要するに，藤田との関係が
悪くなったら，汪康年をはじめ，中国と日本との関係にも想像もできない結
果を招くことになる危険さえあると警告した．考えてみると，入社したばか
りの若者が新聞社の支配人である汪康年に直接，これほど強い書簡を送るこ
とは，普通は全くあり得ないことであった．これは，藤田豊八に対する王国
維の心底からの敬愛と信頼によるものに違いないし，王国維の責任感の強い
誠実な人格をも如実に反映したものであった．
　藤田豊八について，王国維は許家惺宛ての書簡に下記のように記している．

　　弟は東洋の学問を学んでいるが，仕事が多忙で学問の進展が遅い．幸
　　いにも，藤田先生が応援してくださり，しばしば穣先生に，弟の多忙な
　　状況について話し，学問に専念するため，旬報と日報から東洋事情を訳
　　すように言われた．これにより，一貫した学習ができるだろうと期待し
　　ている．[10]

　第三に，王国維は，日本関係の資料や日本の情報をきわめて重視し，さら
に日本人学者との交流を大切にしていた．このことに関する二つの書簡を紹
介しよう．

　　　頌穀先生大人へ．先生には国維の学問と東洋文献の翻訳をご支援頂き，
　　大変感謝している．ただし，館内には日本の新聞が一つしかなく，ニュー
　　スが不足しているため，大阪『朝日新聞』と東京『日日新聞』を追加で
　　購入する必要があるので，ご支援いただけると幸いである．[11]

　これは短い書簡だが，内容は興味深い．書簡の日付から見ると，1900年は，
王国維が日本語の本を翻訳する時期にあたり，汪康年に日本の新聞を購入す
るように直接に要求したのは，おそらく翻訳を進めるため，日本関係の情報
が必要になったからだろうと推測できる．また，王国維は自分の学問を進展
させる上で日本関係の動きを知ろうとしただけでなく，激動の国際情勢に強
い関心があり，このため日本の新聞を通して広く世界の動きを知りたいと思っ
たに違いない．
　次に1910年9月20日日付の汪康年宛の書簡を見てみよう．

　　　前日，私は誤って約束を忘れ，叔蘊さんと一緒に京都大学の教授たち
　　を訪ねることになったため，遅刻してしまい，本当に申し訳なかった．[12]

　ここでの京都大学の教授たちというのは，敦煌文献調査のために訪中した
内藤湖南，小川琢治，狩野直喜らであっただろう．王国維はなぜ，日本人学
者との交流を優先して，汪康年との約束を忘れてしまったのか．そこから，
王国維にとって京都大学教授との面会が心情的にいかに重要であったかを窺
うことができる．こうして，青年期の王国維は，日本と出会い，師とすべき
日本人学者に巡り会い，次第に日本から知的な資源を求め，また日本を通し
て彼の学問を築いていくため計り知れない多面的な資源を吸収したのだった．
即ち，日本との出会いがあったからこそ，王国維の学者としての人生があっ
たと言っても過言ではないだろう．

(3)　忘れられた日本翻訳家

　王国維は近代中国の著名な学者の一人として「国学巨頭」と言われる．約十年前の統計だが，「中文社会科学索引（ccsc）の引用文献索引では，王国維に関する文章は約 3816 で，5977 回も引用されていた」[13] という．王国維は一生を通じて学術研究と翻訳を行い続け，その翻訳作品は哲学，論理学，倫理学，心理学，法学，地理学，歴史学，農学，動物学，教育学，漢学など，様々な分野にわたっているが，その学術的な業績の大きさから，彼の翻訳家としての存在は次第に忘れ去られてしまった[14]．

　王国維は，最近まで忘れられた日本語翻訳家であった．王国維の翻訳と学術研究は本質的に重要な相互的な関係を持ち，彼の学術研究の底辺には，多領域にわたる名著の翻訳を通して得られた英知が結晶し，学術研究に濃縮された一面があったことを見落としてはいけない．言い換えれば，清華大学の日本研究に与えた王国維の学術的な影響は，無形のものの如く，今日に至るまで我々はその恩恵を享受しているのである．ここでは王国維の日本語文献翻訳の価値と意味を検討するのではなく，王国維が開拓した学術的理念と方法が清華大学の日本研究にいかなる影響と意味を与えたかについて考えてみたい．

　1899 年 12 月，若き王国維は樊炳清翻訳の『東洋史要』に序文を記し，その中で，「歴史には二つの種類がある．国史と世界史である．国史は一国の事実を述べるものであり，世界史は世界各国の歴史が互いに関連する事実を述べるものである」と彼なりの歴史観を述べた．彼は更に，中国と日本の関係に触れて次のように述べた．「私たち東洋諸国も，何千年もの間，東洋固有の文化を持つ一つの歴史的な集団であ」る．「日本の倭寇や豊臣秀吉〔の朝鮮侵略〕のような出来事は，朝鮮と明の興亡に多くの影響を与えた．しかし，東洋の諸国が現在の社会状態を持つ理由は，それぞれ異なる要因があるため，それらを調査することは避けられない．したがって，現在の社会状態を説明するためには，東洋の歴史を研究することが不可欠である」と述べ，「歴史上の様々な関係を通じて，東洋諸国における現在の社会状態を説明するために，

科学的な研究として価値がある」と王国維は考えていた.

　このように, 王国維は多様で開かれた思想的, 学術的資源を取り入れ, 世界史と東アジア史の類似点と相違点を説明し, 歴史と現実の関係の流れを指摘し, さらに, 「中・西の学問は栄えるときは共に栄え, 衰退するときは共に衰退する」と論じた. 言い換えれば, それは現代において盛んに言われている学術共同体の原型とも指摘できよう.

　王国維の翻訳家としての原点は, 「もし中国が西洋の書物を禁止するなら, 生命は絶え, 永遠に奴隷となるだろう」[15] ということであり, その特徴は, (1) スタートも早く, 時間も長いこと, (2) 規模が膨大で, 領域も広範であること, (3) 日本語も英語も翻訳していること, (4) 翻訳形式も多様であること, (5) 倫理と実践との結合, と言うことができる[16].

　清末時期については, 表1に示したような文献がある. これを検証すれば, それぞれ時代の必要に応じて書かれたものであると位置づけることができる. ここでは, これについて深入りしないが, 強調したいのは, 王国維ほど幅広く, 日本語の著作を翻訳したり, 英文の名著を訳したりした人はいなかったことである. そして, 百年余り後の現在, 王国維の翻訳家としての学術的影響と精神的価値の評価が日増しに高くなってきたことは決して不思議ではない. 王国維が清華大学にいた期間は短かったが, ここでは彼の学問的な姿勢より, その学問的な精神, 更に学問はいかに現実に正しくかかわることができるかを課題としたい. それは, 後述の「清華大学辺境問題研究会」に対する王国維の態度を見ればその一端が理解できる. つまり, 王国維の政治に対するスタンスの問題である. それについて日本人学者 佐藤武敏は, こう指摘する. 「辛亥革命以降の王国維は全くの純粋な学者で, 古典の考証に専念したと見られ, それは現実逃避であったとする袁英光のような説 (王国維年譜長編) もある. しかし親友殷南馬衡によると, 王国維は若い時から政治を語ることが好きだったという. 更に近年, 『王国維全集・書信』と『羅振玉王国維往来書信』の二冊の王国維の書簡集が出版された. これらの書簡集を読んでみると, 清末民初の政治や社会についての情勢の報告やそれに対する意見を書い

表 1　王国維翻訳の日本語著作・論文一覧

番号	原著・作名	著者	出版	出版社	訳書名
1	農業須知（実用教育農業全書第 2 編）	池田日升三	1892	東京博文館	農事会要
2	中等地理日本誌	中村五六編,頓野広太郎補	1897	東京文学社	日本地理志
3	教育学（東京専門学校講義録）	立花銑三郎		東京専門学校	教育学
4	算術条目及教授法	藤沢利喜太郎	1895		算術条目及教授法
5	法学通論（日本法律学校正科講義録）	磯谷幸次郎	1897	東京日本法律学校編輯部	法学通論
6	倫理学		1894		倫理学（哲学叢書初集）
7	倫理学（訂 2 版）	元良勇次郎	1895	東京冨山房書店	
8	哲学概論	桑木厳翼		東京専門学校	哲学概論（哲学叢書初集）
9	心理学	元良勇次郎	1890	東京金港堂	心理学（哲学叢書初集）
10	最新教育学教科書（二十世紀教科書叢書）	牧瀬五一郎	1900	大阪三木書店	教育学教科書
11	中等教育動物学教科書第 1 巻		1899		
12	中等教育動物学教科書第 2 巻	飯島魁	1900	東京敬業社	動物学教科書
13	「イラン」語族の民衆が中央亞細亞並に極東の地に及ぼせる影響	ポール，ペリヨー著，榊亮三郎訳	1912	『芸文』第 3 年第 8 号	近日東方古言語学及史学上之発明与其結論
14	韃靼考（『満鮮地理歴史研究報告』第 5）	箭内亙	1918	東京帝国大学文科大学	韃靼考
15	室韋考（『満鮮地理歴史研究報告』第 1）	津田左右吉	1915	長沙商務印書館	室韋考（『観堂訳稿』）
16	遼代烏古敵烈考（『満鮮地理歴史研究報告』第 2）	津田左右吉	1916	長沙商務印書館	遼代烏古敵烈考（『観堂訳稿』）

ていたのがしばしば見られる」と[17]．1927 年 6 月に王国維が逝去した後，同月 25 日，京都文学会（京都大学文学部内）は王国維追悼会を主催し，これには彼と親交のあった 51 名が参加した．記事の一部を紹介する．

　　清朝の遺臣，王静安徴君国維，去る陽暦六月二日午前十時頃北京郊外萬壽山頤和園内の昆明湖に身を投じて殉節せらる．同君は浙江省海寧県の人，弱冠にして羅振玉叔言君の総理せる．上海の東文学堂に入り日本文と英語とを学び，同時に西洋哲学の研究をも試みしが，生来の樸学，夙に清朝の漢学派の哲学に深造し，該学堂の教習たりし藤田釼峰（現東大教授）田岡峰雲（故人）の両氏皆その前途を嘱望する，而も独り哲学方面のみならず，支那近世文学にも出入りして遂に支那曲劇の研究に没頭し，博覧達識と燃犀の批評眼は五六年鑑に諸種の研究を遂げ，屢々雑誌『国学叢刊』に之を発表して世界の支那学研究者を驚嘆せしめ，殊に生覇死覇の研究は後漢以来早く明らかならざりし，大問題に千古不磨の解決を与えたものと称ぜらる．光緒の末年彼の第一次革命の起こるや，戦禍を避けて我京都に居をトし，偶々同じく亡命し来られた羅振玉と股肱書契．敦煌発見史料の研究に従事し，史学に関する造詣これ亦学者を驚かしぬ．帰国後は上海の廣倉大学に於いて教授の傍ら史学の研究に耽り，後宣統帝に召されて，南書房行走に命ぜらる．この頃，従来の研究を纏めたるもの，實に彼の『観堂集林』二十巻の名著なりとす．宣統廃帝が馮玉祥の為宥追せられて，後は北京郊外西山にある清華学校の教授となり，専ら蒙古史の研究〔を〕為す，近刊の『蒙古史料四種校注』五巻は實にその研究の結果の一端なりとす．天性極めて素朴，篤実にして謹厳なるだけに　宣統廃帝の前途を憂ふることも亦甚だ切，今回の動乱に更に憂悶の度を加へ，遂に清朝全盛時代の遺宮たる萬壽山頤和園内に殉節の地をトし．はかなくも昆明池頭の露と消えたるなり，哀悼曷んぞ絶へむ．[18]

この記事は，京都文学界が王国維の学問と人柄に最大な評価を与え，その

死を殉節として，現代の屈原と喩えた．梁啓超は「王国維先生は学問におい
て，広大な視野に立脚し，微細な部分にも力を入れていた」と称賛した．梁
が「国学論叢　王静安先生記念号序」で王国維の日本など海外の学界に与えた
影響に言及した理由が理解できるであろう．また，王国維の死後，「国内の学
者は一丸となり，更にはヨーロッパや日本の学術団体までが，共に喪に服し，
尊敬と哀悼の意を表明した」と彼が述べた本意も理解できるであろう．

　要するに，王国維は長らく忘れ去られていた日本研究の専門家であり，清
華大学日本研究の学術的，精神的財産である．彼の日本との学術的なつなが
り，学術的業績，学術的思想，学術的資源は，清華国学研究院のすべての指
導教授と同様，清華大学の日本研究に影響を与え続ける貴重な学術的遺産の
一部だと言えるだろう．

2.　軌跡と特徴

(1)　学術宗旨と学科設立

　清華大学日本研究の初期（1925～1937年）の活動は以下のように要約できる．

一，学科設定

　清華大学の日本研究は，当初から大学の当局に重視されていた．

　1925年，人文学科が作られた当初から日本語教育と日本史科目が設置され
た．1925年には日本語の授業が始まり，盛夢琴が授業を担当した．同年10
月25日，大学部歴史系教授の劉崇鋐は「世界史」と「日本史」を教えた．ま
た日本語試験の最初の出題担当教員は王国維で，1928年から銭稲蓀に替わっ
た．

　1926年4月9日に発表された「清華学校研究院選考科目表」には，専門科
目として「東西交通史」と「東方語言学」が含まれていた．同年4月28日，大
学部に国文学系，東方語言学系など17の系（学部）を設置することが決定され

た.

同年 8 月 27 日, 陳寅恪は「西洋人の東方学の目録学について」を講義した.

1927 年, 劉崇鋐は日本史を講義した.

1928 年に新たな教員陣が加わり, 外国語学科の講師として銭稲蓀が採用され, 日本語の試験出題も担当した.

1929 年には歴史学部（系）が設立され, 教授に蒋廷黻（学部長〔系主任〕）, 講師に原田淑人が新たに追加された[19]. 同年,「文科研究所中国文学部学程一覧」には「日本人の漢学論文選読」が設定されていた.

1931 年以降, 大学の必修科目には毎年必ず日本語が含まれ, 例えば 1934 年から 1936 年までの 1 年と 2 年の必修科目の日本語は, 銭稲蓀と徐祖正の二人が講師を務めた.

1936 年, 教学カリキュラムは従来の内容のほか,「西洋人の漢学論文選読」と「日本人の漢学論文選読」の科目が増えた.

蒋廷黻は, 歴史学部長就任後, 日本の学問を評価し, 日本への留学生派遣と学術交流を推進してきた.

1930 年 6 月 1 日, 蒋廷黻は,「歴史系の概況」の中で,「清華の歴史学部はずっと中・外の歴史を一つの学部に置き, 中・外の歴史を共に重視してきた」と言明した.「また, 日本人とフランス人も中国史学に貢献しており, 彼らの研究方法と成果を知らなければならない. その他人文学は, 我々が歴史の複雑性及び全体性を理解するのに必要であり, 総合的な考察に寄与するものである」[20], と指摘した.

蒋廷黻の推薦により, 歴史学部の教師 王信忠は日本に留学し, 梁嘉彬も東京帝国大学に学び, 博士号を取得した. そればかりではなく, 蒋廷黻は, できる限り, 教員と学生らに海外に出かける機会を提供し, 海外に視察に行くようにと呼びかけた. 蒋廷黻自身も 1930 年に日本の大学の歴史教育, 教育組織, 図書設備と学界の動向を調査するため, 日本を視察した. 歴史学部の劉崇鋐と日本語教育の銭稲蓀は何度も日本に視察に訪れ, 研究交流を行うと共に 30 名の学生を引率して日本を見学したこともあった[21].

　銭稲蓀は，1918 年から 1937 年に至るまで，約 54 件の翻訳，研究などを行った．清華大学学生の間で，銭稲蓀先生は有名な日本通として広く伝えられていたようである[22]．

　1937 年 8 月，日中戦争のため清華大学は南方への移転を決定し，9 月初め，教育部の命令により，北京大学，南開大学と合併して長沙臨時大学と改称した．

　1938 年 4 月 2 日，教育部は，清華大学，北京大学，南開大学を合併して国立西南聯合大学を設立するという国防最高会議の決定を通達した．

　こうして清華大学日本研究という学問は，激動時代の様々な試練に耐えながら，新しい大学作りの中で，少しずつ雛形ができるようになってきた．西南聯合大学における日本研究については，聞黎明による優れた研究があり，それを読めば，西南聯合大学時代においても，学問はいかに現実に関わり，日本研究はいかに現実の中日関係に寄与できるかという課題が突出していたことがわかる[23]．

(2) 主要な関心と活動

　この期間中，清華大学教員による日本研究の論文は，多くが日中関係史や日本政治，日本の対華侵略政策に集中した．詳細は下記の通り．

1926 年；周伝儒「日本人の唐化について」．

1927 年；周伝儒「中日歴代の交渉史」と「中日歴代の交渉史（続）」．

1928 年；呉宓「日本と中国の現代思想」．

1931 年；11 月，蔣廷黻『近代中国外交史資料要約』第 1 巻，商務印書館．

1932 年；3 月 5 日，呉晗「日本図纂」『清華週刊』第 37 巻 2 期，3 月日，銭稲蓀「『流求』——台湾？琉球？」『清華週刊』第 37 巻 2 期，9 月 25 日，劉文典「中国を侵略する日本動機」(1)『独立評論』第 19 期，10 月 2 日，劉文典「中国を侵略する日本動機」(1)『独立評論』第 26 期，11 月 13 日，劉文典「日本の侵略政治の歴史背景」『独立評論』第 20 期．

1933 年；1 月 4 日，蔣廷黻「東北問題の新資料」『大公報・文学副刊』第
　　　　264 号，4 月 9 日，蔣廷黻「長期抵抗の中，如何に連盟と国際を
　　　　運営するか」『独立評論』第 45 期，4 月 10 日，劉文典「荒木貞夫
　　　　の日本国民への書簡」『大公報・文学副刊』，5 月 8 日，王信忠「征
　　　　韓論与甲午戦争」『清華週刊』第 39 巻 3 期，6 月 4 日，蔣廷黻「ア
　　　　メリカ外交の目下の困難」『独立評論』第 52・53 号，　7 月 3 日，
　　　　蔣廷黻「日露敵対から日露協力へ」『大公報・文学副刊』，9 月 18
　　　　日，蔣廷黻「民国初期の中日関係」『大公報・文学副刊』，桂中枢
　　　　「日侵略熱河之理由安在？」『国際（上海 1932）』1933 年第 1 巻 第
　　　　10 期.
1934 年；錢稲蓀「日本の双陸談」，周一良「日本内藤湖南先生在中国史学
　　　　上之貢献：研幾録及読史叢録提要」『史学年報』第 2 巻 第 1 期
1935 年；周一良「大日本史之史学附表」『史学年報』第 2 巻 第 2 期
1936 年；10 月王信忠「甲午戦前之中日外交政策概説」『社会学報』. 王信忠
　　　　『中日甲午戦争之外交背景』清華大学出版社出版.

　ここで登場した著者の周伝儒，呉宓，呉晗，錢稲蓀，劉文典，王信忠，蔣
廷黻，周一良のうち，日本研究を専門としているのはその半分もなく，様々
な専門領域の学者――文学と歴史の劉文典，文学の呉宓，哲学の呉晗，歴史
学の蔣廷黻ら――が日本問題を現実的な課題と捉えて積極的に発言し，また
研究に取り組んでいたことが窺われる.
　清華大学の教員は，学術の立場から日本及び日中関係の問題について発言
し，積極的に雑誌に論説を発表してきた. また清華大学の中でも『清華週刊』
などを利用して，常に学生らと共に発言したという. 1925 年頃から，学内で
の日本研究や中日関係の記事などは主として『清華週刊』に掲載されていた.
統計によれば，1915 年から 1937 年まで，日本関係の文章は約 115 件あり，そ
のうち 1934 年から 1936 年が一番多く年平均 10 本以上が掲載された. 詳細
は，1916 年（1 本〔以下，単位略〕），1917 年（2），1919 年（1），1920 年（3），

1921 年（4），1922 年（1），1923 年（6），1924 年（10），1925 年（16），1927 年（4），1928 年（6），1929 年（6），1930 年（4），1931 年（5），1932 年（5），1933 年（1），1934 年（7），1935 年（13），1936 年（17），1937 年（2）である．内容は，日本の歴史，政治，経済，社会，文学，文化，軍事，国際関係及び日中関係，日本の対中政策と東北への侵略などで，日中関係が 30 件近くと全体の 3 割を占めていた．このうち数本は日本人の文章を翻訳，紹介するものである．例えば，動物学者 石川千代松の「五十年前の日本動物学」，内藤義弘「日本労働回顧」，日本共産党員 深谷進「日本帝国主義の戦争準備」，藤井米蔵「日本の農業恐慌」，後に政治家になった佐多忠隆の「最近日本経済の動向」，元共産党員で後に愛知大学教授の小岩井清「日本ファシズムの問題」，経済学者・東京大学教授 土方成美「日本 1937-38 年予算」，更に政治家・評論家 鶴見祐輔などの名前と著作があった．全体的に日本政府の対中政策を批判し，ますます軍国主義化，対外膨張に進むことに対する警戒と研究が多く見られた．

表 2　王信忠執筆の日本関係記事一覧（1937 年まで）[24]

発表年月	作者	標題	掲載誌	巻・期
1932 年 12 月	王信忠	福州船廠之沿革（附図）	清華学報	第 8 巻　第 1 期
1933 年 5 月 8 日	王信忠	征韓論与甲午戦争	清華周刊	第 39 巻　第 8 期
1936 年 10 月 11 日	王信忠	甲午戦前之中日外交政策概説	社会科学（北平）	第 2 巻　第 1 期
1936 年 10 月 20 日	王信忠	甲午戦争給与我們的教訓	学生与国家	第 1 巻　第 2 期
1936 年 11 月 1 日	王信忠	日本現政府的機構和人物	清華周刊	第 45 巻　第 1 期
1936 年 12 月 6 日	王信忠	拡大 "堅固的精神国防線"	清華周刊	第 45 巻　第 6 期
1936 年 12 月 30 日	王信忠	日本軍部対内対外政策的動向	清華周刊	第 45 巻　第 9 期
1937 年 9 月 2 日	王信忠	書評: JAPAN'S FOREIGN RELATIONS, 1542-1936	社会科学（北平）	第 2 巻　第 4 期
1937 年 1 月	王信忠	甲申事変始末	清華学報	第 102 巻　第 1 期
1937 年 5 月 9 日	王信忠	中日外交調整的途径	独立評論	第 233 号

　次に清華大学歴史学部の卒業生であり，後に教授になった王信忠のことに
少し触れることにする．蔣廷黻は，清華大学に歴史学部主任になった後，国
際問題研究を目指す学生に積極的に外国留学を勧めた．王信忠は，清華大学
歴史学部の修士課程で蔣廷黻と銭稲蓀両先生の指導の下，「甲午戦前の外交背
景」の題目で論文をまとめ，修士号を取得した．その後，蔣廷黻の紹介で東
京帝国大学文学部に留学し，所定の単位を終了して面接試験にも合格し，修
士論文に新しい材料を補完して学位論文「甲午戦前の外交背景」をまとめ，
博士号を取得し，その後，清華大学歴史学部に戻り，教授になった．それ以
来，王信忠は，学術研究と共に日中関係について積極的に発言し，社会的に
大きな影響を与える存在となった（表2）．

(3)　国別地域研究

　清華大学の日本研究は常に中国の周辺関係を中心に展開され，国別地域研
究の枠組みの下で着実に成長してきた．

　1928年12月7日，教職員と学生によって組織された「辺疆研究会」が，科
学館で設立大会を開催した．同月16日，『国立清華大学校刊』に「中国辺疆
問題研究会」の年間研究計画と説明書が掲載され，今年の研究の対象は東三
省に限定し，焦点は「内政，軍事国防，外交，経済，地理」の五つの側面に
置くとされた．

　1929年夏，蔣廷黻は羅家倫校長の招聘を受けて歴史学部に就職し，後に学
部長を務め，1934年夏に退職した．蔣廷黻氏の在職中，清華大学の歴史学部，
特に国別地域研究には新たな大きな変化がもたらされた．

　1931年6月，蔣廷黻は「歴史学部の概要」という文章の中で，「近年，歴
史学部は年間平均約21～22種類の科目を提供しているが，その半分は中国
と外国の歴史である．中国の大学で中国の歴史の研究を奨励すべきだという
のは議論の余地がないが，ではなぜ外国の歴史も同様に重視すべきなのであ
ろうか．それは第一に，外国の歴史自体が研究の必要があるからである．中
国は今や国際社会に深く関わっており，孤立主義の時代は過ぎ去ったのであ

る．第二に，外国の歴史学，特に西洋の歴史学には学ぶべき点が多い．中国の歴史は国際的な学問の一部となっており，日本人やフランス人は特に中国の歴史学に貢献している．彼らの研究方法と結果は，私たちが知らないわけにはいかないものだからである」と述べた．

　1931 年 11 月，蔣廷黻は『近代中国外交史資料輯要』の第 1 巻を商務印書館から出版し，自序で「外交史は外交史でありながら，歴史でもあり，歴史学の法則に従う．この法則の初歩は，歴史資料に重点を置くことである．この本は中国外交史を歴史的にし，学術的にしようとするものであり，外国が中国をどのように圧迫してきたか，不平等条約をどのように廃止すべきかを説明することではない．私の動機は完全に中国外交史を歴史化し，学術化することであり，本書を読んだ後，読者が中国外交史について進歩的な研究を行うことを願っている」と述べた．

　1934 年 11 月，蔣廷黻は『近代中国外交史資料輯要』の第 2 巻を商務印書館から出版し，「第 2 巻は同治初年〔1862〕から光緒乙未〔1895〕下関条約の年までをカバーしていた．これらの 35 年間は，わが国の歴史においてどれほど重要な位置を占めているか！　これら 35 年間の歴史は，わが国の真の近代史の初期であり，わが国の大事業はこの古今中外の大変動に対処することであった」と指摘した．

　蔣廷黻は時局の変化に非常に注目し，研究の範囲も広範で，清華大学で 5 年間にわたり，彼が行った研究と講演には以下のものがある．「東三省の鉄道外交」，「英米の世論の東北事件〔満州事変〕に対する態度」，「ボロディン時代のソビエト極東政策」，「東北の外交における日露の秘密協定」，「東北問題の新しい史料」，「長期抵抗において連盟と国際をどのように活用するか」，「アメリカ外交の現在の困難」，「アジア・モンロー主義」，「日露対立から日露協力へ」，「国際的な風雲と我々の準備」，「天津益世報に対する妥協と回答についての論文」，「国際的な現状の分析」，「中国の出口は封じることができない」，「外交史と外交史料」，「帝国主義と常識」，「清朝の外交史料」，「中国の近代史に関する特別研究」，「ヨーロッパのいくつかのアーカイブ」，「道光朝の外国

人事業の経緯に関する史料の価値」など.

　清華大学の人文科学の発展プロセスにおける国別地域研究の意識は，日本研究を国際的な視野に広げ，それは清華大学日本研究の際立った特徴となった.この点で，我々は中国外交史研究の先駆者である蒋廷黻の偉大な功績に敬意を表する.

　学術と現実を結びつけることは，清華学堂から清華大学への転換の基本的な要でもあった.

　1925年1月2日，銭瑞〔端〕生は「清華改設大学之商権」で，「清華が大学に転換される際，以下の考慮事項を具備すべきである」と述べ，その第1項目は「設立する大学は，中国が今日必要とするものでなければならない」と強調した.

　同年9月23日，梁啓超は「中国歴史」を教え始めた.彼は「真実」を求め，「活力」を求める新しい目標を提唱し，歴史の解釈において「真実の事実」を求め，「新しい意味」を与え，「我々の活動の指針」とすることを要求した.

　新しい学年において，社会経済グループの社会学のカリキュラムには「中国と極東の社会経済問題」が含まれていた.陳寅恪の指導の下，中央アジア，モンゴル，満州の書籍などが研究対象に含まれた.

　1925年10月16日，清華国学研究院は第2回の教育委員会を開催し，王国維，梁啓超，趙元任，李済が出席し，呉宓が議長を務めた.この会議では国学研究院叢書の編纂を決定し，最初に王国維の『蒙古史料四種校註』を刊行した.同月に，王は「韃靼年表」，「韃靼考」，「元朝秘史地名索引」の原稿をまとめた.

　国学研究院の教員たちは専門領域にとらわれず，時事問題に積極的に発言した.同年12月1日，銭瑞升は「治外法権の問題」(『晨報』7周年記念特別号)を執筆し，同年12月25日，賀麟は「宗教侵略に対する正当な方法を防ぐ」(『清華周刊』)を執筆した.

　1927年5月12日，清華研究院学術協会が設立され，王国維，梁啓超，陳

寅恪，李済などが出席した．この席で王国維は，「多くの読書会を開催するべきであり，まず基盤を築いた後に発展できる」と述べた．

同年 12 月，金岳霖は「外交関係」（『哲学評論』第 2 巻第 2 号）を執筆した．

同年 12 月 3 日，梅貽琦が国立清華大学の学長に就任し，着任のスピーチで「大学とは，大学があるというだけでなく，大師〔りっぱな教師〕がいるということです」と述べた．

1928 年 2 月 8 日，呉宓は「中国民族が敵に対抗し，苦闘する中での信仰と姿勢」についての講演を行った．

同年 9 月，羅家倫は清華大学学長の就任式で，「学術の独立と新しい清華」と題する講演を行い，国民革命の目標は「中国が国際社会で独立，自由，平等を求めるためである．国際社会で国家が独立，自由，平等な地位を持つためには，中国の学術も国際社会で独立，自由，平等な地位を持たなければならない」と指摘した．

蔣廷黻は国別地域専門家の養成に力を入れていた．蔣によれば 1930 年の中国では，まだ日本，ソ連・ロシア，蒙古，チベット，タイ及びベトナム研究の専門家が少なかった．このため，彼は積極的な人材発掘に努め，先述の王信忠が東京帝国大学に留学し，日本研究者になったのもその推薦があったからであった[25]．

同年 12 月 7 日，清華大学辺境〔国境〕問題研究会が設立された．これは国家の運命を心にかけ，国家の興亡に思いを馳せ，校内一丸となって学術と現実を結びつけるための行動であり，また，西南聯合大学時代の「中日戦史料徴集会」の前身であった．

辺境問題研究会は，清華大学日本研究が終始国別地域の枠組みで展開し，終始現実にしっかり結びついて行われた証であった．

(4)　辺境問題研究会

前述の通り，清華大学辺境問題研究会は国際問題研究の必要を背景として生まれたものであった．その直接のきっかけは 1928 年 5 月，日本が国民政府

の北伐を妨害するため，引き起こした済南惨案（済南事件）である．事件後，全中国人民の激しい抗日運動の中，清華大学でも学生たちが済南惨案後援会を設立し，同年 5 月 15 日，校内で「済南惨案」記念会を開催した．この席で教務長 梅貽琦は，学校のすべての教師，学生が共同で満蒙研究会を設立し，資料を収集し，満蒙問題を研究しようと呼びかけた[26]．

　こうして，1928 年 12 月 7 日，辺境問題研究会は科学館で正式に設立された．同研究会の案内は下記のように記す．

研究会縁起

　中国はアヘン戦争以来，国境が開放され，外国からの侵略が増加しており，帝国主義者が土地を侵略し，南満州，西蔵，新疆，外モンゴルなど，あらゆる方面から進出してきた．彼らはお互いに密約を結び，勢力範囲を分割し，現地の人々を扇動して政府に対抗させ，または武力を行使して利権を奪った．もし我が国が早急に国境を守る対策を講じなければ，唇が寒さに耐えられなくなり，内陸部にも危機が及ぶ危険性が生じる．私たちは国家の危機を深刻に受け止め，適切な遅延は許されないと考えた．これが国境研究会の設立の背後の理由である．その目的は，国境地域の地理状況，社会状況，天然資源，外国の勢力，政治現象，およびその他国境に関連する重要な問題を実地に研究し，正確な知識と適切な救済策を得ることである．当校の教職員や学生で，国境問題に興味を持ち，当会の研究に参加したいと思う方々は，大歓迎である．[27]

　当初の設立メンバーは，丁而漢，王肇嘉，朱希祖，牟乃祚，呉志翔，林文奎，洪有豊，翁文灝，夏堅白，袁翰青，徐雄飛，高琦，曹毓俊，張星烺，張大東，張国威，張德昌，傅挙豊，馮友蘭，曾炳鈞，湯象龍，楊振声，鄔振甫，葛春林，鄭冠兆，劉崇鋐，劉大白，謝子敦，羅香林，羅家倫

　そのうちの朱希祖，張星烺，翁文灝，馮友蘭，楊振声，羅家倫，洪有豊，

劉崇鋐などは，清華大学の教員で，羅家倫は学長，楊振声は後に文学院院長兼中文系主任，馮友蘭は後に文学院院長兼哲学系主任，洪有豊は図書館長を務めた．朱希祖はかつて歴史系の主任を務め，翁文灝は地理学系の主任を務めた．研究会設立の当初，教務長の呉之椿と歴史学の教員である郭廷以も正式に参加し，後に歴史学系主任となった蔣廷黻が研究会の指導顧問に就任した．参加した学生は政治学，心理学，化学，地理学，歴史学，経済学，土木工学などの各学科に分散していたが，政治学科の学生が最も多く 7 人おり，それに続いて化学と心理学の学生が 4 人ずつであった．したがって，組織形態と人員構成から見ると，これは大学の支援を受け，一部の教授が指導し，学生を主たる構成員とした研究団体であった[28]．

　発起人のうち，学生は林文奎，傅挙豊，湯象龍，徐雄飛，羅香林，曾炳鈞，夏堅白，丁而漢，牟乃祚などが参加し，また「済案後援会」，「暑期満蒙問題研究会」などの組織が存在し，これらの組織は組織・思想の面で相互に継承関係を持っていた．

　研究会の趣旨は，辺境に関する諸問題を研究するとともに国民に辺境問題に関心を持つようにすることであった．

　同研究会は六つの組（チーム）に分かれていた．

　　一　東三省組
　　二　内外蒙古組
　　三　新疆組
　　四　康蔵組
　　五　滇桂組
　　六　海疆組（特に南海一帯を重視）[29]

　主な活動は五つの課題を中心とした．

　　一　組に分かれて研究すること
　　二　現地調査をすること
　　三　書籍並びに報告書を刊行すること
　　四　公開講演を実施すること

　　五　図書及び研究資料を収集すること

　臨時主席には，学生の袁翰青が選ばれた．袁は，以下の五つの側面からアプローチすべきだと提案した．

　第一に，国境地域の人々の民族的な自覚を喚起すること．人種差別を排除し，国境地域の少数民族の宗教信仰を尊重し，宗教信仰を通じて民族の結束力を高めることに注意を払うべきである．

　第二に，中国の国境地域への移民の伝統を受け継ぎ，計画的に大規模な移民を行うこと．これにより，内陸地域の人口密度を軽減し，国境地域の力を増強できる．「国境地域の人々の自覚を喚起し，移民の指導を行うためには，高度な教育を受けた大量の国民が国境地域に移動する必要がある．これは移民と国境地域の開発戦略において無視できない重要な要素だ」，「今こそ，緊急のスローガン『国境地域に行く』を提唱する」と述べた．

　第三に，国境地域の交通網を改善すること．彼は，「現在，鉄道交通の整備は一時脇に置き，費用対効果の高い自動車，航空，及び無線通信に注力すべきだ」と呼びかけ，「これは国境地域の問題を解決するために必要なことであり，政府が速やかにこれに注意を払うことを望む」と要望した．

　第四に，国境地域の問題の研究を奨励すること．袁翰青が指摘したのは「恥ずかしいことに，満洲は中国の領土であるのに，私たちは満洲に関する本を何冊書いているだろうか．我々より日本はどれくらいの本を書いているだろうか．新疆とチベットも同じ状況だ．自分たちの国境地域に対してこのような無知さでは，他人の侵略を非難する資格は全くない．今，私たちは全国民に対して国境地域についてできる限り研究し，多角的な研究を行い，研究成果を具体的な解決策として活用するよう奨励しなければならない．お役所的な形式はいらないが，大規模な研究団体は不可欠だ．国境地域の問題を研究する権威を築かなければならない．「新疆通」，「蒙古通」，「西藏通」など，多くの専門家が必要である．学者の皆さん，これはあなた方の能力を発揮する素晴らしい場所である．国家に対するあなた方の責任であることを自覚してほしい」ということである．

　第五に，国境地域との問題解決に向けての取り組み，中国の国境地域全体を総合的に観察し，研究することは，20 世紀前半において中国の国境地域研究が重要な進展を遂げた卓越した例である．

　袁翰青のこの提案はこの重要な進展を比較的早く反映したものである．袁翰青が学生時代にこのような理解を持っていたことは非常に貴重であり，彼の論説は当時の中国の国境地域問題について論じた重要な成果の一つと評価されている[30]．

　辺境問題研究会にある東三省組の研究課題は以下の通りである．

　　一　中日東省交渉史
　　二　東省における日本の経済的事業
　　三　東省における日本の利権
　　四　東省に対する日本の侵略政策
　　五　中露東省交渉史
　　六　北満州とソ連ロシア[31]

　辺境問題研究会については，これ以上詳論せず，次に日本側の見方と対応について，次の資料を紹介しよう．

日本人が注目する本校辺境問題研究会

　本校辺境問題研究会が設立された後，すぐに「黄之明」と署名された手紙が届いた．手紙の大意は，本会に協力したいというものだった．彼は南満洲鉄道株式会社で長年を過ごし，南満洲の状況について非常に詳しく知っている．鉄道会社は南満洲に関する多くの本を出版しており，これらを提供でき，また，南満洲を訪れる人がいれば，彼が代わりに紹介することもできると言い，最後に，本会の東三省に関する計画書を見せてほしいという要望があった．手紙には名刺が 1 枚添付されており，南満洲鉄道株式会社嘱託という肩書きであった．嘱託という語は，代表または特派員を指すことがある．本会は，この手紙受領後，差出人は中国人の名前だが，その内容からして日本人である可能性があると考えた．

最近，東三省組のメンバーである李氏が北平を訪れ，黄氏と面会したところ，「黄」は実は日本人であることが判明した．彼は，日本は以前，東三省に対して野心を抱いていたかもしれないが，現在の状況では野心を持っていないと説明した．また，中日の将来の友好関係は現在の若者たちにかかっており，彼らが新しい世界を築けることを願っていると言い，持参した日本の雑誌『新天地』及びいくつかのパンフレットと地図を出して，これらを辺境問題研究会に渡すように頼んできた．パンフレットは主に日本人が東三省で行っている活動について宣伝するものであり，中国に対する善意の証という意味があった．最後に，彼は辺境問題研究会の代表団を招聘し，20日に牛島会所で昼食を共にし，話をすることを要請した．本会の幹事会議は15日に昼食の招請辞退を決定したが，その代わり彼らとの対話のために代表を派遣することを決定した．日本人の満蒙に対する関心が非常に深いことがわかった．[32)]

抗日戦争前後における，清華大学と日本との関係については，紙面の制限で，別稿に譲ることとする．

お わ り に

清華大学日本研究の学問的背景と源流について，学問はいかに現実に関わるかの視点から初歩的考察を試みた．

前述のように，王国維に焦点を与えることにより，清華大学日本研究の源流を，また清華大学と日本，清華大学と京都大学との学術交流の歴史を百年前まで遡ることができた．このことは，清華大学の歴史において，これまで十分注意されてこなかった新たな側面を補うものであり，日中学術交流史に新たな内容を提示するものである．とりわけ，1925年に設立された清華大学人文学の原点と生命力は，ほかでもなく，その当初に誕生された「清華大学

国学研究院」にあったことを再確認できたことは重要である．即ち，国学研究院の主要メンバーであった王国維が命をもって求めた「独立の思想と自由の精神」は，1900 年前後，王国維の日本との出会いという精神的，思想的な根源に由来していたと考えられる．実際，王国維の存在と精神は，百年の歳月を経ても少しも衰えることなく，彼の日本認識，日本理解，日本資源，日中学術交流共同体構想及び，中国と日本との関係などに関する叡智は，時代と共に末長く清華大学の日本研究者の思想と精神のささえとなるであろう．

　では，清華大学において日本研究を行う学術の伝統とは何であろうか．これは，歴史から現在に至るまで避けては通れない課題である．1948 年 4 月 27 日，馮友蘭は『清華旬報』37 周年記念号に「清華の回顧と展望」を発表した．彼は，「清華大学の設立は，中国人が学術的独立を求めた反映である．中日全面戦争が始まる前に，清華は本当に一日千里の進歩を遂げた．とりわけ，中・西の新旧を融合させることに成功し，これが清華の学術の伝統となった．政治や他の面の変化に関係なく，この学術の伝統を受けつぎ，引き続き前進しなければならない」と述べたのである．もう 75 年前の言葉だが，今でも変わることなく，なお中国の大学及び学術が直面する現実であり，チャレンジであると言うことができるだろう．

　本章は，1925 年から 1937 年までの清華大学日本研究の軌跡と概要を簡単に整理し，考察を試みた．実際，清華大学は創立以来，対外戦争や国内で繰り返された政治変動や大衆運動において，一人の大学人，研究者として学問と現実との狭間で，いかなる自覚を持ち，いかにして対応していくべきかが常に問われてきたのである．

　ここで，1929 年から 1934 年まで約 5 年間，清華大学歴史学部教授，後に主任を経て，政界に転じた著名な学者蒋廷黻が，晩年，考古学者の友人李済と行った対話の一節を見てみよう．

　　李済：廷黻，あなたにとって，歴史を創造することの方が精神的な喜びが多いのか，それとも歴史を書くことの方が精神的な喜びが多いのか，

どちらが多いと思いますか.

　蔣廷黻：李済, 今は司馬遷を知っている人が多いですか, それとも張
騫を知っている人が多いですか.

　蔣廷黻の問いに李済からは答えがなかった. 今から考えれば, これこそ,
学術はいかに時代に関わるかという問いに対する学者一人一人の時代認識で
あり, またその時代の選択でもあったという永遠の宿命と言えるであろう.

　1948 年 11 月 1 日, 李広田は「朱自清先生の道」を発表し,「文学の道, 文
化の仕事の道, 現実の生活の道, 時代の思想の道. これらすべてが朱先生自
身の道を作った. 朱先生の道は非常に安定し, 非常に堅実である. これによ
り, 先生は一般の知識人が追従しやすい, 最良の手本となった」と述べた.

　1972 年, 中国と日本は国交を回復し, 6 年後の 1978 年には日中平和友好条
約が締結された. この二つの大きな歴史的な出来事から既におよそ 50 年が
たった. 2023 年現在, 中国と日本との関係はギクシャクし, 国内外でも解決
すべき問題が山積し, 歴史的な転換期に直面している.

　ここで, 1925 年に清華大学国学院に学び, 卒業後, 編集者及び大学教授に
なり, 1942 年に日本軍との戦いで犠牲となった姚名達烈士を取り上げて, そ
の死を偲び, 今後, 中国と日本の間, アジア及び世界で二度と戦争がないよ
うに心からの祈りを捧げたい. これこそ, 清華大学の日本研究が求め, 追求
してやまない初心であると共に, 学問研究の方向と目的であるのである[33].

　過去を振り返ることは, 決して単純な歴史の回顧ではない. 事実を精査し,
歴史を学ぶということは, 井波陵一氏がベンヤミンを踏まえて述べた言葉を
借りるならば,「「過去のものに希望の火花をかきたててやる」という意味と
共に「(私たちが) 過去のものに希望の火花をかきたててやることを通じて, (私
たち自身の) 希望の火花をかきたてる」という意味も含まれる」.「そうするこ
とにより, ……「私たちでその後史を作り続ける」ことをより強く自覚でき
るかも知れない」[34].

1) 蘇雲峰（1996）『従清華学堂到清華大学—1911 〜 1929 近代中国高等教育研究』台北：中央研究院近代史研究所，3 頁.

2) 同上.

3) 京都大学人文科学研究所附属東アジア人文情報学研究センター編（井波陵一，池田巧，古勝陵一共著）(2014)『清華の三巨頭』東京：研文出版.

4) 呉宓「研究院章程縁起」（『清華週刊』第 339 期）.

5) 斉家瑩編，孫敦恒校閲（1999）『清華人文学科年譜』北京：清華大学出版社.本章所引資料で所在が明示されていないものは，同書に基づく. この場を借りて謝意を表す.

6) 孟凡茂「羅素与清華—何時来訪，有無講演」『清華校友総会』2014 年 6 月 4 日.

7) 銭鴎「王国維と教育世界の無署名文章」『華東師範大学学報』（哲学社会版）2000 年 4 月.

8) 『王国維全集 書信』北京：中華書局，1984 年，6 頁. 陳同（2000）『悲情学人王国維』上海：上海教育出版社，20 頁.

9) 注記「己桃初六收」によれば，この手紙は己亥年（中国の暦で 1899 年）3 月に書かれたもので，当時，藤田豊八は東文学社で教鞭をとっていた. 原本は上海図書館蔵.

10) 1898 年 6 月 30 日，許家惺宛て書簡.

11) 1899 年 6 月 7 日，『汪康年師友書札』第 1 巻，上海古籍出版社，1980 年，87-88 頁.

12) 同上，90 頁.

13) 于洋歓（2015）『意識形態与哲学翻訳』（『東北亜外語研究』第 4 期）30 頁.

14) 鄒振環（2013）「在翻訳与学術之間　王国維訳述的法学，地理学和心理学」『東方翻訳』23 頁.

15) 『王国維全集』書信，中華書房，1984 年 2 月.

16) 羅国華・穆恵峰（2018）「王国維西学邦訳対近代中国的多維影響」（『嘉興学院学報』第 30 巻第 5 期）.

17) 佐藤武敏（2003）『王国維の生涯と学問』東京：風間書房，6 頁.

18) 「6 月 25 日午後一時より京都東約五条坂袋中庵において追悼法要を営み法隆寺貫主佐伯定嵐師を請ひて〔故〕人の冥福を祈」ったという.「王国維君殉節追悼会」（『文藝』第十八年第八号）京都帝国大学文学部内京都文学会，73-74 頁.

19) 原田淑人（1885-1974）は，日本の考古学者. 東大教授. 浜田耕作らと東亜考古学会を設立. どのような経緯で招聘されたかは不明. 現存史料によれば，日本の考古学者で，東京大学文学部助教授の原田淑人は，北京大学と清華大学で講演する名目で，日本国内の諸般の手続きをした，翌年 1930 年 3 月 15 日北京着，北京大学と清華大学で「考古学上より見たる中日古代文化の関係」なる題目で 3 月 20 日より 4 月 25 日まで 5 週間にわたり長期の講義を行い，聴講者は終始熱心に筆記し，かつ教授，助教授の中にも最後まで缺さず傍聴するものがあり，多大な効果を収めた. 1930 年 5 月 5 日，在北平瀬川浅之進より坪上外務省文化事業部

部長宛て電報「東亜考古学会関係者当地滞在中の概況報告の件」アジア歴史史料センター.

20)　斉瑩編集, 孫敦恒校閲 (1999)『清華人文学科年譜』北京：清華大学出版社, 107頁.

21)　「北平清華大学教授訪日」日本アジア歴史史料センター.

22)　『清華暑期週刊』第10巻第7/8期「教授印象記；銭稲孫先生是有名的日本通?」.

23)　聞黎明 (2008)「西南聯大的日本研究―以戦後処置日本問題的認識与主張為中心」, 伊継東・周本貞主編『西南聯大与現代中国研究』北京：人民出版社.

24)　本表は清華大学歴史学部博士課程の孟金釗が作成した.

25)　蒋廷黻 (2003)『蒋廷黻回憶録』長沙：岳麓書社, 136-137頁.

26)　金富軍 (2008)「清華大学辺境問題研究会考察」(『中国辺境史研究』第18巻第2期) 6月, 137頁.

27)　同上.

28)　金富軍 (2008)「清華大学辺境問題研究会考察」(『中国辺境史研究』第18巻第2期) 139頁.

29)　「国立清華大学辺境問題研究会設立大会」(『国立清華大学校刊』第20期) 1928年.

30)　袁翰青 (1928)「辺境問題―注意的理由和解決的途径」(『清華週刊』第30巻第8期). 金富軍 (2008)「清華大学辺境問題研究会」(『中国辺境史研究』第18巻2期) 140頁.

31)　李述庚 (1929)「辺境問題研究会東三省組研究題目」(『国立清華大学校刊』第31期).

32)　『日人注意本校辺疆問題研究会』(『国立清華大学校刊』第35期) 1929年.

33)　姚名達 (1905-1942), 字達人, 号顕微, 江西興国の出身. 1925年清華学校研究院 (清華国学研究院) 入学, 梁啓超, 王国維らの名師に師事し, 歴史学を学ぶ. 卒業後, 商務院印書館で編集者として勤務し,「万有文庫」の編集に参加し,「目録学」など多くの著作を著した. 1937年の「七七」事変後, 江西に帰り, 国立中正大学の教授として勤務した. 1942年6月～7月, 日本軍の江西省侵攻の際, 姚名達は「戦地服務団」を組織し, 団長を務め, 敵との戦闘に身を投じ, 壮烈な犠牲を遂げた. 趙錦鐸「姚名達烈士清華学習生活剪影」清華大学校史館.

34)　京都大学人文科学研究所附属東アジア人文情報学研究センター編, 前掲書, 61頁.

第9章

「人臣無外交論」
——「中華世界秩序」の一原理——

張　啓　雄

（馮　青　訳）

はじめに——「人臣無外交論」構築の問題意識

　伝統的な中華世界秩序において，「天下」＝「中華世界帝国」を規範化した秩序を明らかにするために，本章は煩をいとわず史料を精査し，先秦の古典と歴代の史書を重ねて精読，参照した上で，東アジア外交史における伝統的な外交理論の一つ——「人臣無外交論〔臣下に外交はないという規範〕」の構築を試みるものである．東アジアの歴史資料の精査によって，伝統的な中華世界秩序に「人臣無外交論」が確かに存在したことを検証し，さらに西洋列強の武力進出後の近代東アジア外交史における「人臣無外交論」の変化についても論及する．具体的には，「人臣無外交論」はなお強固に維持されつつ，儒教文化の価値観を中軸とする東アジア外交を解釈する役割をさらに穏健に展開したのか，それとも東西の外交文化の交流，融合後に近代東アジア外交の独自の特色を呈したのか，あるいは東海に流れる大河の水のように永遠に失われたのか，などを解明するのが本章の課題である．

1.「人臣無外交論」とは

(1)「人臣無外交論」の古典的意義

　「人臣無外交」という表現は,『礼記 郊特牲』の語句「為人臣者無外交, 不敢貳君也（臣下に外交はない. 君主にそむくことはできないのだ）」に由来する[1]. 『礼記』の表現は簡素化されており, 正確な意味の理解は難しいため, 漢・唐の時代,『礼記』を研究する専門家が経典に対する注疏（解釈）をまとめ, 後世の人々の学習, 研究に便宜をあたえた. 経典と注疏は代々伝承され, やがて「中華歴史文化価値」を形成した. それはまた, 各時代において士大夫から王侯将相に至るすべての人が外交業務を扱う際に守るべき規範となった. すなわち, 臣下の地位にある者は, 君主の命令によるか, 権限が授与されていない場合は, 勝手に外国と接触し, 外交行為を行ってはならないというものである.

　「人臣無外交論」は中国本土のみならず, 宗藩体制の下にあった「中華世界帝国」（＝中国＋属藩の広い地域）でも通用し, 臣下（国王＋陪臣＝藩臣）が政治外交などの公務を行う際の行動規範となった. この「宗藩体制」では, 宗（中華）と藩（属邦）の関係においてだけではなく,「藩対藩」, 例えば日朝の外交関係においても,「藩臣」たちも「人臣」であるので,「藩臣無私交論」も「人臣無私交」の論理の範疇に含まれ, 共に『礼記 郊特牲』の経典解釈にある中華歴史文化価値観の規範を遵守しなければならなかった. それゆえ, 明の太祖朱元璋は以下のような言葉を残したのである.「古来, 帝王は中国にいて四夷を治めた. 歴代相受けついだのは, みなこの道による.（中略）華夷の分は自然のものなのだ」[2]. 中華の歴史文化価値観はかつての時代の必要に応じて形成され, さらに時代の変遷により生み出された価値やその意義を反映してきた.

　本章では, 経典『礼記 郊特牲』に記された「為人臣者無外交, 不敢貳君也」の文意及びその後の注疏に基づく, 中華世界における (1) 上国（中国）の

君臣関係及び宗藩（中国と属藩）の君臣関係，(2) 属藩対上国の君臣関係，属藩対属藩，中華対西洋の関係について検討し，さらにその公私の境界線を明らかにすることを試みる．ここで言う境界線とは，「私情」と「国益」を分離した後に現れてくる「公私分明」あるいは「捨私為公（私を捨てて公をなす）」という中華の歴史文化価値にあたり，これも本章が「人臣無外交論」を検討するゆえんである．

(2)　古典所載の「人臣無外交論」の中華歴史文化的価値

　「人臣無外交」とはなにか．前述の『礼記』の経典・注疏の記述を分析してみよう．漢の鄭玄による『礼記 郊特牲』の注（経文の解釈）には，「私覿〔私的会見〕は外交なり」と記す．これに唐の孔穎達は疏（注にさらに加えた解釈）を加えて，この私的会見とは「〔外国の〕君主に拝謁することだ」と説明する．『礼記正義』では外交活動を「従君而行」と「専使而出」の２種類に分ける．前者は大夫が自国の君主に従って宗主国の君主に拝謁することだが，この際に私覿を行うのは非礼のことと見なされる．大夫らは「君に従って行く」立場であり，自国の君主にのみ敬意を払うべきだから，決して外国の君主等と私覿をするべきではないからである．また，例をあげれば，周代末期，外交活動のため君主に随行して諸侯の地に赴いた家臣が私的な会見や官邸での宴会などの招待を受け，君主並みの待遇を受けたとして非難されたことがある．これらは伝統的な外交文化では軽蔑すべき禁止行為であった．

　「為人臣者無外交，不敢貳君也者」は，上述の通り，君主に伴って使者となったものは，外交活動を行う際に敢えて私覿しないという意を表している．君主に仕えるものは，終始君主に忠実たるべく，二心を抱いて私的に他国の君主に接触しないことが求められた．私覿はなければ当然外交活動があるには当たらないだろう．

　一方，後者（「専使而出」）では，大夫ら使者は圭（玉器）を持って隣国を訪問し，誠意を表明するものであり，私的な訪問，面会は許される．この場合は自国の主君の命を受けての行いだからだ．

　歴史的に，大夫が玉器を持って外国に赴き，外交活動を行うことは「君主
の命令を受けた」ものと見なされ，訪問先の官庁や私宅の広間で外交交渉を
行うことも許されてきた[3]．また，この場合は「表文」（外国元首への信任状）
も同時に持たされる．「表文」があれば「人臣」も外交ができるが，なければ
「人臣に外交なし」になる．従って，国の使節として玉器を持って隣国に赴く
際には，公務のために私的会見はありえるのである．

　君主の命令がなく「表文」も持たない場合は，「人臣無外交」に当てはま
る．他方，君命によらず国を出て，友邦の内外で私的会見をするのは「非礼」
であり，また「君に貳く」行いとなる恐れがある．大夫が友邦の君主に拝謁
することは交渉の公務を担うので，公私混同の行いを防ぐために，君命によ
らない私的会見や贈答品の受領などは禁止された．この意味で「人臣無外交」
論は，消極的には「以私害公」（私によって公を害する）を防ぐためであり，積
極的には「去私奉公」（滅私奉公）を奨励し，「違うものは懲らしめ，遵うもの
は奨励する」という中華文化の伝統な価値観を含有していた．これらは士大
夫たちの規範とされ，後世に至り次第に共通の中華の歴史文化価値を形成し
た．本章ではこれを「人臣無外交論」と呼んでいる．

　以上から，『礼記』が「人臣たる者に外交なし」の意義を強調している理由
が判明する．後世の人々は『礼記 郊特牲』及びその注疏の記述を通じて，「為
人臣者無外交，不敢貳君也」の真意を理解し，代々実践し，こうしてついに
普遍的な「中華の歴史文化価値」を形成していった．この「中華の歴史文
価値」はまた後世の為政者の規範となり，さらに歴代の士大夫らの政治外交
行動を検証する基準となったのである．

2.　清代東アジアにおける「藩臣無外交論」

　中国の王朝交代の歴史を見ると，概して言えば，革命による中華文化内部
の政権交代がほとんどであったが，夷狄と呼ばれる異民族の支配確立による

「華・夷」間の政権交代の時期もあった. 宋・元, 明・清の王朝交代はその例
である. しかし, このような「華夷変態」の王朝交代が起きても, 伝統的な
「中華世界秩序原理」に内在した中華の歴史文化価値は, 異民族支配の時代に
おいても揺るぐことなく, さらに強化, 発揚された. この意味で, 清代の「藩
臣無外交」の理念は, 歴代よりもさらに発展し, 宗主国から藩国へと中華世
界の隅々にまで浸透していたのである.

　康熙帝の時期には,「人臣義無私交」に現れる中華の歴史文化価値は法制化
された. すなわち 1667 年 (康熙 6 年), 康熙帝は『欽定大清会典則例』に「外
国から各省総督, 巡撫に文書送付の際の原文書開覧を准す. 総督, 巡撫, 提
督, 総兵等の官が自ら外国に文書を出すことは許さない」[4), という規定を明
確に定め, 臣下が「人臣義無私交」を遵守するように規範化し, 支配体制の
必要に備えた.

　1716 年 (康熙 55 年), 漂流民救助をめぐる琉球・朝鮮間のやりとりで,「藩
臣無外交論」に関わる問題が発生した. 当時, 琉球は「中華世界秩序原理」
の「事大交隣論」に基づき, 中華王朝 清と君臣関係を結ぶが, 清のその他の
藩国に対しては対等であり, 互いに兄弟の邦と称していた. 海難による漂流
民の救助, 送還についてもこの「宗藩体制」の枠組みに従って処理された.
そもそも中華世界では, 漂流民を救助すると, 藩国が各々定められた貢道 (朝
貢ルート) を使って彼らを送り, または駅站に収容した. 貢道が海路であれば
漂流民をその朝貢港に送り, その後北京に送るか, もしくは季節風を待って
乗船し, 朝貢使節に引き渡し, 本国に帰させた. 他方, 貢道が陸路であれば,
まず北京に送り, その後朝貢ルートにある国境の関所の駅站に移して安置し,
その後本国の故郷に送還された. これが明清以来の中華世界に広く存在した
海難救済制度である.

　琉球は冊封を受けた海洋王国だったため, 琉球の漂流民はまず中琉宗藩間
の封貢体制下の海洋貢道を経て, その朝貢港福州の柔遠駅に送られた. 琉球
近海に流れた朝鮮の漂流民は, 同様に琉球の海洋貢道によってまず福州琉球
館, ついで北京に送られ, 礼部が朝鮮に通知し, 漂流民を朝鮮の対清貢道に

よって送還するか，あるいは朝鮮使節が連れて，陸路で東北の貢道と館駅を
通って朝鮮に帰還させた．従って，貢道と館駅は冊封と朝貢時の任務のほか
に，実際は漂流民の收容，救助と本国送還の救済の任務をも担っていたので
ある[5]．

　1716 年（康熙 55 年），朝鮮政府はその左参賛（官名）閔鎮厚の呈した咨文の
中に「琉球国謝咨〔礼状〕」があったため，「藩臣無外交論」の古訓に鑑み，
廟堂で審議し，「聖明の決裁を請う」こととし，その結果，「琉球国の咨文を
送らないように請う」奏文が出された．当時，明清両朝が交代していたが，
明の寛大に対し清は厳格であった．かつて，明の万暦時代，「わが〔朝鮮〕使
節は，かの〔琉球〕使節朝貢の日になお謝意を伝えた．……初めは王室によっ
て禁止されていなかった」[6]．すなわち，明代では朝鮮・琉球間は互いに通信で
きたのだが，清代ではそうはいかなかった．朝鮮の疏文は以下のように言う．

　　かつて皇朝〔明朝〕の万暦丙申（1596 年），わが国はかの国〔琉球〕漂流
　　民を北京に送り，本国に帰らせたところ，数年後に先方から謝咨があり，
　　わが国も返書を記し，朝貢使節が行くときに持たせました．このたび，
　　かの国が〔漂流民を〕送ってくれたからには，わが国は感謝の礼を欠か
　　すことはできません．前後の状況は同様なので，本日，この論議となっ
　　ているのです．ただ皇朝の時は，わが国を家族とみなし，朝廷，各国と
　　の関係でもあまり規則に拘泥しませんでした．故判書〔大臣〕李安訥の
　　琉球国使臣に贈った詩からも，同文一軌，疑いをいれなかった様子が窺
　　われます．しかし今，かの中国〔清朝〕が皇朝の時のように，平然とし
　　て妨げないのか，藩服の国が互いに書簡をやりとりするのは，外交の戒
　　めを犯すことになるのか，わかりません．[7]

　「藩服の国が互いに書簡をやりとりするのは，外交の戒めを犯すことにな
る」とはどういう意味か．それは「藩臣に外交なし」がゆえである．朝鮮と
琉球はともに中華の皇帝の命によらず私的に通信したので，「私覿により，あ

るいは二心あらん」の罪を犯したことになり，このために議論の結果，「琉球
国の咨文を送らないように請う」奏文を出すことになったのである．ここか
ら，朝鮮は自国の安全を守るため，厳しく自己を律していたことがわかる．

　1723 年，雍正帝が即位した．雍正帝は民間の苦しみを理解したので，しば
しば朝鮮から北京に朝貢使節が赴く時の朝鮮側の負担を軽減するようにした．
だが，朝鮮の『景宗大王実録』では，それは朝鮮義州の人の子孫 常明の功と
する．常明の母は康熙帝の乳母だったため，扶養の功により康熙，雍正両帝
に優遇され，また彼は「身はここ（中国）にあっても心は本（朝鮮）を忘れな
い」と言い，清・朝間の周旋に努めたと言われる[8]．だが，朝鮮の史臣は見
識があり，「藩臣無外交論」の角度からこう諫めた．

　　この間いつも，朝貢に赴く使臣は常明のおかげで一時は助けられていま
　　すが，隣国の寵臣と私的に交わるのは，公明正大の道ではありません．
　　また，常明はわが国人の子孫とはいえ，すでに他国の臣となりながら，
　　敢えて外交を行っており，その人となりが慎重でないことがわかります．
　　もし彼我〔清と朝鮮〕の間で利害対立が起きたら，また君臣間で寵を失
　　い，疑念を抱かれることがあったら，このようなことは維持できません．
　　常明の罪でなければ，朝鮮に禍が及ぶでしょう．警戒しなければなりま
　　せん．[9]

　乾隆時期には，清の高宗は「藩臣無外交論」に対して一歩進んだ，また深
い検討に値する見解を示した．そこからは，臣下が異国の礼品を受け取れる
かどうかの区分，従って「人臣に私交なし」論の政治的智恵を明確に理解で
きる．まず，時代の前後に従って，東南アジアの中華文化圏に属し，中華歴
史文化価値の薫陶を強く受けてきた安南王国の例を出そう．1791 年（乾隆56
年）8 月，属藩安南の国王が「人臣無私交論」に違反し，宗主国清の高官 福
康安に私的贈答を行ったという事件があった．これに対する軍機大臣らの上
奏は以下の通り．

〔安南国王〕阮光平から文書とともに，臣の母が70歳のため，あわせて礼品〔葡萄〕を送ってきました．それは好を通じる意味でしょうが，人臣は義として私交なしの決まりから外れることはできません．そこで今，丁寧な文書を送り，贈られた礼物を成林に託して諒山の鎮目に送り，返還させることと致しました．[10]

これに対し，乾隆帝は「それは行き過ぎだ」と批示し，こう述べた．すなわち，前年，安南国王が帝の祝寿のために来京した際，福康安は帝の意を体して，心を込めて世話をしたため，深い交友を結んだもので，朋友の交際往来は本来，不変の人情である．まして彼は福康安の母の70歳の祝賀で物を贈ったのだから，必ずしも過度に「人臣無私交之義」に拘泥しなくてもよい．「朕は中・外を撫馭し，一視同仁で，少しも差別したことはない」．この硃批（上奏への朱筆指示）を安南国王に諭旨で知らせるほか，福康安にも通知せよ，と[11]．

次に，清の道光帝が西域の属藩霍罕（コーカンド）の来朝に際し，理藩院に礼品受け取りの可否につき下した指示とその政治的智恵についてである．道光帝は「人臣無私交」の義により，大学士長齢が同国使節から葡萄一皿を受け取り，また上奏文を代筆したことを咎めた．「長齢は大臣として国の体面を知悉すべきであり，外国使節から土産を贈られたら，直ちに天朝の制度をもって諭し，拒否すべきだ．また同国からの文書は直ちに叱責して返し，理藩院に自ら提出させるべきだった」と．長齢はこのため処罰されることとなった[12]．

道光帝が長齢を処罰したのは，前朝（乾隆，嘉慶期）の和珅の汚職が貢納品にも及んでいたことを鑑（教訓）とし，さらに『礼記 郊特牲』の「為人臣者無外交，不敢貳君也」を君主が臣下を使う際に警戒すべきこととしたからだった．長齢の処罰は，臣下の二心（背叛）を防ぎ，属藩の「向化」（中華への馴化）の心を固めるものであった．

安南とコーカンドの2つの贈品収受事件を比較すると，長齢と福康安は同じように属藩から贈られた葡萄を受け取ったが，その結果は全く異なった．福康安は「人臣義無外交論」を遵守したため，乾隆帝は功臣激励のために代

りに受け取り，その後安南国王の礼品の葡萄を福康安に渡し，その「為人臣者無外交，不敢貳君也」堅守の信念と中華歴史文化価値とを賞賛した．長齢の行為はまさに順序が逆で，彼はまず外藩からの礼品を受け取り，臣節を汚し，さらに同国の呈文を受け取り，代りに書き直して上呈した．これは誤りを重ね，「為人臣者無外交，不敢貳君也」の重大な違反となるもので，証拠は明白であった．さらに厳格に見れば，「人臣たるものにして外交あり，敢えて君主にそむくなり」とさえ解釈できた．道光帝は君臣の道を正し，臣下の二心を防ぎ，属藩の向化の心を固めるために，大なたを振るって，「人臣に外交なし」＝「君臣に義あり」の君臣の倫理を整えた．一言でまとめれば，両者の違いは，福康安は「人臣無外交論」によって礼品の受領を拒んだのに対し，長齢は官吏の心得である「人臣無外交論」を忘れて，まず礼品を受け取り，問題が発覚した後に，その「人臣無外交論」の忠誠が疑われ，処分されたのであった．両者の是非を判別する鍵は，官職にあり使節を接待するにあたり，「人臣義無外交」の心得を遵奉したかどうかである．というのも，「私覿」＝「貳君」（私的面会は君に背くこと）であり，「人臣に外交なし」こそが「敢えて君に貳かざるなり」の判断の前提条件であるからである．

　本章は煩をいとわず，繰り返し先秦の古典の歴史文化価値の伝承と歴代史書記載の文化思想と現実外交の折衝，応用を検討してきた．その目的は，東アジアの伝統的外交における「人臣無外交論」を構築し，それが確かに伝統的中華世界の「事大交隣論」の外交秩序の中に存在したことを証明することにある．さらにそれだけでなく，近代西洋の力の侵入後，「強権すなわち公理」となった東アジアにおいて，「人臣無外交論」がなお着実，穏健に儒教の伝統に基づく歴史文化価値の特色を持つ東アジア外交の歴史を解釈する役割を果たすことができたかどうかを検討するものである．本章は，このような問題意識に基づき，近代西洋が世界を支配した時代に至るまで逐一検討を行い，中華世界を規範づけた「人臣無外交論」の外交面における歴史文化価値の所在を探ろうとするものである．

3. アヘン戦争前の朝鮮貿易における清韓「人臣無外交論」

　1832 年（道光 12 年）7 月 4 日，朝鮮公忠道観察使 洪羲瑾，水使 李載亨が並んで以下のように馳啓（急奏）した．備水軍 虞候，金鎣綏，洪州牧使 李敏合同の報告によると，同年 6 月 26 日酉時前後，異船 1 隻が来て本州古代島の安港に停泊した．驚いて通訳の呉継淳，洪州牧使 李敏会，水軍 虞候，金鎣綏が停泊地に急行して状況を尋ねようとしたが，言葉が通じず，筆談で改めて来航の理由を問いただしたところ，こう答えた．「私たちはみなイギリス人で，船主はリンゼイ〔Hugh Hamilton Lindsay. 漢訳「胡夏米」〕と言います．洋布，格子柄布，ラシャ，羽緞〔厚手の綾羽二重〕，シルク，ボタン，刀，短刀，ハサミ，ロウソク，燭台，灯籠，ガラス器，時計，千里鏡等のものを売り，貴国の産物を購入したいと願っています．本年 2 月 20 日に乗船し，26 日に着きました．貴国大王に親好を結び，貿易を行うようにお伝え願います」と．調べたところ，同船の乗員は計 67 人で，船主リンゼイが四品子爵と称するほかは，みな商人，店員，操舵手，船員であった[13]．

　朝鮮の官吏は一つ一つ商品を検査しようとしたが，イギリス人は「貿易を許していないのに，遠来の客の物を開封検査してはならない」と言い，何度もやりとりしたが，結局見られなかった．同船は貿易に来航したもので，漂流船とは異なるので，強制できず，朝鮮側は詳しく貨物を検査できなかった．しかし，なおも朝鮮側は「これを論すに藩邦の事体，固より他国と私交すべからざるを以てす」と，中韓の宗藩関係をもってイギリス船員を暁諭した[14]．なぜ「藩邦の事体，固より他国と私交すべからざる」のか．それは，朝鮮は中華世界には「人臣無外交論」の歴史文化価値があることを深く理解していたからである．

　だが，リンゼイらイギリス船員たちは「藩邦の事体，固より他国と私交すべからざる」の道理を理解できず，貿易を要求したが，朝鮮側に拒まれて衝突が起き，侵入できず，潮の流れに乗って西南に去った．この外国の私船来

航の際の対応と紛争について，朝鮮は先例により，北京の礼部宛ての咨文（国書）で詳細に報告し，皇帝への上呈を請うた[15]．その中で，朝鮮はこう述べている．

> 愚考しますに，船車の通じるところ，盛んに有無を通じるのは国の常事ですが，藩臣に外交なく，関市で異論を調べるのは，とりわけ守邦の常典となります．小邦は義，分を粗々わきまえて，藩邦の格式を遵守しており，逐年互市を行う例はありますが，勅咨にてご指示下さることをお待ちします．[16]

　ここからわかるように，「藩臣無外交論」はすでに内面化されて朝鮮の歴史文化価値観になっていた．このため，朝鮮は国の安全を守るために商品を検査しようとしたのであり，排外のために貿易往来に反対したのではなかったのである．

4. アヘン戦争の宗藩関係解体と朝鮮洋擾に対する影響

　清朝は上国として属藩に対して封貢と国境貿易を行い，中華世界を守護してきた．また，天下体系は自給自足であったため，常に安泰を保ちえた．だが，欧米国際体系は産業革命以後，富国強兵をなしとげ，強堅な艦船と猛烈な火力をもって，向かうところ敵なく，世界中に勢力を伸ばして植民地とした．かくて，中華世界の天下体系も欧米国際体系の攻撃を逃れられず，慌てて応戦するのみであった．当時，西洋は産業革命により豊かで強大になったが，これに対して東洋はなお農業社会だったため，貧しく弱体であった．このような中で東西の両国際体系が衝突したならば，中華世界の最終的な敗北は免れ得なかった．

(1)　アヘン戦争期の「人臣義無外交論」

　西洋列強がアジアに進出するようになり，イギリスはアヘンを商品として中国に売り，中国官民を害し，大英帝国の富強を謀ったため，「中華世界帝国」では林則徐ら有識の士と清朝官僚がアヘンを禁止しなければ，数年以内に中国では防御の兵も軍費の銀もなくなると憂慮し，迅速，厳格にアヘン禁圧政策を実行した．これにより，1840〜42年（道光20〜22年），中・英の軍事衝突，すなわちアヘン戦争が勃発した．だが，イギリス側は，中国側が時代遅れの鎖国政策と朝貢制度を行っていたために外交，貿易面で衝突が起き，戦争となったのだと見なし，遠征軍を派遣し，浙江省定海を占領した．1840年（道光20年）10月1日，欽差大臣両江総督の伊里布は千総〔官職名〕の謝輔陞，張喜等を派遣した．彼らは「軍をねぎらうという名目で牛・羊・鶏・鴨を持って定海に行き，エリオット，モリソン，ギュツラフ等の頭目がうろついていたので，彼らと議論を重ねた．彼らは定海に長く留まるつもりはない」「広東で議が定まった後に引き渡す．ここを占領，領有するつもりは断じてない」と述べた[17]．説得できなかったため，清朝の交渉官は10月4日帰路についた．その後，「彼ら夷人はまた文書をよこし，さらにラシャ，嗶嘰（厚布），洋布，千里鏡，金ボタン等の物品を上呈してきた．私がその文書を見たところ，なお告示を出すことを求めるだけであった」[18]．使者が定海に交渉に赴く時に「軍をねぎらうという名目で牛・羊・鶏・鴨を持って」行ったのは，交際の礼儀上は可とされるにしても，帰る時に贈り物を受け取ったのは，実に「期約」（約束，受託）の嫌いがあり，『礼記 郊特牲』の「人臣に外交なし」のタブーを犯すものであった．このため，道光帝は軍機大臣等に上諭を下し，彼らを厳罰に処するよう以下のように命じた．

　　本日，伊里布による定海に要員を送り，外夷の状況を探るとの急奏を上
　　覧した．今回，定海に要員を送り，外夷の頭目と会見したというが，そ
　　れは定海城中においてか，外夷の船上なのか，上奏文は記していない．
　　定海の住民がいまどのような状況か，外夷の艦船はなお要地を占拠して

いるのか，彼らは現地で必ず状況を実見したはずだ．伊里布にこの上論
を奉領後，彼らに詳細に尋ね，事実の通りに報告させよ．外夷上呈の物
品については，同大臣（伊里布）は疑惑を避けるため没収して，賞品とし
て用いると奏するが，全く謬論である．天朝の大臣は決して外夷の贈答
品を受ける理はないことを厳格に訓戒し，物品の返却を命じるべきだ．
そうすれば夷狄制御の体統に合うのであり，何の疑惑もなくなる．すで
に没収された物品がまだ賞品に使われていないのなら，すべて返還すべ
きであり，その際，天朝の定制は賄賂厳禁であり，嫌忌，拒絶の意では
ないとよく説明せよ.[19)]

　だが，この道光朝『籌辦夷務始末』に記載の「天朝定制は賄賂厳禁」とす
る部分は，現在，大英博物館所蔵の原文書「伊里布の英将胞祖への照会」と
はやや異同がある．「伊里布の英将胞祖への照会一，原第一号　道光二十一年
十一月初一日照会」の内容は以下の通りである．

　　欽差大臣協辦大学士・両江閣督部堂紅帯子伊〔里布〕より照会する．10
　　月30日，貴副将からの文書を受領し，本月2日に〔英国〕艦船が広東に
　　赴くことを知った．現在，本大臣は琦爵相〔琦善〕には通知せず，同艦
　　に出港して向かわせることとした．また，本大臣は，貴国統帥より大呢，
　　嘩嘰，洋布，千里鏡，金ボタン等の物品をお贈り頂いたが，人臣に私交
　　なしが，古今の通義，天朝の定制であり，贈り物を受ける礼はないので，
　　本来その時に直ちに返却すべきものだが，貴国統帥の懇切なる情意を念
　　じて暫く収めた．今ここに返却するので，貴副将が数の通りに査収され，
　　貴国統帥に本大臣の意をお知らせになるように願う．以上，イギリス国
　　水師副将胞祖に照会す.[20)]

　両者を対照すると，しばらく収め，後で返却するというのは共通だが，『籌
辦夷務始末』が「天朝の定制は賄賂厳禁」だと強調するのに対し，照会では

「人臣に私交なしが，古今の通義，天朝の定制であり，贈り物を受ける礼はない」となり，異なっている．清朝は収賄をした者には「厳格に訓戒し」，何らかの疑惑を防いだが，それは「人臣に私交なき」がゆえであった．

　結局，清朝はアヘン戦争に敗れ，領土割譲，賠償により事態を収拾したものの，以後，中国と周辺属藩の宗藩体制は西洋列強の蚕食鯨呑に直面するようになった．こうして，〔中華〕帝国は解体され，属藩が一つ一つ陥落し，最後は中国も西洋列強の支配する近代世界に編入され，「天下」は崩壊に直面しただけでなく，西洋式の国家主権を確立しようとしても，不平等条約の下で西洋列強に圧迫されるに至った．こうして，大清王朝は次第に半植民地に転落し，列強の分割に委ねられるようになったのである．

　アヘン戦争前に，すでに朝鮮にはキリスト教が伝わり始めていたが，同教は一神教で偶像崇拝を禁じたため，来伝と同時に儒教の祖先祭祀及び孔子祭典と矛盾が生じた．このため，中華世界ではキリスト教信仰による祠廟破壊，祭祀廃絶の事件がたえず起こったため，西学＝キリスト教は中華から「君なく父なき邪術」と位置付けられ，また西洋人も夷狄，さらには禽獣と見なされたのである．西洋の力の侵入はまず政治・外交的な衝突をもたらしたほか，キリスト教伝来により文化・信仰面の衝突も生じ，このため，1801年の辛酉教難以来，カトリック，プロテスタントは弾圧を受け続けることとなった．そこでフランスは1846年，懲罰の軍を送って朝鮮を威嚇したが，朝鮮政府及び人民の洋夷へのさらなる強烈な反感と警戒心を惹起したのみであった．

(2)　第2次アヘン戦争後の「人臣義無外交論」

　産業革命後，欧米では自然科学と生産技術が長足の進歩を遂げ，かつ日新月異の革新を続けた．蒸気機関の発明はさらに紡織工業の発展をもたらした．こうして，原料を輸送して機械生産を促進し，製品を輸送して市場を拡大するために汽車が発明され，自動車等の陸上交通も急速に発展した．また海外に原料を求め，海外市場を拡張するために，汽船が発明され，航運が発展していった．原料産地と販売市場を独占するために，西洋諸国は互いに同盟，

連合を組み，内部で戦いを繰り広げた．このため，「万国公法」（国際法）が欧米諸国間の紛争とその解決方法を規範化した．その後，海外植民地を求め争奪するために，「艦船を堅固に，火力を強化」し，さらに「万国公法」により，欧米国民国家とは異なるアジア・アフリカ・ラテンアメリカ・ニュージーランド・オーストラリアなどの有色人種とその国家を否認し，平和共存できたはずの彼らの国際的地位さえも否定した．そして，「万国公法」に基づいて，欧米諸国は「無主地先占」の法理を発明し，異なる国際体系にあるアジア・アフリカ・ラテンアメリカ等の既存国家を否定し，これを侵略，植民地化し，その領土に収め，その土地，人力資源を略奪したのである．また「実効支配による領有」の法理を創り出し，植民地総督を派遣して現地先住民を奴隷的に使役し，人頭税等を徴収し，不当な利益を略取し，好きなだけ経済的略奪と財政的収奪，人力の搾取を行った．さらに人権に反して人種隔離政策を行い，非人道的に先住民を奴隷的に使役し，非西洋諸国を政治的，経済的に搾取，植民地化したのだった．資本主義はこの段階に発展すると，自己中心主義が極まり，ほとんど他国を国と見なさず，他人を人と見なさない所にまで達し，すでにまぎれもなき帝国主義に変わったのであった．当時，西洋列強が非西洋の老大・弱小諸国に対処する際の武器は，武力を主とし，法理を輔としており，まず「堅船利炮（堅固な艦船と強力な火砲）」で攻撃し，ついで法理により「新旧の大陸」を発見したと唱道し，アジア・アフリカ・ラテンアメリカの植民地化を正当化した．アジア・アフリカ・ラテンアメリカ等の土着国家が完全に「発見」された後は，世界にはもう発見すべき「植民地」はなくなったため，列強はまた「万国公法」の「実効支配による領有論」，すなわち「土地領有，政治支配，税金徴収」の有無を根拠とする領有論を発明し，植民地を争奪した．こうして「万国公法」は「船堅炮利」の共犯者となり，列強が「合法的」にアジア・アフリカ・ラテンアメリカ・ニュージーランド・オーストラリア，オセアニアを支配するのを助け，その植民地争奪の武器となったのだ．歴史は斑々たる血痕に満ちている．

　これに対して，当時，清朝が中華世界（＝中国「辺疆」と「属藩」等の諸地域）

で「中華世界秩序原理」に基づいて行っていた「以不治治之論」（非統治的支
配）の「民族自治」ないし「地方自治」は，まさに西洋帝国主義列強が「万
国公法」の「実効支配による領有論」を援用する絶好の機会を与えるもので
あった．かくして，「非統治的支配」対「実効支配による領有論」＝「宗藩体
系」対「植民体系」の対照的な国際関係が形成された．そして西洋列強は「非
統治的支配」を「まだ支配された形跡なき処女地」と蔑み，ついで砲艦政策
の援護の下，清代，中華世界で行ってきた先進性と包容性を持つ「民族自治」
ないし「地方自治」政策下の属地・属領を無主地と見なしたのである．〔「非
統治的支配」論は〕却って英仏を中心とする西洋帝国主義の中華世界侵略の
野心を誘発し，彼らはさらに「万国公法」の「実効支配による領有論」を利
用し，機を窺って「中華世界秩序原理」の「非統治的支配」に打撃を与え，
否定しようと謀ったのであった．

　1851年，咸豊帝の即位後，変法が始まり，王朝は政治改革に努めたとはい
え，当時，内には太平天国の革命運動，外には第2次アヘン戦争（英仏連合軍
戦争）など内憂外患が絶え間なく，1858年5月にはロシアと瑷琿条約，同年
6月には米英仏露と天津条約と不平等条約の調印が続いた．さらに1860年，
英仏連合軍は北京に侵攻し，円明園を焼き払ったため，咸豊帝は熱河承徳の
避暑山荘に避難し，清朝は再び英仏露と不平等条約——北京条約の締結を余
儀なくされた．元々，中華世界の共主の地位にあった天朝・大清帝国は，工
業化された英仏の堅固な艦船，強力な火砲の攻撃により，すでに名ばかりと
なっていたことが明らかだった．まして，中国を中心とする「中華世界」の
天下体系はアヘン戦争以降，すでに西洋により全世界の「国際体系」の中に
編入されていた．中国は王道をもって天下を治むと自ら誇っていたが，「夷の
道（すなわち産業革命と万国公法）によって相手を制する」こと，ただ国が強大
になってはじめて国を治め敵に克つことができるという根本の道を全く知ら
ず，このため覇道で世界に横行する西洋列強に再三にわたり敗れたのであっ
た．清朝は明らかに「堅にして摧けざるはなし」の王覇合一の体質を欠いた
ため，堅固な艦船，強力な火砲をもって侵攻する覇道〔の列強〕に対抗でき

なかった．まさにそれゆえに，「人臣無外交論」は守勢の空論に堕したのであった．

　1861年（咸豊11年）1月，清朝は総理各国事務衙門を設立し，自強の道を図った．8月，咸豊帝は承徳の避暑山荘で崩御し，同年11月，同治帝が即位したが，東西両太后が政治を執り，すでに病膏肓に入った政界最高層は何も変わらなかった．同年12月，曾国藩は安慶に軍械所（兵工廠）を創立し，洋務運動の第一歩を踏み出した．当時，江西巡撫の劉坤一は「人臣無外交論」を唱え，以下のように上奏した．

　　誠に聖上の仰る通り，急いで自強の方策を求めるべきです．臣謹んで管
　　見の及ぶところ，外は交渉の判断，内は統治の要領，近くは江西の計画，
　　遠くは大局の措置まで一つ一つ皇帝陛下に申し上げます．中外関係では
　　長く好を結び，いまは互いに安らかですので，驕らず，欺かず，自ら戦
　　端を開くようなことをしてはなりません．ただ〔在京の西洋使節は〕地
　　方官らは彼らと往来しようとしないと言いますが，公事でなければ人臣
　　は義として私交なきことを知らないものです．布教と通商については，
　　天下は激しく憤慨していますが，特に異論はありません．[21]

　当時，清朝はまさに敗戦，講和の直後で，西洋人が中国各地に入っていて，中・西の接触，さらに交際は避けられなかった．当時，列強は「地方官ら」が彼らと往来しようとしないと誤解して文句を言ったが，彼らは「公事でなければ，人臣は義として私交なき」という伝統的な中華歴史文化価値を理解していなかった．反対に，北京の官吏は面倒な対外公務が多く，西洋人と公務の付き合いがある者が多かったが，これは仕事の必要によるものであり，『礼記 郊特牲』のいう「私覿」にはあたらない．

　地方官らが公事でなければ西洋人と往来しようとしなかったことは，西洋人の不満を招いたが，実は彼らは〔排外ではなく〕伝統的教育を受け，「人臣は義として私交なき」もので，公務か政府の命令でなければ私的に外国官員

と接触してはならないことを熟知していたからなのである．地方官は西洋化した者は比較的少なく，逆に国家，家族の仇敵だと痛恨の情を抱く者が多かった．また，地方官は，対外公務は比較的少なかったが，多くは「人臣は義として私交なきの論」の歴史文化価値を持しており，彼らの考えは伝統的儒教教育とは無縁の西洋人には決して容易に理解できなかった．要するに，「人臣は義として私交なし」の歴史文化価値はすでに深く人臣に入っていたため，東西文化衝突の重要な根源の一つになっていたのである．ここからわかるように，劉坤一こそが，西洋人官吏は中国の地方官らが「彼らと往来しようとしない」ことを非難するが，地方官らは〔排外ではなく，〕「人臣は義として私交なし」の古訓に基づいて，公事でなければ私的に往来すべきでないと認識しており，そこから生じた「文化摩擦」，「文化衝突」だと指摘した近代最初の人物なのであった．

(3)　丙寅洋擾（1866）下の朝鮮「人臣義無私交論」

　『清史稿』の記載によると，1864 年（同治 3 年），朝鮮はカトリック問題でフランスと争論が生じ，1866 年（同治 5 年），すなわち丙寅の年の 9 月，フランス海軍提督ローズは朝鮮に来航し，軍艦を漢江に入れ，ソウルに至り，数隻の船を砲撃し，砲台 1 基を破壊して去った．同年 10 月，フランス軍艦は再び来航し，江華島要塞を下し，銀 19 万フランを略奪した．朝鮮は虎狩り猟師800 名を募って攻撃したが，逃げられた．フランスは朝鮮とははるかに大洋を隔てているにもかかわらず，なぜ東洋に艦隊を派遣して，朝鮮王国を侵略したのだろうか．当時，朝鮮国王李熙は幼く，その父大院君李昰が国政を執っていたが，彼は西教（カトリック）を憎み，厳禁の令を下し，またカトリック教徒を虐待した．そこで，フランスはその罪を討とうとしたが，効果なく帰ったのだった[22]．その後 1870 年（同治 9 年）にアメリカ商船が朝鮮の大同江附近で座礁すると，朝鮮人はフランス船と誤解し，報復のためひどく略奪したことがあった．

　また，1871 年（同治 10 年）4 月 16 日，鎮撫使 鄭岐源は前中軍 李鳳億の急

報を得た．それによると，4月14日戌の刻（午後8時前後），異船（米国船）が理由もなく京畿に来航し，「孫石項に突入した．これは侵犯なので，兵士に命じて集中砲火を浴びせ，数え切れないほど異船に命中した」．異船は大砲を撃った後，引き揚げたが，なお但鷹島の沖に碇泊し，一次退去したとはいえ，また侵される恐れがあった．そこで大院君は鎮撫使に命じて西洋船に以下の文書を送らせた．

　　今春，北京の礼部より貴国使節の書簡を伝えられ，我朝廷はすでに弁論の返答を〔北京に〕送り，貴下への転達をお願いしている．……わが国が外国と通交しないのは，500年来の祖宗の成憲であり，天下周知のこと，また大清天子にご諒察頂いているところであり，旧来の制度を破ることはできない．今，貴使は交渉を求めるが，いかなる問題であろうとも元より交渉はできないのであり，どうして高官による折衝ができるだろうか．天地は広大で，万方に群生し，弘心に覆われ，みなその性を遂げている．東西諸国は各々その政治を修め，各々その名に安んじ，和み楽しみ，互いに犯すことがない．これが天地の心である．さもなければ，天の怒りに触れ，不祥この上ない．貴下はこの道理をご存じないのか．[23]

　大院君は鎮撫使を派遣し，朝鮮の国書をアメリカの船長に伝え，「わが国が外国と通交しないのは，500年来の祖宗の成憲であり，天下周知のこと」だと強調した．簡単に言えば，これこそが朝鮮建国以来500年の祖法となった「藩臣無外交論」なのである．

　1872年（同治11年），アメリカ海軍の提督ロジャースは甲鉄艦2隻を率いて朝鮮の江華島に至り，砲台3基を破壊し，以前の米国商船略奪に報復した[24]．当時，共に中華世界に属した日本はすでに1868年に明治維新を行い，西洋化により危機に対応することを決断した．だが，明治日本は西洋の堅固な艦船，強力な火力に倣ったほか，さらに西洋の覇道に倣って朝鮮，中国を制圧しようと図ったのだった．

　同年，日本の外務卿副島種臣は条約交渉のため北京来訪の折，機会をとらえて総理各国事務衙門に，「朝鮮は属国か．〔もしそうならば〕朝鮮の通商問題を代わりに主持すべきだ」と問いただした．だが，総理衙門も歴代伝承の歴史文化価値を堅持し，「朝鮮は属藩であるとはいえ，内政・外交はその自主を聴（ゆる）し，従来，本朝は関わっていない」と答えた[25]．この言い方は愚鈍，無能に見えるが，これは農業社会の総合国力では商工業社会の総合国力に対抗できないがゆえであり，また清朝が産業革命の機会を逃したために支払わなければならない時代の代価でもあった．まさに清末の総合国力が微力だったため，清朝は強敵に対抗する力がなく，その渉外用語も変わっていった．すなわち，元々の「人臣無外交」の古訓は，「属国の政教，禁令は自主なり」を通って，さらに属藩の「内政，外交はその自主を聴す」に変えられた．すなわち歴代の中国王朝は強盛で，みな「人臣無外交」を唱えたが，産業革命後，東洋と西洋の力の差は日々拡大し，対抗できなくなった中で，「無外交」の「無」を落とし，「聴」（ゆるす）を加えたほか，また歴史的には元々同意していた「内政自主」をさらに「外交」と結合させ，ここで「内政外交はその自主を聴す」という言い方が作られ，次第に「人臣無外交」の歴史文化価値に置き換わったのである．こうして，「人臣無外交論」は「属藩の内政，外交はその自主を聴すの論」に変わり始めた．この歴史的変化の過程は，まさに生き生きと，また残酷，痛切なる歴史事実をもって，後の子孫に対し，「弱国に外交なし」の教訓を忘れるなと警告しているのである．

　同年10月，礼部は朝鮮国王李熙に時憲書（暦書）を賜うことを許し，朝鮮から齎咨官（官職）韓文奎が来京した．その上呈文は最近の洋船の朝鮮来航状況を述べたものであったが，なかでも1866年の丙寅洋擾，1871年の辛未洋擾の際の欧米艦船の状況については詳細であった．この文書は礼部を経て朝廷に奏呈された[26]．もっとも，この文書の主旨は，洋船の来航はいずれも密航に当たるので，朝鮮政府はこれらを取り締まり，駆逐するだけでなく，「人臣に外交なきの義」を堅く守っていると強調することにあった[27]．

　この文書から，憲章，法禁を遵守することこそが国と人民を安んじる道で

あり，また「人臣に外交なしの義」であると朝鮮が考えていたことがわかる．
だが，産業革命後，西洋は強く豊かになり，貿易，通商を求めて各地に進出
し，遅れた諸国を競って征服し植民地として搾取した．東洋は，西洋が「力
で人を制する」という世界の趨勢を知らなかったがために，結局，西洋の侵
略の対象となるしかなかった．こうして，「人臣に外交なし」の中華の伝統的
な歴史文化価値は次第に忘却され，消失し，ついには知られなくなったので
ある．

　また，ロシアは 1860 年前後，清末中国の衰退に乗じて東北に侵入し，璦琿
^{アイブン}
条約，北京条約により沿海州を占領，奪取し，さらに南下して，1864〜65 年
には朝鮮国境の豆満江を侵し，開港し，通商するように迫った．この時，天
主教徒の南鐘山は大院君に対し，信教を自由とすることを条件に英仏と同盟
を結び，ロシアに対抗することを進言した．だが，大院君は南鐘山はフラン
ス軍及び宣教師と結託していると警戒し，1866 年，天主教徒に血の弾圧を加
え，フランスの宣教師 9 人を斬刑に処した（丙寅教難事件）．これに対し，フ
ランス駐華代理公使ベロネ（Henri de Bellonet）は乱暴にも，「わが国は実力に
より，朝鮮国とその有名無実の王位を自由に処分する」[28] と砲艦外交を宣明
したほか，清朝総理衙門に照会を発し，「高麗は中国に朝貢しているとはい
え，一切の国事はみな自主であるので，天津条約にも記載していない．いま
わが国は高麗で兵を交えているが，もちろん中国はこれに関われないはずだ」
と述べた[29]．これもまた近代西洋諸国が帝国主義たるゆえんである．

　このように，フランス当局は清朝の朝鮮王国に対する「属国政教禁令自主
論」の中華歴史文化価値及び宗藩間の君臣関係を理解できず，また承認しな
かった．ここに東西の国際秩序原理が相違するだけでなく，衝突性を持つこ
とが現れている．西洋諸国は，中華世界を理解できないにもかかわらず，産
業革命後の優れた武力を盾に中華世界への侵略と利益獲得に執着する中で，
次第に，ただ国益あるのみで，公理や正義規範をわきまえない帝国主義に変
わっていった．

　1867 年（同治 6 年）正月，朝鮮は通例の朝貢使節を北京に送り，咨文を持

たせ，前年洋船来航時の文書を再述した．「朝鮮国王，洋匪侵擾の情形を事実
通りに申し上げます．本年九月，洋匪は江華府に入拠し，暴戻の言を発して
いたことはすでにご報告の通りです．その後，敵勢はますます猖獗を極め，
一々詳述できないほどです」[30]．朝鮮が西洋諸国を「洋匪」と呼んだ道理は，
当時の西洋は「力によって侵略する」帝国主義の時代で，彼らはただ覇道を
知って王道を知らず，ただ国益のみを知って，世に公理正義あり，天下秩序
を隠然と規範化していることを知らなかったからである．

　恭親王はこのフランスの強硬な照会の受領後，中国は「このことを知った
からには，間で調停せざるを得ない．……直ちに兵端を開く必要はない」と
述べ[31]，ベロネ代理公使に安易に開戦すべきでないと警告したほか，同年7
月，宗藩関係を管轄する礼部を通じて朝鮮に通知した．同月，朝鮮はこれに
回答し，朝鮮は「封疆を靖んじ，邦禁を厳にする」国策に基づき，邪教は禁
止するが，漂流民は救助していると述べた．フランスは通信の国でなかった
ため，朝鮮は「藩臣無外交論」の大義名分の下，通交を拒絶したのだった[32]．

　また，丁未（1867年6月），礼部は朝鮮国王李熙が齎咨官 呉慶錫を派遣して
送ってきた咨文を受けたが，総理各国事務衙門から，フランスは朝鮮と戦お
うとしたが，すでに調停したとの通知を得たので，同年6月21日，朝鮮に文
書を発して通知するよう奏請した．朝鮮国王は同年7月7日，礼部の通知を
得て，また齎咨官を来京させ，天恩に感激する意を述べ，また〔洋船来航の〕
情形を詳述した．礼部は朝鮮からの咨文を得た後，朝廷に転奏した[33]．

　ここからわかることは，朝鮮が認知するところの「藩臣に外交なし」の義
は，事実上，まだ天朝の貿易許可の命を得ていない西洋諸国にも及んでおり，
もし中華の皇帝の命によらずに勝手に洋夷と外交，往来や開港，貿易を行う
ならば，『礼記 郊特牲』記載の「人臣たる者に外交なし，敢えて君に貳せざ
るなり」の宗藩関係の歴史文化価値に反する恐れがあるのである．このよう
に，『礼記 郊特牲』の「人臣無外交論」の中華世界秩序に対する影響は深遠
なのである．

　言い換えれば，朝鮮王国はまさにその「藩臣無外交論」の「人臣に外交な

し」の前提の下で，宗主国中国との「中韓宗藩関係」において，「属国政教禁令自主論」を実現できた．従って，両者の因果関係では，「藩臣無外交論」が原因で「属国政教禁令自主論」が結果であり，「藩臣無外交論」の前提の下，藩臣は「属国政教禁令自主」の成果を獲得できた．こうして，中国の伝統的君臣宗藩関係では，双方ともその所を得て「同生共存」することができたのである．同年 9 月，フランスは朝鮮に出兵したが，フランス艦隊は江華島の役に敗れ，戦果なく撤退した．これが丙寅洋擾である．

(4) 辛未洋擾（1871 年）下の「人臣義無外交論」

　1866 年 7 月，米国商人プレストン（W. B. Preston）は朝鮮と直接通商しようと図り，大型帆船シャーマン将軍号（General Sherman）を購入，整備し，米国人ページ（Page）を船長に雇い，また朝鮮語を話せる英国聖公会派の宣教師トーマス（Rev. Robert Thomas），操縦士，船員等を雇い，出航を準備させた[34]．だが，当時プレストンは，朝鮮王国は「政教禁令は自主」だが，「人臣に外交なき」ゆえ，中韓宗藩関係の前提下，清朝の許可なくして勝手に対外国交，貿易を行えないこと，また朝鮮政府がこの規律を厳守していたことを知らなかった．

　貪婪にして粗忽なプレストンは米国の強大さを頼りに，朝鮮の 1866 年 7 月 29 日（高宗（李太王）[35] 3 年 6 月 18 日）に天津からシャーマン将軍号で出帆し，芝罘を経て，高宗 3 年 7 月 7 日，朝鮮 大同江の河口に至り，遡航した．黄州の牧使（長官）が問い質すと，朝鮮に貿易のために来たと言ったので，牧使は外国艦船が勝手に内地に入って貿易をするのは従来から「国禁」となっていると諭したが，船長は聴かず，平壌附近に侵入した．中軍の李玄益が小船で追ったが，逆襲されて捕まり，人質として船内に拘禁された．このため平壌の軍民は憤激し，同年 7 月 19 日，大同江岸に集まり，兵卒は弓や銃で，民衆は投石で攻めたため，同船は慌てて出帆したが，平壌の羊角島（大同江の中州）で座礁した．その後もシャーマン将軍号は怪しい動きをしたため注意を引き，また現地住民と衝突したため，平安道観察使朴珪寿に撃退された．

　さらに 1868 年 4 月には，ドイツの冒険商人オッペルト（Ernst Oppert）は米国人及び朝鮮から上海に逃げたフランス宣教師と結託し，またシャーマン将軍号に乗って朝鮮に至り，5 月，忠清道牙山湾に侵入し，大院君の生父南延君の陵墓を盗掘した．失敗に終わったとはいえ，祖先の墓を盗掘されたことは，従来から孝の道を重視する朝鮮の人々の激憤を招き，同船は人々に攻撃され，沈没した．

　アメリカはこの事件を知ると，これを口実に朝鮮に対して砲艦外交を展開した．1871（辛未）年 2 月 11 日，アメリカ駐華公使ロウ（Frederick Ferdinand Low）は総理衙門に照会を発し，中国が「朝鮮国王への書簡」を代送するよう請求し，またペリーの率いた黒船の日本遠征に倣い，アメリカ艦隊を朝鮮に派遣しようとした．この照会に対し，総理衙門は「朝鮮は中国に臣従しているが，一切の政教禁令は同国が自ら行っており，これまで中国は関与していない」と表明した[36]．これは，中国の伝統的な「属国政教禁令自主論」である．まさに中国と朝鮮は共通の政治・文化・外交的思維を有していたため，朝鮮が「人臣無外交論」を遵守しさえすれば，中国は自ずと朝鮮に「属国政教禁令自主」の宗藩間の権利・義務関係を与え，双方に利益あるウィン・ウィンの結果をもたらした．その論理を究めると，属藩が「人臣に外交なし」を遵守したがゆえに，上国（中国）は「属国政教禁令自主」の互信を与えたのである．これは，2000 年前に始まった政治文化が，2000 年の相互信頼と実践を経て，「宗藩主従」の政治外交原理＝「属国政教禁令自主論」を形成し，最終的には「中華世界秩序原理」の中に集約され，よって「天下秩序原理」＝「中華世界秩序原理」の内包の一つを形成したものである．

　1871 年（同治 10 年）2 月 11 日，ロウ公使の照会受領後，総理衙門は「属国政教禁令自主論」に基づき，本来，仲介は望まなかったが，米国が一旦朝鮮に出兵すると問題が大きくなることを考慮して，結局，米国公使の朝鮮王朝宛書簡を礼部を通じて朝鮮に転達した．礼部からの文書受領後，大院君は大要，以下のように返答した[37]．すなわち，朝鮮が鎖国政策を取ったのは，「凡そ人臣に在りては義として外交なし」に基づくものである．来航した者に対

しては，「遭難の客船有らば，慰恤護送す」るが，「或いは好意を懐かず，来
りて 肆 に凌虐する〔者に対して〕は，則ち捍禦剿除〔防御，討伐〕す」る，
それは「天朝の藩屛たるの職分」によるのだと言い，その「難破船救助」と
「暴虐な侵攻者駆逐」の原則を説明している．ここから，歴史の真相はどう
だったのか，一体，来航者に「難破船救助」を行ったのか，それとも来航者
は「悪意をもって侵略，暴虐を恣にした」ものだったのかがわかる．19世紀
の欧米は帝国主義時代であり，当時の国際政治紛争の真相はどうかというと，
列強は産業革命後の「黒船来航」の「船堅炮利（堅固な船と強力な火砲）」を
もって，従来，来訪者を歓待していた農業社会の国に迫ったのであり，西洋
諸国が強きを恃んで誠実な農業国を侮辱，侵略したことは，「強権すなわち公
理」とするものだという批判を免れないだろう．同年5月，アメリカ艦隊は
江華島に侵入したが，その「船堅炮利」をもってしても，朝鮮側の地勢の利
による激烈な抵抗を受けて撤退せざるをえなかった．これが辛未洋擾である．

　朝鮮は丙寅洋擾と辛未洋擾を経験して検討し，カトリックは「君なく，父
なき邪術」であり，侵略者を招く根源であると見なし，西洋人を夷狄からさ
らに禽獣と蔑視するに至った．とりわけ，大院君の祖墳を盗掘したことは王
室の祖先に対する大不敬で「禽獣の行為」であり，かねて儒教の孝の道を特
に重視してきた朝鮮の人々の「洋夷」に対する不信感をさらに強め，その排
外意識を奮いたたせたのである．大院君は米仏両国による侵入，墳墓盗掘を
撃退した後，「洋夷侵犯碑」を建立し，後の子孫が国土防衛，護国攘夷の信念
を固めるよう戒めた．碑文はこう記す．

　　洋夷の侵犯するに，戦うにあらざれば則ち和なり，和を主とするは売国
　　なり．我が万年の子孫を戒む．

丙寅（1866年）作，辛未（1871年）建立.[38]

　丙寅洋擾と辛未洋擾の際，朝鮮政府は「人臣は義として外交なし」をもっ
て，その事大攘夷（中華に仕え，夷狄を征討する）の信念と外交政策を貫いた．

属藩朝鮮が自ら「人臣は義として外交なし」を唱えた時，清朝は宗藩関係に基き，「属国之政教禁令自主」を強調したが，これこそが中華世界における宗主国と藩属国の思考様式であった（宗藩思考模式）．だが，このような黙契は，中国が強大な時には，中華世界秩序を維持する上で何も問題はなかったが，中国が衰退し，強敵が圧迫するようになると，その欠点が余すところなく暴露された．中華世界の宗藩秩序を護持するには，「王覇兼具（王道と覇道を兼備）」でなければならず，どちらか一方を欠くことはできなかったからである．これに対して，産業革命の洗礼を経た米仏両国は，中韓の宗藩関係を西洋近代国際関係の角度から見て，朝鮮は「属国とは言うが，有名無実である」と表明した[39]．彼らが示した欧米式の見方は，西洋国際政治は「天下に霸たるもの」であり，「天下に王たるもの」でないことを証明している．このような東西の歴史文化価値の相違による国際政治的な衝突は，現代の学術の観点からは，欧米の東アジア進出に伴う「東西文化摩擦」ないし「東西文化衝突」によるものと解釈できるかもしれない[40]．

　中韓関係は東アジア固有の天下観と宗藩階層体制の政治文化を共有し，それぞれの権利と義務を持っていたが，東洋に進出してきた西洋の，「主権対等」を唱えるものの実際は「弱肉強食」で，「大は小を欺り，強は弱を凌ぎ，且つ侵略断えざる」国民国家体制とは全く異なっていた．『清季中日韓関係史料』の記載によれば，以下の通りである．

　　米国のこれまでの照会及び朝鮮の礼部への返信を見るに，みな中国の属国という語を用いる．米国は属国という言い方で，中国が朝鮮を圧迫して彼らの企図〔開国，通商〕を実現することを求め，また朝鮮は属国という語により，中国が米国を制し，庇護してくれることを願っているのである．[41]

すなわち，すでに中国はアメリカが中韓宗藩関係を利用してその利益を図ろうとしていることを意識していた．また韓国もこの固有の宗藩体制によって，

中国が属藩の安全を守ってくれることを求めており，それは中国の宗主国としての責任であった．ここで，1871 年（同治 10 年）11 月 13 日の総理衙門の片奏（付帯的奏文）に基づいて分析すると，その相違は以下の通りである．

①　中韓は宗藩関係ではあるが，属国の政教禁令は自主であること．

　すなわち，中国の態度は，朝鮮は中国の属国ではあるが，その政教，禁令は自ら定めることを許すというものであった．

②　米韓紛争はそれぞれに理非曲直があり，名分によって強制できないこと．

　中国の態度は，このアメリカとの紛争は，もし実は朝鮮に非があるのなら，本より中国は理によって説得してもよいが，朝鮮が従わなければ，必ずしも理によって従わせられず，中国は名分によって強制できないというものである．

③　「藩臣は義として外交なし」だが，米韓間では文書の往来があったこと．

　中国は「藩臣は義として外交なし」の態度を取ったが，朝鮮は中国に上呈した文書の写しを勝手にアメリカに渡しており，これは実際には「人臣に外交なし」の義に反していた．その意図を探るに，朝鮮が中国の保護を求めたというのも，必ずしも真誠から出たものではなく，ただ中国の力を借りてその困難を逃れようとしたものだったのである．

④　結果：

　したがって，両国の紛争に対して中国は間で調停し，アメリカに対し，朝鮮に軍艦を送らないように勧告しただけであった[42]．

　これを要するに，中韓宗藩関係は朝貢・冊封の君臣関係であったが，西洋式の直接管理する植民地とは異なっていた．朝鮮が漂流民は救助しても対米通商は拒絶したため，アメリカは砲艦で侵入したのであり，責任は米国側にあった．「人臣は義として外交なし」と「属国の政教禁令は自主なり」は対照的な語句なので，朝鮮が「人臣は義として外交なし」と言いながら，勝手に中国の文書をアメリカに渡したのは，「人臣に外交なし」の義に反する．このため，中国は朝鮮が「人臣は義として外交なし」というのが真誠のものか，ただ対米紛争の責任を中国に転嫁しようとしているのか，疑ったのである．

中国はアヘン戦争後，次第に衰退し，もはや欧米と戦う余力はなかったため，アメリカに朝鮮に出兵しないよう勧告に努めることしかできなかった．総じて，中国は産業革命の機を逃したために，もはや属藩を保護して列強の侵略を防ぐに十分な国力も良策もなかったのである．

　これ以後，中国とその属藩は欧米の強大な武力侵略の下で，伝統的な「人臣無外交論」あるいは「藩臣無外交論」では西洋に対抗できず，さらに日本も中国，韓国侵略を図って西洋列強の仲間に入ったため，「人臣無外交論」は「属国政教禁令自主論」に変わり，さらに「属国内政外交自主論」に転じた．言い換えれば，春秋時代から清末まで2000年以上にわたって行われてきた「人臣無外交論」は，工業化の進んだ欧米列強の力に抗するべくもなく，結局，「属国内政外交自主論」に転型せざるをえなかったのである．かくして，中華世界を説明する「中華世界秩序原理」は，列強の侵略の下，「万国公法」に取って代わられ，ついには後者が全世界の規範である国際法となったのである．

　前述のように日本の外務卿副島種臣が総理各国事務衙門に，「朝鮮は属国なのか」と問いただしたのに対し，総理衙門は，「朝鮮は属藩であるとはいえ，内政・外交はその自主を聴（ゆる）し，従来，本朝は関わっていない」と答えた[43]．すなわち清朝は，実質上すでに「属国内政外交自主論」に転じていた．そこで日本は朝鮮を軍事的に威嚇するとともに，黒田清隆を全権代表として朝鮮に急いで派遣し条約を交渉させた．また，欧米が条約交渉にあたり，中華宗藩体制を規範づける「中華世界秩序原理」に代えて，締約国の主権対等を定める「万国公法」を条約の範型としたことに倣い，日韓双方をまず西洋式の主権対等の近代国家として扱い，朝鮮を中国から独立させ，その後これを併合しようと図った．こうして朝鮮王国は西洋式の日本の植民地となった．

　1875年（光緒元年）12月14日，日本の清国駐在公使 森有礼及び翻訳官 鄭永寧は総理衙門に赴いて恭親王奕訢（当時，軍機大臣，総理衙門大臣）に会い，照会を提出した．奕訢の光緒帝への奏文は，「それ〔日本側照会〕は，朝鮮がその軍艦を砲撃したため，現在弁理大臣を送って朝鮮政府を問責し，両国が

永く親好を結ぶことを期しているというものです．そこで臣等は返答の照会を森有礼に送り，収閲させました」という．総理衙門は日本への返答でこう述べている．

> 朝鮮は中国の藩服に属するとはいえ，もともと一切の政教禁令は同国が自ら主として行っており，中国はかねてから関与していない．今，日本国が朝鮮との修好を欲するならば，当然，朝鮮が自ら主持して行うべきである．[44)]

日本は，西洋の「万国公法」と「国際関係」の規定する，土地，人民で管理されず，責任者なきものは無主地として占領できるという，「悪法もまた法」式の理屈を精密に研究していた．その上，列強は工業化された「船堅炮利」を後ろ盾にしていたのである．「人臣無外交論」と「属国政教禁令自主論」は，工業化の時代にあっては，強大な国力の後ろ盾がないため，ただの空言となってしまった．このため，森有礼は総理衙門への返答で，「朝鮮は中国の属国だというのは無意味な空言にすぎない」と言ったのだ[45)]．歴史上，「ただの空言」によって国を治め，天下を安定ならしめた例を聞かない．

1881年（光緒7年）2月，朝鮮国王は李容粛を今期朝貢使節とともに北京に送った．彼は正月20日天津に赴き，北洋大臣李鴻章に謁見し，武備学習について尋ねたほか，同国より指示を仰ぐ照会を呈したが，その中には領議政李昰応（大院君）の上奏文が含まれた．李鴻章は，朝鮮が各国と通商条約を締結するにあたり，損をせずに有利になるようにと条約文案を代わりに起草し，必要な時に依拠すべしと李容粛に渡して持ち帰らせた．ただその照会の尋ねた項目のうち，日本の国書への返書での称号については，曖昧にすると属邦の格式を妨げることになる[46)]．このため，李鴻章は以下のように上奏した．

> 考えますに，西洋各国で皇帝と王とは元々同じではありませんが，みな平等で国交を結んでいます．朝鮮国王は久しくわが冊封を受けています

ので，その日本及び他国への返書ではなお本来の封号を用いるべきです．そうすれば，〔朝鮮の〕国政は自主とはいえ，中国の属邦の名を保てるでしょう．[47]

「国政は自主とはいえ，中国の属邦の名を保てる」という意味は，「属国の政教禁令は自主」であるとはいえ，なお「人臣は義として外交なし」を含むということである．

5. 「人臣無外交論」の歴史的伝承性の例証

歴史上，「人臣無外交論」の事例はきわめて多く，いずれも中華世界の対外関係史上にある．「人臣無外交」の語は春秋戦国時代に起源を持つとはいえ，『礼記 郊特牲』所載の「為人臣者無外交，不敢貳君也」の経典は，まず漢・唐代に注・疏を加えられ，注・疏はさらに歴代あい伝わり，ついに伝統的な「中華歴史文化価値」になったのであり，それはまた歴代王朝官吏の立身処世，治国平天下の準則，彼らの対外行動を検証する準則ともなった．これは，「中華世界秩序原理」の雛型とも言うことができる．「人臣無外交論」に関わる歴史的事例は多いが，前述のものを除き，主要なもののみを以下にあげる．

例1　最初の事例は宋・遼時代のものである．遼の耶律琮は「臣は国外と交らないという言は適切でない．もしことが国家に有利ならば，執り行ってもよいのだ」と言った．そこで宋の太祖は孫全興に返書を命じ，こうして宋・遼は対立から互恵共存の兄弟の邦に向かった．これは「人臣無外交論」の下で，辺疆の官吏が隣国との国境問題を見つけた後，相手側に通知するとともに，君命を請い，君主の命を得て権宜の軽重を計り，国境問題を解決したものである．

例2 明朝初期，洪武帝は趙秩を日本に派遣し，蒙古の元を駆逐し，中華を回復し，大明を建国したことを通知し，日本が祝賀のため朝貢し，国書を呈して臣と称するように求めた．だが当時の日本は南北朝対立の混乱期にあり，またその後も日本の天皇は名義上の元首で，国政は室町幕府が掌握する二元的体制であったことは理解していなかった．日本からは「良懐」（征西将軍懐良親王）が僧 祖来を送って入朝，祝賀させ，表文（上奏文）を呈して臣と称し，馬及び産物を貢いだので，洪武帝は僧 祖闡，克勤等に命じて使者を帰国させ，良懐に「大統暦」を賜り，「正朔を奉じ」，「朝貢を行い」，「冊封を受け」させた．良懐が正統の「日本国王」だと誤認したのである．1374年（洪武7年），日本で南北朝対立が続く中，宣聞溪等が足利義満の書をもって中書省に達したが，表文はなく，また持参した文書も国書ではなく，日本の「藩臣」の「表文」にすぎず，「人臣無外交」の原則に反すると認めたため，冊封しなかった．その後，1403年（永楽元年），明の成祖永楽帝の時に初めて足利義満を日本国王に冊封した．「人臣無外交論」の下，足利氏の建てた室町幕府の将軍を日本国王と承認するかどうかが問題になったのである．

例3 日韓両国は明朝の「事大交隣体制」の規定の影響を受けて，対等な交隣体制を形成した．日本の「後小松院〔北朝の天皇〕明徳三年〔1392年〕壬申朝鮮に答えるの書」はこう記す．「日本国相国承天禪寺の住持沙門某，謹んで高麗国門下府の諸相国閣下に返書す．仲冬〔陰暦11月〕初め，貴国の僧覚鎚が来訪し，諸相国の命により書をわが征夷大将軍府に届け，海寇がやまないため，両国で争いとなっていることを諭した．このことは誠に仰る通りで，……賊船を禁止し，捕虜を帰還させ，両国の好隣を進めるのは，……，まさに願うところである．だが，わが国将臣は古来，海外と通信をせず，直接ご来函に返信できないので，僧侶某に代書させたものであり，礼を軽んじるものではない」，と．これもまた「人臣無外交論」の下，海賊船禁止，捕虜送還の外交交渉が問題になったのである．

例4　1401年（明の建文3年，日本の応永8年），源道義（足利義満）は使節を送って大明皇帝に朝貢した．その国書は，祖阿と副使肥富を遣わして好を通じさせ，方物を献じさせると記す．献上品は，金1000両，馬10匹，扇100本，屏風3双，鎧1式，筒丸（鎧）1，腰刀1，硯箱1などである．建文帝は足利義満の朝貢表文を受領後，「天下を率いて共に善道に帰す」ことを願うと強調し，詔敕を賜い（日本側は大明書と改称），「大統暦を頒ち，正朔を奉ぜしめた」．宗藩体制の下，属藩「国王」が「天子」に朝貢する際には必ず貢ぎ物を贈り，また天子はさらに豊かな礼品を回賜として与えなければならかった．「封貢体制論」の下，朝貢と回賜の制度の規定は宗藩間の階層的秩序という天朝の定制であったため，藩属国が天朝に朝貢するにあたっては「人臣無外交論」の拘束はなかったのである．

例5　朝鮮の大儒李滉（号退渓）は中訓大夫弘文館典翰に任じ，経筵侍講官，春秋館編修官，承文院参校を兼ねたが，「人臣無外交論」により朝鮮の対日外交をこう批判した．「人臣に私交なし．行うには必ず名義がいる．金安国が倭人を厚遇しすぎたため，彼らはますます貪欲となったのであり，安国は罪がある．だが，その意図は倭人にあったのだろうか．彼は自らに忠実だと妄言をなすが，胡椒の贈り物があり，朝廷は彼の家が収めるのを許したが，倭が知らずして贈ったのなら，説諭を加えて退けるべきだし，狡猾に〔賄賂として〕贈ったのなら，その術にはまるもので，朝廷の恥たること甚だしい」．これは「人臣無外交論」の下，外国からの贈り物受領の格式の問題である．

例6　1644年（明崇禎17年，清順治元年），流寇が蜂起し，闖王李自成は機に乗じて北京を攻略し，明を滅し，皇帝と称した．この時，呉三桂の手引きを受けて清軍は入関して李自成を破り，紫禁城に入り，フリンは北京で皇帝に即位し，年号を順治とした．清が中国に入った始めである．こうして，ドルゴンは軍を率いて南下し，南明と天下を争って戦った．彼は史可法に書簡を送り，こう言った．「君父の仇は共に天を戴かず〔というが〕，闖賊李自成

は兵を興して朝廷を犯し，君親を害した．〔だが，清は〕入京後，まず懐宗〔崇禎〕皇帝に諡号を送り，山陵を卜して葬り，すべて典礼通りに行った．親王，将軍以下も従来通り封じ，改廃していない．勲戚，文武諸臣もみな朝廷に並び，厚遇を受けている．村も町も平穏で，少しも乱れていない．わが朝が燕都〔北京〕を鎮定したのは，闖賊〔李自成〕から得たのであり，明朝から取ったのではない」，と．だが，史可法は「大夫は私交なし．『春秋』の義である」，「貴国に他の命があっても，関わることはできない」と返答し，結局，揚州の戦場での戦死を選んだ．これは王朝末期，時代が生死をもって「大夫は私交なし」＝「人臣無外交論」を検証したものであり，また天下国家の人格教育と知識教育が均衡を得ていたかどうかを歴史的に検証する鍵でもあった．

　清末，列強の侵略下にあった中華世界では，「藩臣無外交論」は転型せざるをえず，中国はまず，列強にとって理解しやすい表現である「属国政教禁令自主論」をもって「人臣無外交論」に代えた．まもなく，またこの「属国政教禁令自主論」は，「万国公法」や「国際関係」とつながりのある「属国政治外交自主論」に転換した．「政教禁令」は究極のところ東洋的表現であるが，「政治外交」は典型的な近代西洋の術語であるからである．こうして「藩臣無外交論」ないし「人臣無外交論」という言い方は「属国政教禁令自主論」に取って代わられ，また最後に後者は「属国政治外交自主論」に取って代わられた．この表現が最も西洋の外交用語に近かったからだが，時代の変遷と共に急速に中国現代史，中華民国外交史の史料記載の中から失われていった．

　こうして，「人臣無外交論」は役割を終えた．それはアヘン戦争後には別の時代的意義を有した．というのも，列強とその商民は産業革命後の銃砲，艦船等の優勢な武力により，中華世界にほしいままに侵入して利益を取れるだけでなく，さらにひどいことに毒物アヘンを売って中国人民を害したからである．とりわけ，当時の最先進国イギリスは全く道徳心なく，国が毒物貿易を行い，他国人民に危害を与え，その国民を弱体化させた上，その後その国家，人民の富を略奪して，何ら恥じることなく，さらに自国の無法で非道徳

的な行いを守るために戦争を始めたのである．西洋の貿易商，資本家は，さらなる経済的利益獲得のために武装商船によって他国の海域に侵入し，内河を遡航し，陵墓を盗掘して不法な富を得ようと図り，不法な暴利を貪るためには，どこでも国際的衝突を引き起こした．欧米列強は，さらに穏和な中華世界の宗藩体制を解体し，搾取し，併合し，もし抵抗にあえば，中国に対しても藩属国に対しても，優勢な科学技術と武力をもって屈服させ，領土割譲と賠償を要求し，さらに不平等条約に調印させて搾取するなどを行った．こうして，宗（中国）は敗れ，藩（属邦）は失われ，宗藩体制は解体され，「人臣無外交論」は消失した．しかし，帝国主義は一時は天下無敵であったが，飽くなき貪欲のために相互の略奪，争闘が絶えず，満身創痍となり，ついには被支配者の奮起により倒され，国外に駆逐された．その後，圧迫された諸民族は次々と独立し，自らの国民国家を建設したのである．

お わ り に

　古来，中国は漢字を発明したことから中華文明を創造し，中華世界を形成した．その文化，文明が次第に周辺「四夷」に波及したため，「華夷可変論」を通じて「華夷世界」は統合されて「中華世界」になり，さらに「宗藩体制論」を通じて「華夷世界」をもって「中華世界帝国」を構築し，その中心を中華，周辺を小華と称した．中華と四夷を含む「中華世界帝国」は「封貢体制論」を構築し，中華は中央にあって四夷を治め，小華を邦国に冊封し，小華は周辺にあって中華を守り，これに朝貢した．すなわち，中国歴代王朝は華・夷を問わず，みな周辺邦国と共に「中華世界帝国」を形成したのである．そのうち，中華と小華は共に「争天下論」を利用して，道義なき，あるいは衰退した「中華世界帝国」の王朝を覆し，民衆を苦難の中から救い，また侵略，暴虐の災禍をもたらした外敵に抵抗することができた．

　「中華世界帝国」の宗藩関係は政治体と文化体の互いに結びついた構造を有

したため，その政治体は文化体の深い影響を受けていた．このため，中華文化圏の国家は，宗主国も藩属国も共に深く『礼記　郊特牲』記載の「為人臣者無外交，不敢貳君也」の歴史文化価値の影響を受けていた．『礼記　郊特牲』の表現が簡単すぎ，理解は容易でないため，春秋から漢，唐と 1000 年余りにわたって，文人は『礼記』を読み，注疏を加え，読経し，解釈し続け，ついに一連の特別な「歴史文化価値」を形成し，後世歴代の士人，官僚及び帝王等が伝承した「行為典範」となった．そしてそれは，歴代王朝の下は士大夫から上は王侯将相，外藩，国君に至るまでが，対外問題を処理し，外交を行う際の規範となった．要点を言えば，「人臣無外交論」は臣下たる者は君主の命あるいは権限付与なくして勝手に外国と接触して，外交を行ってはいけないという，伝統的な歴史文化価値である．これゆえ，中国は政治体であり，また文化体なのである．

　「人臣無外交論」は公私の別を明確にし，かつ公のために私を犠牲にする道徳であり，中国で行われただけでなく，宗藩体制の下，「中華世界」＝中国及び属藩でも行われた．このため，臣下（国王＋陪臣＝藩臣）が政治外交の公務に従うにあたって，「人臣無私交」はまた官吏の行為の準則になり，「宗藩体制」の宗主国（中国）と属藩の関係においてのみならず，日朝，朝琉（球），朝越（越南）等の属藩同士の関係においてもそうだった．「藩臣」はまた「人臣」であり，対外関係上，「藩臣無私交」と「人臣無私交」は並列し，共に「人臣無外交」に属し，『礼記　郊特牲』の経伝と注疏の中華歴史文化価値の規範的制約を受けた．それは，明の太祖朱元璋が自ら意識せずして，「古来，帝王は中国にいて四夷を治め，歴代相受けついだのは，みなこの道による．（中略）華夷の分は自然のものなのだ」[48] と言うところの道理であり，またそこに，中華歴史文化価値がその時代の需要に対応でき，またその規範化する価値と意義を適時，発揮できるところがある．

　その利点は，2000 年以上の長期にわたり「中華世界帝国」の天下体系の安定を維持したことであるが，その欠点は閉鎖的で，グローバルな国際体系の発展の情報と交流を欠いたことである．このため西洋国際体系で起きた産業

革命とはすれちがい，科学理論の革新と科学技術研究の累積的発展の機会を失い，近代以後，西洋がその「堅船利炮」（堅固な艦船，強力な火砲）の力をもって東洋に進出し，清朝中国を中心とする中華世界に到達すると，天朝の属する「天下体系」は崩壊し，「人臣無外交論」も黄昏となった．

　以上要するに，清末，衰退した宗主国清朝と朝鮮等の諸藩属国は，「中華世界秩序原理」の「人臣無外交論」や「属国政教禁令自主論」を擁していたが，「砲艦外交」と「万国公法」の交互侵略と束縛により，農業社会の東アジアは工業化された欧米に確実かつ徹底的に制圧され，また「万国公法」下の「国際関係」が確実に「中華世界秩序原理」下の「五倫天下関係論」に取って代わった．東アジアの中華世界秩序は，近代には力で劣ったため，西洋により「国際法」と「国際関係」の体系に編入され，今に至っている．国際関係の実際では，倫理を規範とする「五倫天下関係論」はほとんど消失したが，細かく観察，理解すると，今なお中華世界の人々の魂の中にはほのかに存在しており，試みにその政教の倫理，精神を「国際関係」の体躯に注入し，その永遠の生を図りたい．

　「文は道を載せる」ものだから，ここで歴史の教訓を記すべきだろう．「人臣無外交」ないし「藩臣無外交」の中華世界の伝統的歴史文化価値が，西洋の「万国公法」と「国際関係」の国民国家と主権対等の法理に衝突し，中華世界が幾度も敗れた後，中・西間では伝統的歴史文化価値の衝突が起き，近代の政治外交的衝突の火種となり，最後に武力衝突が勃発した．列強は工業化された近代兵器により東洋の農業社会に残存していた刀剣や旧式銃砲を撃破し，西洋の工業技術と科学理論の合理的教育が，近代初期において，アジア・アフリカ・ラテンアメリカ・ニュージーランド・オーストラリア・オセアニア諸国よりはるかに進んでいたことを実証した．アヘン戦争こそは西洋諸国が東洋の中華世界を抑圧するようになる標識であり，歴史の教訓の出発点であった．

　中華世界の伝統文化は，西洋近代の科学理論と科学技術の累積と革新を欠いたため，西洋の強欲の餌食となり，非西洋世界は西洋の支配と搾取を受け

る植民地，半植民地に転落した．西洋の侵攻に東洋は惨憺たる状況に陥り，世界はついに強者が弱者を凌ぎ，多数が少数を強圧する帝国主義の犠牲となった．今日，中華世界は西力東漸後の残酷な歴史の教訓を覚えているがゆえに，国を復興させ，再び勢威を振るうことができるようになった．そのことはまた，まず優れた伝統文化に立脚し，ついで世界の多元的文化と融合させ，長所を取って短所を補い，「己の欲せざる所，人に施すこと勿れ」の道を堅持し，常に進歩と傑出を図るほか，自助と人を助けることを忘れないこと，これこそが伝統的中華世界の「治国平天下の道」であることを，改めて証明しているのである．

1) 『重栞宋本礼記注疏附挍勘記 六十三巻』〈郊特牲〉第十一，台北市：藝文印書館，1965 年，13 頁．

2) 『明実録 太祖実録』，洪武 3 年 3 月庚寅朔条．

3) 「以君命聘則有私見者，……約聘礼有私覿，故云以君命聘則有私見也」．『重栞宋本礼記注疏附挍勘記 六十三巻』〈郊特牲〉第十一，13 頁．

4) 清高宗敕撰（2006）『欽定大清会典則例』（文津閣四庫全書）巻 94，北京：商務印書館，623 頁．

5) 中華宗藩関係の下での漂流民の救助，送還体制については，以下を参照．
(1) 劉序楓（2001）「清代中國對外国遭風難民的救助及遣返体制」（『第八回琉中歴史関係国際学術会議論文集』沖縄県西原町：琉球大学法文学部）1-37 頁．
(2) 劉序楓（2006）「清代檔案與環東亞海域的海難事件研究」（『故宮学術季刊』第 23 巻 3 期）91-126 頁．

6) 宋相琦（1998）『玉吾先生文集 二』（韓国歴代文集叢書 2534），ソウル：景仁文化社，335 頁．

7) 宋相琦前掲書，334-337 頁．

8) 国史編纂委員会編（1981）『朝鮮王朝実録 41 景宗大王実録』巻十三，「三年癸卯九月」，ソウル：国史編纂委員会，8 頁．原文：「蠲貢一事，多是常明之力也，都承旨金始煥，仍陳（述）常明本末曰：此乃我国義州人子孫也．其曾祖丁卯被虜，而其母於康熙，有阿保（扶持，養育）之功，故其子孫為康熙所愛恤，常明仍襲世職，方帯鳥鎗捴管，通官輩皆其部下也，亦為新皇所偏愛，新蒙寵擢，昵侍左右．訳舌輩居間往来，渠雖身雖在此，心不忘本，本国凡事，極力周旋公．観其氣色，則似與十二王及執政大臣隆科多通議商量矣．樴又請訳官等論賞，上従之．」

9) 同上．

10) 皇帝の上諭に「拠福康安奏，……等語」として引用された部分．『清実録二六

高宗純皇帝実録一八』巻 1384, 乾隆五十六年八月丁巳条, 北京：中華書局, 1986
年, 582 頁.

11)　『清実録二六 高宗純皇帝実録一八』巻 1384, 582-583 頁. 原文：「此挙未免過
甚. 阮光平備位藩封, 恪恭侯府, 渥承恩眷, 比於近臣. 上年, 該国王祝嘏来京,
福康安仰体朕撫育深仁, 尽心照料, 途中往返数月, 朝夕相晤, 結契良深, 友朋交
際往来, 原属人情所不廃, 況係福康安之母七旬生辰, 備儀称祝, 尤不応固辞, 拂
其美意, 所有阮光平送給儀物, 福康安竟当収受, 優加酬答, 以見投報之情, 不必
以人臣無私交之義, 過於拘執也. 朕撫駆中外, 一視同仁, 従不稍存岐視. 除将殊
批福康安摺, 就近発交安南陪臣陳玉視等閲悉, 並諭知阮光平外, 将此伝諭福康安
知之.」

12)　『清実録三七 宣宗成皇帝実録五』巻 262, 道光 15 年正月戊寅条, 北京：中華書
局, 1986 年, 10-12 頁. 原文：「霍罕夷使在該衙門呈遞稟詞, 懇求奏請恩施, 該
衙門撰給駁飭諭帖, 一併進呈, 辦理尚属得体. 昨日召見大学士長齢, 奏称：該夷
使曾到伊寓所, 饋以土物, 僅収受葡萄一盤, 該夷使復向長齢呈遞稟詞, 経長齢接
受, 繕寫呈覧. 人臣義無外交, 長齢身為大臣, 自当深知国体. 該夷使饋送土物
時, 長齢即当諭以天朝体制, 概行拒絶. 至所遞稟詞, 亦応当即駁飭, 令其向理藩
院衙門自行呈遞. 乃長齢並不正詞暁諭, 絶其妄洗, 率行収受葡萄, 並将原呈代
奏, 殊属不合, 長齢著交部議処. ……天朝統御外夷, 総須於体恤之中, 申明例
禁, 絶其携貳之念, 堅其向化之心.」

13)　国史編纂委員会編『朝鮮王朝実録 48 純祖実録二』巻 32, 380-381 頁.

14)　同上, 381 頁.

15)　同上. 原文：「況我本国, 密邇甸服, 事無巨細, 悉経奏知, 不敢擅便. 儞〔儞
(你) の誤〕們既無上国可拠之文憑, 強要前代未有之市易, 事渉乖当, 理難曲従.
地方官何敢告京司, 京司亦何敢転達云爾, 則彼人不聴開諭, 一向懇要, 前後相
持, 旬有余日. 至本年七月十七日酉時量, 乗潮向西南而去等因具啓. ……今此英
吉利国地勢夐絶, 與小邦水路相距, 不知為幾万余里, 而妄托交隣, 強求市易, 大
非事理所宜, 実出図慮之表, 援拠経法, 終始牢塞, 彼亦自知無辞, 旋即回還. 交
易一款, 今固無容更言, 而事係辺情, 理宜具報, 為此合行移咨, 煩乞貴部照詳咨
内事理, 転奏施行, 須至咨者.」

16)　同上.

17)　文慶等纂 (1971)『籌辦夷務始末 (道光朝)』(近代中国史料叢刊第 56 輯) 巻十
六, 台北：文海出版社, 28 頁.

18)　文慶等『籌辦夷務始末 (道光朝)』巻十六, 28 頁.

19)　同上書, 32-33 頁.

20)　向達輯録「伊里布致英将胞胎照会」(中国史学会主編 (1955)『中国近代史資料
叢刊―鴉片戦争』上海：新知識出版社) 487 頁.

21)　宝鋆等修 (1971)『籌辦夷務始末 (同治朝)』(近代中国史料叢刊第 62 輯) 巻
41, 台北：文海出版社, 43 頁.

22) 趙爾巽等 (1981)『清史稿』台北：洪氏出版社，巻 526「属国列伝 313 朝鮮」，
14595 頁．姜在彦 (1977)，『朝鮮の攘夷と開化―近代朝鮮にとっての日本』東京：
平凡社，62-63 頁．

23) 『歴代朝鮮朝実録 53 高宗朝実録』巻 8，辛未 8 年 4 月 16 日条，東京：学習院東
洋文化研究所，1967 年，362-363 頁．

24) 趙爾巽等前掲書，14596 頁．

25) 趙爾巽等前掲書，14597 頁．

26) 『歴代朝鮮朝実録 高宗実録』巻三，丙寅三年，辛未八年，208-252 頁．呉晗輯
(1980)『朝鮮李朝実録中的中国史料』巻 16，北京：中華書局，5182-5194 頁．

27) 朝鮮国咨文原文は以下の通り．「事大之誠，自殊外藩，字小之渥，視同内服，
凡諸憲章律令条約法禁，一遵皇朝敕治而行之，奉若金石，毋敢違越．上国與敵邦
物貨互市，立之以〔章〕程，限定之以時月．辺圉之犯罪者，漁採之渉法者，上国
抵法，尚厳参尺之科，況越海幾万里，與一帆乗風之商舶，私相貿遷，漸通声氣，
是豈人臣無外交之義哉」．宝鋆等修『籌辦夷務始末』同治朝巻 45，1-4 頁．

28) Griffis (1897), William Elliot. *Corea-The Hermit Nation*, New York: Charles
Scribner's Sons, pp. 377-378. 田保橋潔 (1940)『近代日鮮関係の研究』上巻，ソ
ウル：朝鮮総督府中枢院，58-59 頁．

29) 宝鋆等修『籌辦夷務始末』同治朝巻 42，54-55 頁．

30) 宝鋆等修『籌辦夷務始末』同治朝巻 47，1 頁．

31) 宝鋆等修『籌辦夷務始末』同治朝巻 42，54-55 頁．

32) 宝鋆等修『籌辦夷務始末』同治朝巻 44，13 頁．

33) 朝鮮国咨文は以下の通り：「臣等不敢壅於靖封疆，厳邦禁，易地則皆然矣．敵
邦與法国隔以重溟，不通書契，抑有何旧怨夙嫌，忍行此誅殛之挙乎，蓋藩臣無外
交．関市讖異言，尤係守邦之彝典，小邦粗知義分，克守侯度．而今法国之執言尋
釁，誠図慮之所不及也．敵国僻遠，全昧機会，而幸蒙諸大人之排難解紛，教之以
熟思万全之計，此誠格外眷佑之盛德至意也」．宝鋆等修『籌辦夷務始末』同治朝
巻 44，12-13 頁．

34) 『歴代朝鮮朝実録 高宗実録』巻八，「辛未洋擾」，369-383 頁．呉晗 前掲書，巻
16，5205-5215 頁．

35) 李太王とは朝鮮の高宗李熙のこと．高宗李熙の王位は不自然な形で終ったた
め，朝鮮の伝統的紀年法では高宗ではなく李太王〇年と記すが，本章は戦後の朝
鮮史家に従い，高宗〇年で年号を記す．

36) 郭廷以等編 (1972)『清季中日韓関係史料』第 2 巻，台北：中央研究院近代史
研究所，119 号文書．

37) 郭廷以等前掲書，135 号文書．返書の原文は以下の通り．「仰体大朝柔遠之德
意，接応以送，非無其道，而其云商辦交渉，未知所欲商辦者何事？ 所欲交渉者
何件乎？凡在人臣義無外交，其有遭難客船，慰恤護送，不但国有恆規，亦体聖朝
深仁，則不待商辦而保無疑慮．其或不懐好意，来肆凌虐，則捍禦剿除，亦藩屏天

　朝之職分事爾．美国官弁只可檢制其民，勿令非礼相干而已」．

38)　田保橋潔前掲書，100-101 頁　所載「辛未洋夷侵犯碑」（朝鮮総督府博物館
　　所蔵）．

39)　郭廷以等前掲書，第二巻，183, 186 号文書．『籌辦夷務始末』，同治朝巻 42, 54
　　頁．Griffis, W. E., op. cit., pp. 377-378.

40)　平野健一郎（2000）『国際文化論』東京：東京大学出版会，77-157 頁．

41)　郭廷以等前掲書，第二巻，188 号文書．

42)　同上．

43)　趙爾巽等前掲書，14596-14597 頁．

44)　『清光緒潮中日交渉史料』巻一，(1)〈総理各国事務衙門奏日本欲與朝鮮修好
　　摺〉上冊，台北：文海出版社，1963 年，1-2 頁．

45)　同上　3 頁．

46)　趙爾巽等前掲書，14598-14599 頁．

47)　趙爾巽等前掲書，14599 頁．

48)　『明実録 太祖実録』洪武 3 年 3 月庚寅朔条．

執筆者紹介（執筆順）

王　筱　艶　準研究員・中央大学大学院法学研究科博士課程後期課程

尚　小　明　客員研究員・北京大学歴史学系教授

万　亜　萍　準研究員・天津社会科学院亜太合作発展研究所助理研究員

侯　中　軍　客員研究員・中国社会科学院近代史研究所研究員，中国社会科学院大学歴史学院教授

姚　江　鴻　客員研究員・湖南師範大学歴史文化学院講師

喬　林　生　客員研究員・南開大学世界近現代史研究センター，日本研究院教授

土　田　哲　夫　研究員・中央大学経済学部教授

李　廷　江　研究員・中央大学法学部教授

張　啓　雄　客員研究員・中央研究院近代史研究所兼任研究員

訳者紹介

横　山　雄　大　東京大学大学院総合文化研究科博士課程後期課程

吉　田　理　華　中央民族大学外国語学院講師

飯　嶋　佑　美　社会科学研究所客員研究員・日本国際問題研究所研究員

馮　　　青　客員研究員・明治大学理工学部兼任講師

日本と中国—歴史と現代
中央大学政策文化総合研究所研究叢書31

2024 年 3 月 31 日　初版第 1 刷発行

編　著　者　李　廷　江
発　行　者　中　央　大　学　出　版　部
代　表　者　松　本　雄一郎

〒 192-0393　東京都八王子市東中野 742-1
発行所　中　央　大　学　出　版　部
電話 042(674)2351　FAX 042(674)2354

© 2024 李　廷　江　ISBN 978-4-8057-1430-0　印刷・製本　城島印刷㈱